"五大改造"教育读本丛书

教育改造 分册

北京市监狱管理局 ◎ 编著

中国政法大学出版社

2019·北京

《"五大改造"教育读本丛书》编委会

顾　　　问：秦　宣　章恩友　史殿国　林　乾　翟中东
编委会主任：刘亚东
副　主　任：戴建海
编　　　委：林仲书　何中栋　戴志强　李朝旺
　　　　　　栾淼淼　张洪建　孙本良　董世珍
　　　　　　赵永生　王金亮　徐万富
总　策　划：林仲书　何中栋
执行策划：周　勤　杨东义
策　　　划：李春乙　马　锐　秦　涛
丛书统筹：练启雄

《教育改造分册》

分册主编：林仲书　何中栋
执行主编：王　艳　周　勤　杨东义
执行副主编：王雪峰（特邀）　李天发（特邀）　李仲林
分册统筹：关　伟
编　　　辑：王晓明　万智英　史腾云　马东升
　　　　　　李大宽　于金海　李玉娥　唐玉敏　秦　涛

总　序

党的十八大以来，党中央、国务院高度重视监狱工作，习近平总书记多次作出重要指示，为监狱工作提供了根本遵循，指明了前进方向。司法部党组准确研判新时代监狱工作的形势任务和职能定位，提出"坚守安全底线、践行改造宗旨"的工作思路，坚持以政治改造为统领，统筹推进监管改造、教育改造、文化改造、劳动改造的"五大改造"工作要求。

首都监狱系统提高政治站位、强化责任担当，以统筹推进"五大改造"工作要求为首要目标，积极推动"一四五四"北京行动纲领和"三新"工作意见落实，组织力量编写了一套立足监狱实际、贴近服刑生活、反映时代特征、体现北京特色、匹配犯群素质的《"五大改造"教育读本丛书》。主要目的是通过丛书的编写和使用，带动首都监狱建立起科学的改造体系，引导服刑人员认同党的领导、认同伟大祖国、认同中华民族、认同中华文化、认同中国特色社会主义道路，树立正确的历史观、民族观、国家观、文化观和宗教观。

《"五大改造"教育读本丛书》包含五大读本，分别为《政治改造分册》《监管改造分册》《教育改造分册》《文化改造分册》和《劳动改造分册》，共100余万字。丛书反映了社会发展和时代进步的最新成果，将中央和司法部对监狱工作的新思路、新要求融入其中，坚持以政治改造为统领，牢固树立监管改造的基础地位，充分发挥教育改造的治本作用，积极拓展文化改造的教化功能，切实推进劳动改造的功能回归。丛书将"一四五四"北京行动纲领和"三新"工作意见融入其中，充分体现北京市监狱管理局党组和全局上下的使命担当和积极作为，充分反

映首都监狱改造工作取得的成绩和经验，积极展示首都监狱工作的特色和水平。丛书立足监狱工作实际，贴近服刑人员服刑生活，紧扣服刑、改造、生活、回归等环节，重点围绕政治、监管、教育、文化、劳动五大方面，摆事实、讲道理、明规矩、正言行，既可供服刑人员阅读，也可供民警讲授，力求对服刑人员有所启发、有所感悟，帮助服刑人员解决思想和实际问题。丛书引用大量故事和事例，以案析理、图文并茂，文字表述通俗易懂、简单明了，使服刑人员愿意读、有兴趣、能读懂、易接受。

自2018年9月至2019年11月，《"五大改造"教育读本丛书》编写出版历时一年多，得到了各级领导的大力支持和悉心指导，监狱民警、社会专家及出版单位中国政法大学出版社认真履职、通力合作，开展了内容调研、提纲拟定、样章起草、正文撰写、插图设计、统稿审议、修改完善和出版印刷等大量艰辛繁忙的工作。丛书还荣幸地邀请到秦宣、章恩友、史殿国、林乾、翟中东等知名教授担任顾问，给予指导，撰写序言，有利于丛书提升规格，打造精品。

希望广大服刑人员以此套丛书为契机抓手，加强学习、认真领悟、认罪悔过、自觉改造，早日成为有益于社会的守法公民。

就此机会，谨向付出艰辛劳动的全体编写人员致以崇高敬意，向支持帮助丛书编写出版的同志们及社会各界人士表示衷心的感谢！由于时间和水平有限，难免存在疏漏和不足之处，欢迎批评指正。

《"五大改造"教育读本丛书》编委会
二〇一九年十一月

分　序

　　人生历来都不是一帆风顺的。南宋著名将领、词人辛弃疾（公元1140-1207）曾经说过："叹人生，不如意事，十常八九。"（出自《贺新郎·用前韵再赋》）意思是说：人这一辈子啊，多数的时候是不能心满意足的。在人生道路上，犯罪入狱无疑算是人生的低谷了。然而，这只是人生的一段经历，生活还要继续前行。古今中外，有不少的名人志士都经历过牢狱生活，但他们没有因为入狱而颓废，而是重新振奋精神，反思和修正思想与言行，通过奋发努力，终使自己重获成功。伟大领袖毛主席曾经说过："人是可以改造的，监狱是一所大学校。"当你由于一时糊涂而犯罪，被判处刑罚来到监狱的那一刻，服刑改造即正式开始了。你需要调整状态，在监狱民警的管理和教育下，积极参加监狱的各类改造活动，通过修正言行，改造思想，努力适应监狱生活，积极获得改造成绩，为能改过自新、重新获得自由与新生而努力奋斗。

　　坚持以政治改造为统领，对罪犯实施五大改造，是新时代监狱工作的总方向。为了引导广大罪犯积极服刑改造，较好适应监狱的服刑生活，北京市监狱管理局组织编著了《"五大改造"教育读本丛书》。这套丛书共计五本，《教育改造分册》是其中十分重要的一本，全书内容紧贴罪犯改造实际，图文并茂地介绍罪犯从入监到出监，从接受法制教育、道德教育、文化教育到参加心理健康教育的各项内容，是罪犯服刑改造必备的重要内容。通过对该读本的深入学习，广大罪犯可以十分明确地了解教育改造的内容，十分方便地熟知教育改造的要求，以便较好地参加教育改造的各项活动。

　　监狱虽然是执行刑罚的场所，但更像是一所学校，罪犯好比学生，

监狱民警好比教师。学生在这里学习遵守法律，学习遵守道德，学习自食其力的知识和劳动技能，在实行政治改造统领的"五大改造"工作要求的监狱改造中，提高政治思想意识和法制道德水平，刑期结束，学期也就结束了。这不只是一种理想，中国监狱已经把这种理想变成了现实。教育改造的效果好似是"随风潜入夜，润物细无声"，即使是身陷囹圄，教育改造同样能让广大罪犯，在潜移默化中受到感染、得到教育、重获新生。

以政治改造为统领，统筹推进"五大改造"工作要求，本质上就是要在深入开展政治思想教育的基础上，全面推进依法治监、深入实施科学改造，加强对罪犯的全方位改造。法安天下，德润人心，有教无类，心安神泰。罪犯在监狱服刑，必须尊法、学法、守法、用法，做到内心根植法治信仰和认罪悔罪；必须认真对照社会公德、职业道德、家庭美德、个人品德的要求，躬身反省、反思过去、扪心自问；必须积极学习科学文化知识，用科学革除陋习，用文化武装自己，用知识增强社会生活的能力；必须努力调适心态，弃恶扬善、远离心魔，做一个人格健全的正常人。综上所述，就是要真诚认罪悔罪，积极参加教育改造活动，切实从被动的"要我改造"转向积极的"我要改造"，主动融入到五大改造中去，变刑期为学期，实现涅槃重生和走向新生。

希望广大罪犯在监狱民警的帮助下，能够在"五大改造"工作要求协调发力的监狱改造中学习本领、改过自新，在伟大的新时代为成为遵纪守法的社会公民而努力，为建设伟大的祖国贡献出一份力量。

2019 年 10 月 12 日

目 录

总　序　　　　　　　　　　　　　　　　　／001
分　序　　　　　　　　　　　　　　　　　／003

第一章　新生教育　　　　　　　　　　　／001
　　第一节　初识改造环境　　　　　　　　／003
　　第二节　做好服刑准备　　　　　　　　／008
　　第三节　学习监狱法规　　　　　　　　／014
　　第四节　重塑新生规划　　　　　　　　／017

第二章　反思罪行　　　　　　　　　　　／023
　　第一节　认清犯罪危害　　　　　　　　／025
　　第二节　真诚认罪悔罪　　　　　　　　／029
　　第三节　深入坦白检举　　　　　　　　／034
　　第四节　卸下思想包袱　　　　　　　　／036

第三章　服刑指导　　　　　　　　　　　／041
　　第一节　正确面对服刑生活　　　　　　／043
　　第二节　服刑改造注意事项　　　　　　／045
　　第三节　积极配合个别教育　　　　　　／049

第四章　班组建设　　　　　　　　　　　／051
　　第一节　班组是个小家庭　　　　　　　／053
　　第二节　班组秩序很重要　　　　　　　／057

　　第三节　班组和谐靠大家　　　　　　　　　　/ 060

第五章　法引新生　　　　　　　　　　　　/ 063
　　第一节　法治的重要性　　　　　　　　　　　/ 065
　　第二节　权利与义务相辅相成　　　　　　　　/ 069
　　第三节　法律让人们更有尊严　　　　　　　　/ 073
　　第四节　学法守法促新生　　　　　　　　　　/ 075

第六章　德润心灵　　　　　　　　　　　　/ 081
　　第一节　道德能给人力量　　　　　　　　　　/ 083
　　第二节　孝悌与修身　　　　　　　　　　　　/ 086
　　第三节　交友与诚信　　　　　　　　　　　　/ 095
　　第四节　修德正言行　　　　　　　　　　　　/ 103

第七章　法德兼备　　　　　　　　　　　　/ 107
　　第一节　本是同根生　　　　　　　　　　　　/ 109
　　第二节　底线与红线　　　　　　　　　　　　/ 114
　　第三节　徒法不足以自行　　　　　　　　　　/ 117
　　第四节　对法律和道德要心存敬畏　　　　　　/ 119

第八章　明德守法　　　　　　　　　　　　/ 123
　　第一节　明德守法　　　　　　　　　　　　　/ 125
　　第二节　没有任何借口　　　　　　　　　　　/ 127
　　第三节　遇悬崖知勒马　　　　　　　　　　　/ 131
　　第四节　知行合一　　　　　　　　　　　　　/ 136

第九章　力量源泉　　　　　　　　　　　　/ 141
　　第一节　知识是改变命运的阶梯　　　　　　　/ 143
　　第二节　文化知识的学习　　　　　　　　　　/ 146
　　第三节　职业技术教育　　　　　　　　　　　/ 150

第十章　文体润心　　　　　　　　　　　　　　　　　/ 157
　　第一节　文体活动有益身心健康　　　　　　　　　/ 159
　　第二节　健康有益的文娱活动　　　　　　　　　　/ 161
　　第三节　抵制不健康的文化活动　　　　　　　　　/ 164

第十一章　心理常识　　　　　　　　　　　　　　　/ 171
　　第一节　心理健康　　　　　　　　　　　　　　　/ 173
　　第二节　常见心理问题　　　　　　　　　　　　　/ 178
　　第三节　狱内心理健康指导　　　　　　　　　　　/ 193

第十二章　积极自我调适　　　　　　　　　　　　　/ 197
　　第一节　学会适应环境　　　　　　　　　　　　　/ 199
　　第二节　认知重建　　　　　　　　　　　　　　　/ 205
　　第三节　正确处理人际交往　　　　　　　　　　　/ 217

第十三章　科学助矫　　　　　　　　　　　　　　　/ 229
　　第一节　内视观想　　　　　　　　　　　　　　　/ 231
　　第二节　正念训练　　　　　　　　　　　　　　　/ 233
　　第三节　暴力预防　　　　　　　　　　　　　　　/ 235
　　第四节　亲情修复　　　　　　　　　　　　　　　/ 236
　　第五节　表达性艺术治疗　　　　　　　　　　　　/ 237

第十四章　准备回归　　　　　　　　　　　　　　　/ 241
　　第一节　认真对待出监生活　　　　　　　　　　　/ 243
　　第二节　做好回顾与反思　　　　　　　　　　　　/ 247
　　第三节　调整释放前的心态　　　　　　　　　　　/ 258

第十五章　返航适训　　　　　　　　　　　　　　　/ 271
　　第一节　社会适应能力的重要性　　　　　　　　　/ 273
　　第二节　科学提高社会适应能力　　　　　　　　　/ 275
　　第三节　积极参加社会适应性改造活动　　　　　　/ 278

第十六章　狱内帮教　　　　　　　　　　　/ 281
　　第一节　狱内帮教简介　　　　　　　　/ 283
　　第二节　狱内帮教的主要内容　　　　　/ 286

第十七章　社区矫正　　　　　　　　　　　/ 291
　　第一节　社区矫正简介　　　　　　　　/ 293
　　第二节　社区矫正政策　　　　　　　　/ 296
　　第三节　社区矫正的注意事项　　　　　/ 299

第十八章　回归驿站　　　　　　　　　　　/ 303
　　第一节　阳光中途之家的定位　　　　　/ 305
　　第二节　阳光中途之家的活动内容　　　/ 312
　　第三节　阳光中途之家的注意事项　　　/ 317

结束语　　　　　　　　　　　　　　　　　/ 322
参考文献　　　　　　　　　　　　　　　　/ 323

教育改造分册

第一章

新生教育

根据我国法律的规定，如果你实施了触犯刑律的行为，也就是犯罪行为，你就会由一名普通社会公民变成犯罪嫌疑人，将会受到法律追究。公安机关将以犯罪嫌疑人的身份对你进行侦查，人民检察院将依法审查起诉，人民法院将依据事实和法律进行审判，得到有罪判决后，你的身份将会由犯罪嫌疑人变更为罪犯，等待你的将是依法执行的刑罚。根据我国刑事诉讼法和监狱法的规定，被判处有期徒刑、无期徒刑和死刑缓期两年执行的罪犯，将被投入监狱服刑和改造。罪犯来到监狱后，将被停止行使一般社会公民所享有的人身自由等权利，被依法强制限制人身自由，服从监狱民警的管理和教育，接受法律惩罚和服刑改造。为了使罪犯能够顺利适应监狱服刑改造生活，监狱会对新入监的罪犯进行一段时间的入监教育和服刑适应训练，然后再根据分押需要，遣送到不同监狱进行服刑改造。

第一节　初识改造环境

监狱是国家机器的重要组成部分，是保卫国家政权安全、维护经济社会稳定、惩治和威慑违法犯罪的暴力机关。作为具体执行国家刑罚的政法机关，监狱具有强制性、暴力性和法治性。监狱首先是政治机关，要在党的领导下，执行党的方针、路线和政策。监狱也是司法机关，代表国家依法执行刑罚，预防和惩罚犯罪。由于法律规定和工作需要，监狱机关的工作往往涉及国家秘密，所以不对社会公开宣传其具体工作。因此，监狱在很多人的眼里是神秘的地方，时常被想象成影视剧作品中所描写的旧社会监狱的样子。

历史上的监狱充满了暴力、血腥和严酷，给人们的感觉是阴森、黑暗和可怕的。旧社会监狱的主要功能是剥夺罪犯自由和严厉惩罚罪犯，主要体现在环境的恶劣性和手段的暴力性。例如，1917~1919年，美国社会学家西德尼·D.甘博曾经深入到民国时期的北京监狱进行实地考察，他所拍摄的照片反映了当时监狱的真实环境：很多牢房条件落后，十分拥挤，光线昏暗，臭气熏天；为防止脱逃，囚犯在参加体力劳动时需要戴上镣铐；对违反监规纪律的囚犯，监狱设置刑具室，由警察进行严刑拷打。可见，

旧社会监狱对囚犯实行非人的管理，进行严酷的惩处和打击，这是旧社会的社会性质所决定的。

新中国成立后，党和政府接管了国民党政府旧监狱，使其告别了过去，迎来了新生。在中国共产党的领导下，监狱摒弃了旧的模式，远离了暴力和血腥，实行以教育和挽救为主的监狱政策，实行劳动改造制度。新中国的监狱成功改造了末代皇帝溥仪、日本战犯、国民党战犯、国民党军警宪特、反革命犯和更多的普通刑事犯。1960年10月22日，毛泽东主席在会见美国记者埃德加·斯诺时说："我们的监狱不是过去的监狱，我们的监狱其实是学校，也是工厂，或者是农场。"新中国成立以来，监狱事业经历了历次变迁。1978年十一届三中全会后，国家进入改革开放的新时期，很多罪犯通过改造，从监狱刑满释放后，有的成为个体厂长、经理、工商户，有的成为大学生、研究生，更多的人成为各个领域的普通劳动者，在各自的领域重新开阔出一片新天地。美国首席大法官伯格在访问中国的监狱之后感慨地说："几乎所有欧洲国家的法庭和监狱我都参观过，中国改造犯人的制度是最好的制度，最富有人道主义。"由此可见，新中国的监狱拥有较好的制度，它不仅仅是执行刑罚的国家机关，还是改造罪犯重获新生的学习场所。

党的十八大以来，监狱事业迎来了新时代。以习近平为核心的党中央对监狱工作十分重视，对监狱工作进行了多次重要批示，提出了一系列明确要求。在党和政府的领导下，各级监狱机关的性质首先是政治机关，要以习近平新时代中国特色社会主义理论为指导，在执行法律和惩罚改造工作中，坚决贯彻落实党和政府的监狱工作方针、政策，认真落实国家总体安全观，积极构建以政治改造为统领的五大改造手段，监狱改造工作由此进入了新的发展阶段。

● 延伸阅读

中国监狱与刑罚起源

画地为牢

原始社会末期，氏族公社设立简陋的栅栏用来关押奴隶和俘虏，并驱使他们劳动，这可谓监狱的起源。国家产生之后，作为国家机器的一部分，监狱这一机构正式产生。在我国历史上，监狱的名称各有不同，夏代称为夏台，位于今河南禹州。商代称为羑（yǒu）里，在河南汤阴县。周代称为圜土（yuán tǔ），意思是关押犯人的圆形土牢，周代和先秦还把监狱叫作囹圄（líng yǔ），到了汉代则改称为"狱"，这个名称一直沿用到唐宋元等朝代。而把"狱"称为"监"是从明代开始的，而把"监"和"狱"连起来合称为"监狱"则始自清代。从那时起，监狱便成为一个关押罪犯的场所的专用名词，一直沿用至今。自夏朝起，每个朝代都非常重视刑律的制定。史书记载，夏朝有《禹刑》，商朝有《汤刑》，周朝有《吕刑》等。近代程树德辑有《九朝律考》，系统地整理了传世文献中记载的古代中国历代制定的法律条文。自20世纪70年代以来，考古工作者在今湖北云梦睡虎地、湖北江陵张家山等地，分别发掘了秦、汉墓葬，发现了书写秦律、汉律的竹简，使我们对秦汉时期的刑法和刑罚有了更为充分、直观的认识。与刑法相伴的是与各种法律惩治条文相配套的刑罚方式。刑罚的程度与刑名呈正比关系。也就是说，刑名越轻，刑罚方式越轻；刑名越重，刑罚越重。古代的刑罚方式，主要有剥皮、腰斩、车裂、凌迟、缢首、烹煮、宫刑、刖刑、活埋、鸩毒、棍刑、锯割、抽肠、骑木驴等，名目既不限于人们通常所说的十种，有的刑罚方式在先秦时期已经出现并得到实行。

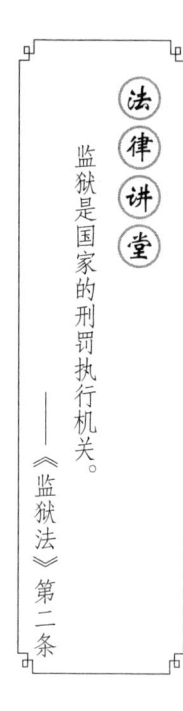

法律讲堂

监狱是国家的刑罚执行机关。
——《监狱法》第二条

《中华人民共和国监狱法》第二条规定：监狱是国家的刑罚执行机关。依照刑法和刑事诉讼法的规定，被判处死刑缓期二年执行、无期徒刑、有期徒刑的罪犯，在监狱内执行刑罚。监狱是由国家设立的囚禁犯罪人员的场所，由人民警察依法强制管理，具有约束力和暴力性。作为党和政府的政法机关，监狱具有执行刑罚、惩罚和改造罪犯，震慑犯罪分子，预防和减少犯罪的社会功能。正如你所见，监狱由高墙、电网包围起来，有武装警察看押警戒，由人民警察依法对罪犯实施管理和改造，戒备森严，法纪严明，具有巨大的威慑力与执行力。因此，在监狱服刑要认真遵守监规纪律，服从人民警察的管理和教育，积极参加监狱组织的各类改造活动，自觉增强罪犯服刑意识。

按照关押改造功能的不同，监狱对不同类型的罪犯进行分别关押和分级管理：从性别上划分有男性监狱和女性监狱；从年龄上划分有成年犯监狱和未成年犯管教所；从刑期上划分有重刑犯监狱、轻刑犯监狱；从戒备等级上划分有高度戒备监狱、中度戒备监狱和低度戒备监狱；从康复功能上划分有病犯监狱、传染病犯监狱和普通监狱。

监狱一般设置若干个监区来接收罪犯，监区由若干个班组组成，组织实施对罪犯的日常管理和改造活动。对罪犯来讲，罪犯在监狱里服刑和改造，班组就像一个小家庭，班组内的罪犯朝夕相处，一起吃住、学习和劳动，班组荣誉需要每个人维护和争取，大家一荣俱荣，一损俱损。因此，罪犯之间要相互理解、谦让、包容，懂得尊重、珍惜与和谐共处，并且在民警的管理和教育下，积极投入各自的改造生活。

罪犯在监区的改造生活都是在民警的监督下进行的。例如在监舍中生活和住宿，在车间参加劳动改造活动，在教室参加教育改造活动，都必须自觉遵守改造行为规范，自觉接受民警的管理、教育和监督。罪犯需要认罪服法，服从管教，通过积极参加劳动、学习等改造活动，获得计分考核资格和累计积分，凭所获积分参加监区评奖，才能获得相应的监狱奖励，并按照法律规定申请进行减刑或假释。需要明确的是，减刑和假释并不是罪犯的权利，而是法律赋予监狱改造罪犯的手段，监狱有权结合罪犯的实际表现，决定是否给予罪犯减刑或假释的机会。

在监狱服刑期间，罪犯需要认真学习和遵守相关规定，积极调整好心态，努力适应监狱环境，为以后的服刑生活做好各项准备。

◉ 延伸阅读

北京市监狱的由来

北京市监狱的前身是清末筹建的京师模范监狱，坐落于北京市宣武门外菜市口以南的姚家井，现为西城区清芷园社区。清朝法部（1906年由刑部改设）于宣统元年闰二月初十日（1909年3月31日）奏请筹建，同年十一月十五日奏设，宣统二年四月（1910年）动工建设，由日本监狱博士小河滋次郎设计，其内部格局很有特点，因狱中的五排监舍以中心岗楼为圆心散射开去，状似乌龟而俗称"王八楼"。中心岗楼与周围各监舍甬道相连，因此看押人员只需在岗楼里绕一圈，就可以看到各排监舍的情况。1912年11月10日以京师模范监狱为名称投入使用，同年，国民政府将其更名为北京监狱。1949年2月7日，北京解放后，北京监狱被华北人民政府接收，同年4月14日更名为"华北第一监狱"。新中国成立后，"华北第一监狱"更名为北京市人民法院监狱。1950年7月1日，该监狱被移交给北京市公安局管训处管辖，同年7月，其被更名为"北京市监狱"。该监狱自筹建以来，历经11次更名，17次变更隶属单位。1953年，该监狱被评为华北地区第一模范单位。1994年11月8日，按照北京市人民政府的整体规划，经中华人民共和国司法部批准，位于姚家井

（当时门牌号为北京市宣武区陶然亭街道育新街47号）的北京市监狱迁至原北京市收容所（1982年4月建成），地址为北京市大兴区沐新路，原位于姚家井的旧监狱被停用拆除。1997年5月，位于大兴区的北京市监狱重新对外开放，接受参观。

第二节　做好服刑准备

罪犯来到监狱后，从换上囚服的那一刻起，改造生活就随即开始了。作为罪犯，首先要树立正确的身份意识，服从民警的管理，接受监狱的改造，积极应对服刑改造生活。监狱是一个监禁的环境，罪犯的人身自由是被依法限制的，罪犯的一切行动都要受到监规纪律的约束。来到这样一个新环境，有陌生和无助的感受是十分正常的，需要积极地去适应和调整，为接下来的服刑改造做好准备。

古希腊哲学家苏格拉底说过："未经反省的人生不值得去活。"我们据此也可以有判断：未经反省的服刑改造生活不值得去过。古语讲，既来之，则安之。既然已经来到了监狱，那就要安顿下来，认真反省过去，认真思考为什么会到这里来，如何适应监狱生活，服刑改造应当如何进行等问题。

每一名罪犯都需要知道这些问题的答案。但是，这些看似简单的问题，却涉及监狱改造生活的方方面面。认罪服法、服从管理、接受教育、参加劳动，这绝不仅仅是一句口号，它是贯穿于每名罪犯整个服刑周期的一条红线。对于罪犯来讲，你偏离了它，服刑改造就会误入歧途，你对抗了它，等待你的只有监规纪律的严厉惩处；你遵循了它，你的服刑生活就会变得平稳顺利。

关于罪犯参加服刑改造，我国《监狱法》作出了原则性的规定，明确了罪犯在监狱服刑过程中，必须服从管理、接受教育、参加劳动。2018

年，司法部提出要贯彻总体国家安全观，构建以政治改造为统领的"五大改造"手段。根据这一政策，监狱对罪犯的改造首先是政治改造，罪犯要在认真接受政治思想教育的基础上，积极参加各类改造活动，这是每名罪犯走向新生的必由之路。

来到监狱后，如何面对在监狱的服刑生活呢？

第一，罪犯必须认罪服法，这是罪犯改过自新的前提。认罪服法是罪犯对自己所犯罪行和其所造成的社会危害的根本态度，是对自身犯罪行为的悔过反思，也是服从法院裁决、接受惩罚和改造的首要表现。罪犯要悔过自新、接受改造和改恶从善，首先要认罪服法。考核罪犯认罪服法的标准主要是：承认犯罪事实，服从法律判决，认清犯罪危害，深挖犯罪根源，主动检举揭发，积极服刑改造。

第二，罪犯必须服从管理，这是罪犯改过自新的基础。没有规矩，不成方圆。如果罪犯不服从管理，必然造成监狱管理混乱，监管秩序不稳定，狱内事故频发。在这样的环境里，罪犯也不可能很好地生活、学习和劳动，以至于改过自新变成一句空话。只有服从管理，才可能形成安全稳定的监管秩序，罪犯才能安心服刑。服从管理就是要罪犯严格按照监规纪律和罪犯行为规范生活、学习、劳动。服从管理无疑是对罪犯的约束，但没有约束又怎么可能有进步呢？实践证明，服从管理对罪犯自身的成长发挥着不可替代的积极作用。几年如一日的规律生活，使习惯成为自然，如此可以改掉诸如生活散漫、好吃懒做、无所事事、自由放纵、举止粗鲁、言语粗俗、行为冲动、不讲卫生等不良习气，为将来回归社会打下良好的基础。

第三，罪犯必须接受教育，这是罪犯改过自新的重要内容。为了使自己早日转变为对社会有用的人，罪犯必须接受政治思想教育、文化知识教育、职业技术教育，提高自己的思想道德修养和文化知识水平，增强社会适应能力。政治思想教育的主要内容是政治、法制和道德教育，通过教育罪犯自觉接受党和政府的领导，增强道路自信，树立守法意识，增强对法律的敬畏感。与此同时罪犯要反省自己的行为，剖析犯罪原因，认罪悔罪。其次，监狱还要组织开展文化知识教育，以扫盲和普及初中教育为主。对于文化知识水平较高的罪犯，监狱鼓励他们参加高等教育自学考试等。实践中,多数罪犯积极参加文化知识学习,提高了自己的文化素质,许多罪犯在监狱里脱盲,有些罪犯还在监狱中圆了"大学梦"。为了使罪犯更好地回归社会生活,成为自食其力的"新人",监狱还着力开展职业技术教育。罪犯可以根据劳动岗位、刑期长短、原有技术水平和刑满就业需求等情况,选择参加岗位培训和一些实用性强、周期短的职业技术培训(如家电维修、计算机操作、烹饪、木工、电工等),掌握必要的谋生手段,为开始新的生活创造条件。在监狱通过技能学科考试还可以获得教育和劳动部门发放的职业资格证书,这为罪犯出狱后的就业增加了求职砝码。

第四,罪犯必须参加劳动,这是罪犯改过自新的手段。我们常说,劳动者是最美的人。罪犯服刑中要参加劳动是世界多数国家的通常做法,不同的是,在我国监狱中,劳动是一种重要的改造手段,而不是改造目的。很多人之所以选择犯罪,究其根本是好逸恶劳造成的,所以,劳动改造最主要的是培养罪犯有正确的劳动观念和勤劳的态度,有良好的劳动习惯和必备的劳动技能。劳动可以使罪犯了解劳动成果的来之不易,树立不劳而获可耻的观念,也可以改变一些人好逸恶劳、贪图享受的作风。通过劳动还可以增强大家的体质,避免因监禁枯燥乏味的环境引发的意志消沉等心理问题。实践证明,参加适宜的劳动,有助于罪犯保持健康向上的心态,有助于改造目标的实现。

管理、教育和劳动,既是服刑生活的主要活动,也是监狱改造罪犯的手段。改造融于服刑生活之中,监狱的服刑生活本身就是改造,我国监狱正是通过这种包含在服刑生活中的改造向社会输送了一批批守法公民。

服刑改造到底为了什么?为了改变,为了弥补,为了新生。人是一种社会性的动物,不能脱离社会群体而生存。像《鲁宾逊漂流记》里那样生活在荒岛上的主人公,已经很难谈得上是正常的人了。人在正常成长和发展过程中需要学习社会规范和各种知识、技能,而犯罪一般被认为是"社会化"的一种"缺陷"或"失败",因此有必要在类似监狱这样的机构中进行强制性的"再社会化"。所以我们所说的服刑改造就是为了改变过去错误的人生观、世界观、价值观;为了弥补各类知识、技能方面的不足;为了重新融入社会,回归社会的再社会化。

● 延伸阅读

褚时健,那个不服输的人

2019年3月5日,云南红塔集团有限公司和玉溪红塔烟草(集团)有限责任公司原董事长、"褚橙"创始人褚时健去世,享年91岁。他曾是中国有名的"烟草大王",曾经因犯罪被判刑入狱,刑满释放

活着的每一天,
把每件事情做好,
尽好自己的每一个责任,
就不白白过这一生。
——褚时健

后,74岁的褚时健与妻子承包了2400亩荒山开始种橙,再次创业,用10年时间最终培育出酸甜比适合中国人口味的"褚橙"。2012年,"褚橙"进京声名大噪,褚时健摇身变为"橙王",再次创造了传奇。褚时健曾说:"要说我一生的追求,我想很简单,不管是给国家干还是为自己干,我都有一个不变的追求:沾着手的事情就要干好。大事小事都一样。我有过失败,有过教训,能走到今天,还是个性使然。我这个人的性情就是不服输,用句时髦的话说:看重自我价值的证明。我希望对我的家乡、对我的民族、对我的国家做点好事,我们这一代人,逃不掉的有一种大的责任感。干好自己的事情,这就是我的追求。"[1]

很少有一位企业家像褚时健一样,拥有如此多的光环,又经历过如此大的沉浮。1979年,褚时健出任云南红塔集团董事长、玉溪卷烟厂厂长时,玉溪卷烟厂还名不见经传。而正是依靠褚时健卓越的经营才能,玉溪

---

[1] 先燕云、张赋宇:《褚时健:影响企业家的企业家》,湖南文艺出版社2014年版,序言。

卷烟厂一跃成为当时亚洲最大的现代化烟草企业，"红塔山"品牌国内驰名，而褚时健也被封为"烟草大王"。但风光止于1995年，一封匿名检举信指控褚时健贪污受贿。1999年，他被判处无期徒刑、剥夺政治权利终身，再后来，被裁定减为有期徒刑17年。2002年，74岁的褚时健被保外就医。刑满释放后他与妻子在云南玉溪哀牢山承包了荒山，开始二次创业——种橙。

褚时健再创业之初，爱好爬山的王石到云南，曾专程去探望过他。回忆起当年见面的场景，王石感慨："橙子挂果要6年，他那时已经75岁了。想象一下，一个75岁的老人，戴一个大墨镜，穿着破圆领衫，兴致勃勃地跟我谈论橙子挂果是什么情景。虽然他境况不佳，但他作为企业家的胸怀呼之欲出。"一位因褚橙而与褚时健有过接触的农业从业者赞美其为"伟大的产品经理"。他回忆，褚时健对于橙子的要求极其严苛，比如，会限定一棵树上生长多少个橙子，一棵树枝上不能超过多少个。对于除虫等工作更是有一套标准，"区别于传统的农业种植业，他更像是做工业化的种植，可能与之前在烟厂的工作经历有关"。

褚时健曾说，自己的成功不是因为有神奇之手，而是善于学习。1979年，已年过半百的褚时健出任玉溪卷烟厂厂长。他到任卷烟厂之后，所做的第一件事就是明确各种制度和规矩——不要看人说话，要看事说话，"我现在回想一下，整个国家其实那个时候都在立规矩，我们也算跟上了步伐"。站稳脚跟后，褚时健开始了对卷烟厂大刀阔斧的改造。在他的主张下，烟厂贷款买入了一套英国制造的MK9-5型烟支卷接机，价格261万元，差不多是当时玉溪卷烟厂卷烟设备价格的总和。此外，褚时健知道原料决定香烟的品质，于是引进品种改善种植，从源头帮助烟农种出高质量的烟叶。更难得的是，褚时健还竭力改善烟厂员工待遇，给员工盖房解决住房问题，牵头购买猪肉分给职工。玉溪卷烟厂很快成为玉溪地区职工生活最好的工厂。改革后的卷烟厂生产出的"红塔山""红梅"牌香烟很快受到市场欢迎。褚时健调集了所有的力量加强生产，并开始试点分配改革，推出"单箱卷烟工资奖金含量包干"，即按完成的生产量来计算工资，工资上不封顶，下不保底。1982年，玉溪卷烟厂的利税达到了1.824亿元，比褚时健刚来时翻了一番，利润达到了1103万元。玉溪卷烟厂旋即起飞，红塔山香烟亦迅速成为时髦和富裕的象征。20世纪80年代，有钱人

流行的打扮是穿"的确良"衬衫,口袋里装一包"红塔山"。1990年,玉溪卷烟厂跻身中国工业利税大户第三名,此后常年高居榜首,成为云南财政纳税的功臣。褚时健的人生也伴随着烟厂飙进的曲线跃上了高峰,收获了"五一劳动奖章""全国劳动模范""全国优秀企业家"等一系列荣誉。1990年褚时健被授予全国优秀企业家终身荣誉奖"金球奖";1994年,褚时健当选为"全国十大改革风云人物"。

对于褚时健74岁之后的人生,流传最广的评价来自王石:"就像巴顿将军说的,衡量一个人是否成功,不是看他站到顶峰,而是从顶峰跌落之后的反弹力。之后每次的接触,都让我对他有一个新的判断。"褚时健的反弹是种橙,据说橙子是他老家华宁县的传统作物。对于亲朋的质疑,他的解释很简单——自己闲不住。先燕云在褚时健传记中写道,褚时健种橙子的想法萌芽于狱中,他会在监狱里用脚步丈量,多少平方米栽一棵树,一亩山地种多少棵树合适。褚时健向昔日的朋友们筹集了1000万元,包下了哀牢山上2400亩政府农场。几经起落,他依然对高龄肇始的新事业有所冀望:"当时没敢想大规模。搞规模要投资,我投不起。但我有个目标,就是我这个橙要搞到最好。所以我起个名字叫'云冠',云南的冠军。"褚时健一如此前每次办企业,全然投入了橙园的工作,亲力亲为。2003年,自诩是褚时健粉丝的王石就是在哀牢山上第一次见到了自己的偶像,"他正在和一个老农讨价还价,修一个水泵。老农开价80块钱,他还价50块钱。这样一个曾经创税百亿的企业家在跟一个老农民讨价还价。这是我站在旁边看到的,他个子非常高,戴着破草帽,穿着破的圆领衫"。种橙十年后,"云冠"冰糖橙风靡全国,人们称其为"褚橙",还将之定义为"中国最励志的橙子"。哀牢山成为企业家们的朝圣之地,褚时健在不言间完成了从"烟王"到"橙王"的触底反弹。曾有到访的媒体留意到褚橙庄园大堂墙上刻着的一串数字:51 62 66 71 74 84,据工作人员解释,这组数字对应着褚时健人生中的六个节点:51岁:1979年,任玉溪卷烟厂厂长;62岁:1990年,被授予全国优秀企业家;66岁:1994年,当选"十大改革风云人物";71岁:1999年,被判处无期徒刑;74岁:2002年,开始种植冰糖橙;84岁:2012年,种橙十载,褚橙进京。

想一想褚时健,古稀之年又从头开始,开辟新的事业。再想一想自己，进了监狱也要振作，这就是一种励志的精神，也是一种乐观的态度，使人生充满阳光，永不言败，做个不服输的人。[1]

第三节　学习监狱法规

罪犯进入监狱服刑改造后，要认真学习和熟知监狱服刑改造的各类法律法规和规章制度，主要包括《中华人民共和国监狱法》《监狱计分考核及奖励罪犯规定》《北京市减刑工作规定》《北京市假释工作规定》《罪犯分级处遇规定》《罪犯会见通讯管理规定》《监狱处罚罪犯规定》《罪犯改造行为规范》等。这些法律法规和规章制度涉及罪犯改造的各个重要方面，是每名罪犯应知应会的基础内容。

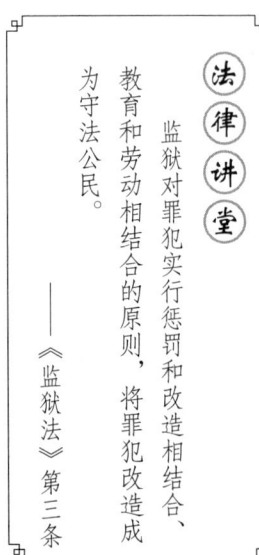

法律讲堂

监狱对罪犯实行惩罚和改造相结合、教育和劳动相结合的原则，将罪犯改造成为守法公民。

——《监狱法》第三条

《中华人民共和国监狱法》是关于监狱各项内容规定的基本法，是监狱关押罪犯和开展改造工作的法律依据。《中华人民共和国监狱法》第三条规定：监狱对罪犯实行惩罚和改造相结合、教育和劳动相结合的原则，将罪犯改造成为守法公民。可见，法律规定监狱不但有惩罚罪犯的功能，还具有改造罪犯的功能。罪犯要服从监狱组织开展的教育、学习和劳动。在实施惩罚的同时，监狱还要加强对罪犯的政治改造、监管改造、文化改造、教育改造和劳动改造，将罪犯改造成守法公民。

对于罪犯来说，正确、全面地理解"惩罚与改造相结合，以改造人为宗旨"的方针，遵守监规纪律，服从民警的管理和教育，积极参加各类改造活动，才能更好地度过自己的服刑生活。这个方针主要包括三个方面：

首先是"惩罚"。惩罚是监狱依据人民法院生效的刑事判决，依法剥夺罪犯人身自由、限制其一定的权利，从而使罪犯遭受一定的痛苦和教训。惩

---

[1] 节选自《新京报（电子报）》。

罚，简单点说是一种"向以前看"的行为，即对于罪犯已经实施了的犯罪行为进行惩治。既然你已经被判定有罪，那么就应该承担相应的法律后果，接受应有的惩罚，这样才能体现法律的公平、正义。惩罚可以使犯罪之人认识到法律的严肃性，认识到违法的严重后果，不敢再去违法犯罪；同时也警示社会上有违法可能的不法之徒，使之看到法律的无情，不敢以身试法。

其次是"改造"。惩罚是必要的，但是惩罚不是目的。人活着也不能总是"向以前看"，更重要的是"向以后看"。已经犯下的错误是过去时了，属于"昨日非"，惩罚不是为了改变既成事实，而是为了能够从既成事实找出教训。所以，在惩罚的同时，监狱工作重在使罪犯"幡然悔悟"，着眼于"以后"，积极接受政治改造统领的五大改造手段。向过去的日子说再见，努力把自己改造成为一个自食其力、有益于社会的守法公民，这才是监狱工作方针的侧重点，也是社会和家人对罪犯的期待。

最后是"以改造人为宗旨"。"改造人"是监狱的核心目的，监狱的一切工作都是围绕着"改造人"这个宗旨开展的。监狱执行刑罚不是单纯地对罪犯实施惩罚，监狱管理不是单纯地对罪犯进行"管束"，监狱教育也不仅仅是让罪犯学习文化知识，监狱劳动更不是单纯地组织罪犯生产。这一切都要围绕着"改造人"而展开，所有工作最终都指向罪犯更好的转变，都是为了把罪犯改造成对社会有用的守法公民。知道了监狱工作的宗旨，罪犯就没有必要再对民警心存戒备，也不必背上无形的心理包袱。罪犯需要做的就是配合民警的管理和教育，参加各类改造活动，放下包袱，轻装上阵，怀着对明天的憧憬，积极面对服刑生活。

《监狱计分考核及奖励罪犯规定》是对每一名罪犯进行日常考核与评定奖励的规章制度，记载着罪犯的日常改造情况，对参加评奖和获得改造成绩至关重要。《北京市减刑工作规定》《北京市假释工作规定》是北京市高级人民法院、北京市人民检察院、北京市司法局和北京市监狱管理局联合下发的规定罪犯减刑、假释相关工作的规范性文件，为办理减刑、假释工作提供法定依据。《罪犯分级处遇规定》是结合罪犯的刑期、现实表现，对罪犯在监狱内的分级管理、级别划分与不同处遇所作的规定。《罪犯会见通讯管理规定》对罪犯会见亲属、与外界通信、拨打亲情电话等行为进行规定。《监狱处罚罪犯规定》是对不能遵规守纪、服从管理的罪犯依法

监规纪律是块铁，谁碰谁流血！

进行处罚和打击的相关规定。《罪犯改造行为规范》是对罪犯的一日生活制度和应遵守的规矩进行规定的规章制度。上述规章制度和其他各类规定被统称为监规纪律，是罪犯应知应会和必须遵守的规范。作为服刑罪犯，始终要具有强烈的罪犯身份意识，要有服刑的状态，否则，必然会像罪犯群体广泛流传的谚语"监规纪律是块铁，谁碰谁流血"那样受到严厉惩处和打击！

● **延伸阅读**

违反行为规范　造成严重后果

2018年9月1日，北京市监狱管理局新修订的《罪犯改造行为规范》正式施行，共计27条。《罪犯改造行为规范》对罪犯从起床、点名、洗漱、就餐、服药等一日生活制度，到出工、劳动、收工、会见、学习、教育等改造活动，以及罪犯之间的矛盾纠纷处理和突发事件处置等各个方面，都进行了明确的规定，是所有罪犯必须熟知并认真遵守的监规纪律。2019年7月16日，某监狱某监区罪犯张某某因牙痛申请就医，在监区民警带其到监狱医院就医过程中，罪犯张某某向医生提出希望转诊至口腔医院进行治疗，但因不符合转诊规定，被医生明确拒绝。罪犯张某某由此产生不满情绪，对医生进行言语侮辱行为，

法律讲堂

就医过程中，遵守就医秩序，服从医生安排，如实陈述病情，遵从医嘱。不得向医生提出索取药品、休息证明、病号餐、转院治疗等无理要求，不得对医务人员尾随、攀谈、评头论足，使用不文明用语，不得私自接触、使用医疗器械和物品；严禁威胁、恐吓、侮辱、殴打医护人员。禁止伪装疾病。

——《罪犯改造行为规范》第十三条

造成严重后果，经现场民警制止无效被采取强制措施，最终被处以记过处分。《罪犯改造行为规范》第十三条规定："就医过程中，遵守就医秩序，服从医生安排，如实陈述病情，遵从医嘱。不得向医生提出索取药品、休息证明、病号餐、转院治疗等无理要求，不得对医务人员尾随、攀谈、评头论足，使用不文明用语，不得私自接触、使用医疗器械和物品；严禁威胁、恐吓、侮辱、殴打医护人员。禁止伪装疾病。"罪犯张某某违反《罪犯改造行为规范》造成严重的后果，给自己带来了非常恶劣的影响。监规纪律是块铁，谁碰谁流血！

第四节　重塑新生规划

监狱服刑生活开始以后，我们需要努力适应监狱的环境，尽快调整自己的状态，跟上服刑改造的生活节奏，积极投入到正常的服刑改造生活之中。同时，我们要结合实际对自己的服刑改造制订出计划，也就是新生规划。

一、新生规划是什么

《礼记·中庸》中有一句话：凡事预则立，不预则废。意思是说：做任何事情，事前有准备就可以成功，没有准备就会失败。也就是说，无论做什么事情，都需要有个计划，监狱服刑也不例外。新生规划就是你对服刑改造生活所做出的总体计划，是为重新回归社会，成为社会公民所做的事前准备。新生规划包括服刑改造规划和人生规划两个层面。服刑改造规划是为了能够较好地适应监狱服刑生活，将刑期变为学期，洗心革面，重做"新人"所制定的规划。你需要在监狱民警

的指导下,结合自己的实际,对将要度过的服刑生活制定出积极和建设性的计划,例如,需要通过努力获得怎样的改造成绩,需要拿几个奖,争取减刑或假释,等等。只有这样,你才能够更好地适应监狱的服刑生活,反思自己的过去,规划今后的人生,成为一个对社会有用的人。而人生规划是指在反思过去的基础上,对今后的人生进行展望,即将来如何通过努力获得怎样的人生状态,取得怎样的成绩,等等。

二、 如何制定服刑规划

通常来讲,罪犯制定的服刑规划有以下几种类型。

(一) 服刑全程计划

在入监后,需要结合刑期,对服刑改造全程进行总揽和规划。制定服刑全程计划有一个前提,就是在服刑期间要始终认罪服法、遵守监规纪律、服从民警管理和教育、积极参加教育学习和劳动。在这个基础上,根据自己的犯罪类型、刑期等因素,紧密结合自身情况,妥善制订好服刑全程计划。无论刑期长短,罪犯都应该制订一个服刑全程计划。这个计划要脚踏实地,不能好高骛远、不切实际。例如,计划可以包含我们如何适应环境,如何调整自己,如何认罪悔罪,如何服从配合民警,如何与其他罪犯建立正常的人际关系,如何积极参加改造活动,如何避免违法违纪,如何与亲属相处,等等。为了履行好服刑全程计划,需要罪犯认真学习和理解监狱法律法规和监规纪律,积极融入改造环境,调整自我状态,投入改造生活。在监狱服刑,始终都要有明确的罪犯身份意识,时刻要服从和配合民警的管理和教育,只有这样,才能积极投入改造生活,取得改造成绩,早日回归社会。

(二) 年度改造计划

在监狱服刑改造中,每一个自然年度也是一个监狱服刑改造年度。每名罪犯都要在每个服刑年度的年初,对一年的服刑改造做出计划,填写年度改造计划表。在每个服刑年度的年末,围绕一年的服刑生活得失,进行认真和全面的总结,并填写罪犯年度改造评审表书写改造总结材料。具体而言,罪犯需要在认罪服法、服从管教、积极学习、参加劳动等方面,分别制订计划,并且把自己完成改造任务和获得改造成绩的具体想法分配到一年当中的每个月中去筹划,在思想上做好前瞻性准备。

(三) 阶段性改造计划

在一个服刑改造年度中,会有很多的具体时间节点,这些时间节点共同构成了全年的服刑改造生活。例如,在春节期间,罪犯需要在节日前夕参加监狱或监区组织的节日思想动员大会,接受相关的思想教育,结合民警的要求,对自己过节这段时间的改造活动进行计划,进行自我思想教育,做好积极参加各类改造活动的思想准备,确保平安有序地度过春节。在技术教育培训活动中,要对自己如何参加培训学习进行计划,确保按时到课,确保认真听讲,配合老师授课,并做到积极实践,争取学到一技之长。在监狱或监区组织的劳动竞赛中,要积极响应号召参加劳动竞赛,对自己在生产劳动中的哪些方面存在问题进行思考,对哪些方面能有突破进行研究,做好积极参加劳动竞赛的思想准备,这样才能在劳动竞赛中取得较好的改造成绩。

三、 如何制定人生规划

在监狱服刑的过程,不但是凤凰涅槃、化茧成蝶的过程,而且是回顾以往的人生、总结以往人生得失的机会。监狱服刑既是法律规定的罪犯对社会和被害人所犯罪行的偿还,也是重新筹划和展望出狱后的人生发展的机会。

我们经常把人生比作一条航行在大海上的船,在这艘船上航行的过程中不但会欣赏到阳光明媚的风景,还会经历暴风骤雨,而每一位船长都希望船能平稳地航行在大海上,所以在掌舵的时候,要做好航行前的准备工作,做好航线的规划和避险的准备。在大海上航行,需要谨小慎微、审时度势、满怀信心、把好方向，遇到东风要升起风帆起锚出海，遇到台风要果断回港避难，这样才可以确保航船的平安。所以，在服刑期间对人生进行有意义地思考与展望，做好计划，学习一技之长，才可以使自己被改造成为对社会有用的人。每个人的认知、经历和具体情况不同，所以制定出的人生规划也不同，但是，每个人制定人生发展规划的总体思路是基本一致的。

制定人生规划，有以下几个要点：

一是宜脚踏实地，忌好高骛远。

二是宜结交益友，忌走回头路。

三是宜从头开始，忌眼高手低。

我们人生的船，在航行过程中难免会经历一些惊涛骇浪，关键的问题在于要善于从自己身上找到问题的原因，在风浪中保全自己，这样才能确保事业的延续与成功。制定人生发展规划，需要紧密联系实际，保持清醒头脑，通过个人的不懈努力，一定能够获得人生发展的成绩。

四、树立自信心，践行服刑规划

在监狱服刑生活中，最容易缺失的就是自信心。自信心是做事的基础，如果没有自信心，做事情就没有稳固的动力。当罪犯拿到法院判决书后，一般都会觉得十分悔恨，感觉自己掉进了深渊，失去自由的生活会让自己缺乏自信，一时变得不知所措。其实，这正是缺乏自信心的表现。自信不仅能造就英雄，也是平常人的必需品，缺乏自信的人生，必是不完整的人生。

在茫茫人海中，我们得到的是一份被淹没的无力感还是一份昂扬的斗志，在于我们是否拥有一颗自信、勇敢的心。自信，不是一支悦耳的歌，婉转动听，令人陶醉，也不是一首飘逸的诗，令人回味无穷，但却有着一股冲天的力量，如一团熊熊燃烧的烈火。如果说自卑是红灯，阻碍我们前行，那么自信就是绿灯，保障我们前进的道路绿色畅通！

在服刑生活中，我们总会遇到少数不自信的人，他们可能沉浸在过去的失败中不能自拔，或者畏惧失败而裹足不前，或者心悸于环境的险恶而丧失勇气，每天做着不自信的事情，而他们也没有意识到或者没有能力去改变这样的状况。这样的人可能就是那些改造成绩落后的人，是那些经常违纪的人，是那些出狱后可能重走回头路的人。所以，要积极建立自信心，培养昂扬向上的精神气。

有一句谚语说得好：天桥的把式，光说不练！大意是指，只是说一说，而不去动手实践，还不如不去说，这样的做法是不对的，很容易导致失败的后果。所以，制定服刑规划后，需要去认真实施，才可以获得改造成绩，成功获得新生。

罪犯需要踏实践行制定好的改造计划和人生规划，要去积极努力实践，树立自信心，把自己该做的事情做好，这样才能实现自己所制定的目标和计划，取得较好的改造成绩。这样才能在服刑改造的道路上奋起直追，取得成功。

人生路上，难免会遇到坎坷险阻急流险滩，一方面，要勇于面对过去的失败，向着目标不断努力，人生处处都是"上上签"；另一方面，要在认识到自己优点的基础上不断地肯定自己、鼓励自己，不要被眼前的困难吓倒。

◉ 延伸阅读

美国销售大王乔诺·吉拉德

乔诺·吉拉德是美国有史以来最著名的销售大王。他出生在美国的一个贫民窟，家里极度贫困，所以他在很小的时候就上街去擦皮鞋补贴家用，以致最后连高中都没有念完就辍学了。他的父亲总是说他根本不可能成才。父亲的打击一度让他失去自信，甚至有一段时间，他连说话都会变得结结巴巴。幸运的是，他有一个伟大的母亲。她常常和乔诺·吉拉德说："乔，你应该去规划你的事业，用成绩证明给你爸爸看，你应该向所有人证明，你能够成为一个了不起的人。你要相信这一点：人都是一样

的,机会在每个人面前。你不能消沉、不能气馁。"母亲的鼓励重新坚定了他的信心,燃起了他想要获得成功的欲望!从此,一个不被看好,背了一身债务几乎走投无路的人,竟然通过制订并实施详细可行的计划,在短短3年内就获得了成功,被吉尼斯世界纪录评为"世界上最伟大的推销员"。而且,至今他还保持着销售昂贵商品的空前纪录——平均每天卖出6辆汽车!一直被欧美商界当成能向任何人推销出任何产品的传奇式人物。我们能够从他传奇式的人生中看到:人生需要规划!尤其遭受严重挫折的人生更需要重新规划!

教育改造分册

第二章

反思罪行

我们走错了路就要进行认真反思，只有认真反思错误，才能避免将来再犯同样的错误。反思罪行是每名罪犯必须参与的服刑改造内容，是罪犯进行自我思想改造的必修课。自己为什么会犯罪，自己的犯罪行为给社会、被害人及其亲属造成的危害是什么？犯罪行为给自己和家人造成的危害是什么？犯罪和进监狱对自己的人生带来了什么影响？犯罪到底值不值？如何度过服刑改造周期？今后如何避免再犯罪？这些问题都是需要罪犯进行认真反思的内容。没有对罪行的彻底反思，就不会明白为什么来监狱改造，也不会有改造的目标和效果，更谈不上改造成绩，将来可能还会走回犯罪和入狱的老路。

第一节　认清犯罪危害

如果说犯罪入狱是人生的一次重大不幸和挫折，那么从入狱的那一刻起，就要重新审视自己，反思过去，筹划未来，争取努力改造，重新做人。这是法律的初衷，是社会的期待，是家人的期望，也是监狱民警的工作目标。

有很多监狱都写着这样三句话：

这是什么地方？

你是什么人？

你到这里来干什么？

这三个问题的答案分别是监狱、罪犯、服刑和改造。这三个问题属于监狱特有的问题，时刻警醒着罪犯要明确自己的身份，知道监狱的功能和违法违纪的后果。显然，这样的问题在提醒罪犯要时刻保持紧张，要警醒自己必须完全服从警察的管理，积极参加劳动，积极接受改造。然而，这一切的根源，就是犯罪。不犯罪，我们就不会来到这里，就不会成为罪犯。犯罪行为给社会和被害人及其亲属造成的危害是难以释怀的。古今中外，任何社会，都对犯罪行为采取零容忍的态度，越是文明的国家,对犯罪行为的惩处就越积极、越严厉,犯罪的后果也越严重。

◉ 延伸阅读

君子求诸己,小人求诸人

孔子(公元前551年至公元前479年,春秋时期鲁国人,儒家创始者)曾经说过:"君子求诸己,小人求诸人。"(出自《论语·卫灵公》)意思是说:君子遇到事情会反躬自问,首先在自己身上查找原因,严格要求自己,而小人则专挑别人的毛病和不是,苛求别人。另一位儒家思想家孟子进一步阐述了孔子的这一观点,他说:"爱人不亲,反其仁;治人不治,反其智;礼人不答,反其敬。行有不得,皆反求诸己。"(出自《孟子·离娄上》)这段话的意思是:我爱戴别人,可是别人不感激我,那得先反问自己,自己的仁爱够不够;我管理别人,可是没有管好,那就得先反问自己,我的才能智慧够不够;我有礼貌地对待别人,可是得不到相应的回应,那得先反问自己,自己的恭敬够不够;任何行为如果没有得到预期的效果,都要先从自己身上找原因。

在现实的服刑生活中,影响我们认清犯罪危害的错误观念大致有以下几种:

第一种是"黑白论"。在有些罪犯眼里,"天下乌鸦一般黑",世界上没有一个好人,"人为财死,鸟为食亡",大家都是为了名利而已。不过有的人走的是白道,有的人走的是黑道,手段不同,但目的都是一样的,没有高低贵贱之分,没有合法违法的差别。持这种观点的罪犯,对自己的行为当然没有愧疚之心,也就不会认罪悔罪。

第二种是"有功论"。有的罪

犯混淆事实，颠倒黑白，把犯罪说成对社会有益的行为，以减轻自己的罪责。例如，盗窃犯认为自己是在"劫富济贫"，杀人犯觉得自己是"伸张正义""为民除害"，犯了伤害罪的罪犯说自己是"维护社会治安""该出手时就出手"，拐卖妇女儿童的罪犯竟然说自己是给别人"帮忙""办好事"。有了这类歪理邪说，这些罪犯便"心安理得"，根本不可能认罪悔罪。

第三种是"被迫论"。有些罪犯千方百计地推脱罪责，把自己的犯罪行为都说成是同伙所为，他人指使。要么说自己犯罪是受人胁迫，被人"拉下水"，要么说自己家庭困难，生活所迫。被称为京城"最牛碰瓷老人"的孙某某，从2001～2009年的8年间，通过"碰瓷"诈骗了13万元。当记者问及他犯罪的原因时，孙某某的回答竟然是："生活苦呀。"把生活困难作为犯罪的理由，这正是典型的"被迫论"。

第四种是"不公论"。有些罪犯不能认罪悔罪是因为对法院的判决存有异议，在和其他罪犯的比较中，发现"同事不同罪""同罪不同罚"，于是认定法院判决"不公"，不断申诉，乃至无理缠诉。其实，虽然犯罪行为大体一致，但是由于危害不同，犯罪时间、地点、加害对象不同，以及认罪赔偿态度、自首、检举、有无前科等情况不一样，同样的罪行被判处不同的刑罚是极有可能的。但是不少罪犯从个人立场出发，无视法律，以"不公"为名不肯认罪服法，"求诸人"的心理昭然若揭。

第五种是"本能论"。这种观点在性犯罪罪犯当中很有市场，他们受到西方人性论和"性自由"观念的影响，认为性是人的一种生理本能，就像渴了要喝水、饿了要吃饭一样自然而然。在这种思想的支配下，这类罪犯不承认自己的思想观念需要改造，他们认为自己犯罪是受本能的驱使，本能没错，自己就没有错。

第六种是"诱惑论"。这类罪犯将自己的犯罪说成是由受了他人或者社会的诱惑所导致，而不去检讨自身原因。有的强奸犯说自己受到女方的引诱，有的说成是谈朋友，"两厢情愿"。有的罪犯在思想汇报中这样写："自己年幼无知，思想单纯，社会上到处都充满了诱惑，录像厅里充斥着色情、暴力的镜头，我走上犯罪道路完全是受了上面的影响，都是录像害了我。"这种观点明显是在推卸自身责任，根本没有做到认罪悔罪。

除了上述这些比较典型的观点，很多罪犯当中还有诸如"无罪论"

"轻罪重判论""犯罪外因论""有错无罪论"等论调,这些论调说到底都是"不认罪"的心理在作怪,罪犯有这样的心理,在服刑过程中自然就会通过行动表现出来。有的罪犯坚持认为法院判决不公,自己是被冤枉的,所以长期无理缠诉,拒不认罪;有的则公开散布不认罪言论,打击先进,拉拢落后,搞小集团,为自己的反改造行为站脚助威;更有甚者公开顶撞监狱人民警察,抗拒改造,扰乱改造秩序。无数鲜活事例证明,这些行为最终受害的仍是罪犯自己。

一个勇敢和有担当的人,就应当敢于承担责任和面对现实。不推诿,不文过饰非,敢于面对自己犯下的罪行,承认犯罪事实和犯罪危害,真心忏悔,这是接受改造的前提,也是成为"新人"的前提。

因此,认清罪行,认罪服法,服从判决,是一名罪犯接受服刑改造的前提条件。罪犯在监狱中改造自我,也要有这样的勇气和决心。我们逐渐从被动改造过渡到主动改造,从"要我改造"变成"我要改造"。但是在现实当中,总还是有些罪犯不能正视自己的过去,凡事都采取"求诸人"的态度,想敷衍了事,蒙混过关。殊不知,这样做的结果会害了自己,使自己永远也走不出昨天的阴影。

◉ 案例解读

多次入狱不肯反思, 出狱四月又铸大错

因为一瓶水而引发的命案,造成了一死四伤的严重后果。29 岁的小旭,被刚刚刑满释放的张某某一刀扎穿了心脏,不幸身亡,而张某某却说,他并没有想杀人,他只是想保护自己的朋友。2018 年 3 月 18 日下午,北京市通州区一个会议中心内,张某某和田某某冲进了大堂和几名男子扭打在了一起。没过多长时间,张某某和田某某把对方五人打倒在地后扬长而去。张某某和田某某是发小儿,从十六七岁起就因犯盗窃、抢劫、寻衅滋事等罪多次入狱,可以说是劣迹斑斑,这一次,张某某和田某某联手打伤了会议中心的五名员工,员工小旭更是被张某某一刀戳中心脏当场死

亡。案发当晚，张某某和田某某在河北被警方抓获。北京市人民检察院第三分院以张某某涉嫌故意伤害罪、田某某涉嫌寻衅滋事罪依法向北京市中级人民法院第三分院提起公诉。

庭审中，张某某说，案发时他只是想保护田某某，更没想到因为一瓶矿泉水能闹出人命来。原来，当天田某某找地方买水，发现大厅服务台的桌子旁有两名女子像是服务员，于是就向对方询问哪里买水，没想到对方根本不理自己，这让他十分恼火。田某某手一挥，将桌子上的一个桌牌给打掉了，还跟对方吵了起来。周围的工作人员听到动静后赶紧上前劝架，而此时张某某刚好进门，看到田某某被几人围住，立即冲上前，不管三七二十一，一拳就打在了员工小旭的头上。据张某某供述，他当时认为对方欺负自己的朋友，于是就直接动了手。混乱中张某某掏出随身携带的小刀扎向了员工小旭，但刀扎在哪，扎了几刀，张某某也不记得了。扎了人后，张某某和田某某没有罢休，又从车上拿了把车锁，冲向另外几名员工，直到这几名员工被打的无力还击，张某某和田某某才扬长而去，而此时小旭已失血性休克死亡。田某某作为事件的引起者，主动挑起事端，破坏社会秩序。而张某某不问原因，积极参与田某某随意殴打他人的行为，持刀行凶导致被害人死亡，引发严重后果。张某某和田某某多次犯罪入狱，刚刚出狱非但没有认真反思罪行，还目无法律，不考虑违法犯罪的后果，最终，张某某被判处有期徒刑15年，田某某被判处有期徒刑3年。

第二节　真诚认罪悔罪

认罪悔罪是指认识到自己所犯的罪行，并对自己的罪行进行忏悔。认罪悔罪首先要知罪，就是认识自己的犯罪罪行，承认自己的犯罪事实。其次要认罪，要认清自己的犯罪危害。努力改造犯罪思想，用实际的改造表现，踏实的行动和优异的改造成果，向社会赎罪、向受害人及其亲属赎罪，争取早日回归社会。再次要服法，就是服从法律的裁判，服从监狱民警的管理，积极参加改造活动。最后就是悔罪，要真心悔悟，积极忏悔，积极对被害人进行赔偿。具体来说，有以下四个方面的问题。

一、承认犯罪事实，认清犯罪危害

认罪悔罪的第一步就是要承认犯罪事实，认清犯罪危害。一般来说，承认犯罪事实和认罪程度成正比关系，也就是说，承认犯罪事实越彻底，认罪态度和认罪表现也就越好。反之，拒不承认犯罪事实，或者避重就轻、遮遮掩掩，也就说明其认罪态度和认罪表现不好。承认犯罪事实可以分为四种类型：全部认同型、部分认同型、纠缠枝节型和全部否定型。作为罪犯，要承认犯罪事实，反思犯罪危害，接受民警的教育，真正走上积极改造的道路。

二、剖析犯罪原因，认清犯罪本质

犯罪原因有内因，也有外因。内因是自身原因，外因是社会原因。有很多人犯罪后，只看到外因，也就是社会的、他人的因素对自己犯罪的影响，而没有看到内因也就是自身原因。要想真正认罪悔罪，首先应当从自身找原因，这样才能有利于自己剖析犯罪原因，认清犯罪本质，才能彻底地改造好自己，不至于在回到社会之后再重新犯罪。找不准犯罪原因，或者不注意挖掘犯罪根源，盲目的混刑期，不知道为什么改造和改造什么，就难免会重蹈覆辙。例如，罪犯张某，因故意伤害罪被判刑7年，入狱后不认真剖析犯罪原因，对自己的犯罪根源认识不清，不积极适应监狱生活，管不住自己的脾气，因生活琐事发生口角，动手殴打同监舍罪犯，结果因犯破坏监管秩序罪被加刑1年6个月。另外一个例证是罪犯曹某，因盗窃罪被判刑4年，服刑期间他深刻认识到自己犯罪的根源在于一个"贪"字，从而自觉与旧我决裂。一次，外单位的司机进监狱拉货，私下里允诺曹某，只要帮他多装一车货物，就把价值半车货的现金替他寄回家里。曹某非但没有答应,反而告诫司机:"这是盗窃行为,我不能重蹈覆辙,你也不能干。"曹某将此事报告民警,避免了监狱的损失。经过调查核实,曹某确认立功,被通报表扬。两相比较,看得出剖析犯罪原因在改造中的重要性。

三、 转变思想认识,接受和服从判决,不无理缠诉

根据我国《刑事诉讼法》第12条的规定:"未经人民法院依法判决,对任何人都不得确定有罪。"可见,人民法院是我国唯一可以认定公民有罪的法定机关,其他任何组织和个人都无权代替人民法院,认定其他自然人和单位的行为是否构成犯罪。因此,人民法院的依法判决体现的是国家的法律意志,所有社会组织和个人都必须无条件服从并执行。在监狱中,个别罪犯认为自己"有错无罪"或者"轻罪重判",认为法院的定性不准、量刑过重、判决不当,因此不服从判决,无理缠诉。具体说,无理缠诉主要有三种表现,一是无视条件申诉,二是歪曲事实申诉,三是不按程序申诉。例如罪犯程某,入监四年,四处投寄申诉书共计千余份,并且每份都用挂号信形式邮寄。他自己说:"这叫普遍撒网,重点捕捞""不愁网网空,只要有一网引起轰动

就成功"。其实,到最后,其诉状只能由人民法院或人民检察院接收。这种妄图追求轰动效应的行为正是典型的无理缠诉。

四、 服从民警的帮助教育, 加强认罪悔罪的思想认识

作为罪犯,对自己的犯罪行为产生悔恨是非常应该的,罪犯需要配合监狱人民警察的个别谈话教育,更需要自己的自觉努力。承认了犯罪事实,就会有"心里的石头终于落地"的踏实感,在此基础上,还要认识自

己的犯罪行为对社会和被害人及其亲属造成的危害,这样才能正确处理认罪悔罪的心态。在这一阶段,一般要运用"换位思考"的方法,假设自己是被害人或者其亲属,去体会犯罪行为所造成的损害、制造的痛苦、酿成的悲剧。例如,罪犯刘某因为故意伤害致他人终生残疾,被判处无期徒刑,入狱后他对人民法院的判决一直不服。两年后,他家中因为宅基地纠纷,哥哥与邻居发生了殴斗,结果他的哥哥被人打死。该罪犯家中因为失去了哥哥,父母无人赡养,嫂子离家出走,只剩下侄子与爷爷奶奶相依为命。他万万没有想到,犯罪行为所造成的伤害和痛苦有一天会降临到自己头上,从一个加害者到受害者亲属的角度转变,使他亲身体会到了犯罪行为给受害者及其亲属造成的伤害。现实教育了他,从此他不再申诉了,改造表现发生了根本变化。事实上,犯罪不仅对受害人造成了伤害,对罪犯自己以及他们的家庭也造成了伤害。有的父母因为孩子犯罪一夜白头,为了能够见到服刑中的孩子经常拖着年迈的身体,大老远跑到监狱;有的配偶在另一半被判刑后无脸见人,背上沉重的精神负担,整天以泪洗面;有的配偶因为生活负担过重,自己不堪重负不得不选择离婚。中国有两句古话,"天良未泯""良心发现",只要是一个有心人,他都有善良的一面,认罪悔罪很重要的一点是从善良的一面去认识自己、认识别人。

以上四个方面是所有罪犯都应努力的方向。那么,怎样才能通过个人的努力做到认罪悔罪呢?对此我们要着眼于知、情、意、行四个方面。

所谓"知",即指认识,就是首先罪犯要从思想上认同法院的判决,承认犯罪事实和犯罪危害。"知",也可以说是从理智上站在知法守法的这一立场上,从思想认识上与过去划清界限、一刀两断。例如,罪犯赵某因在监狱私藏违禁品受到禁闭处分,严管教育八个月,毁了一个奖,减刑被推迟一年半的时间,刑期被延长了两年半的时间。严管教育结束后,赵某不断思考着"这是什么地方""你是什么人""你到这里来干什么"这三个直指灵魂的拷问,配合各项法律法规和行为规范的学习,他认识到自己过去的形象是那样的丑陋,自己的行为害了别人也害了自己。痛悔之余,赵某领悟到一个道理,那就是如果做不到从思想上真正认罪悔罪,那么行动上的改造就无从谈起。有了认识上的提高,赵某从此积极参加监狱组织的各项活动,认真学习,积极劳动,并主动向民警汇报思想成果。此后,赵某连续三年无违纪、无扣分,并在各项活动中取得了一系列好成绩,他被评为"监狱表扬"。从这个例子能够看得,"知"在认罪悔罪和改造中的重要性。

所谓"情",即情感,就是指罪犯从思想上以违法犯罪为耻,站在受害人的角度考虑他们的感受。什么是正确的情感?对违法犯罪的行为要痛恨,对守法行为的要拥护、支持、赞赏。古语说得好,"如恶恶臭,如好好色。"(《礼记·大学》)臭的东西,你见了就厌恶;美好的东西,你见了就喜欢,这才是正确的情感。要规避一切好的、高尚的事物和奉公守法的人,亲近低俗的、丑陋的事物和违法乱纪的人,不是正确的情感方向。在改造实践中,要有意识地培养自己的正确感情,做到明辨是非、爱憎分明。

所谓"意",就是意志力。意志力是心理学中的一个概念,是指一个人自觉地确定目的,并根据目的来支配、调节自己的行动,克服各种困难,从而实现目的的人格品质。当人们善于运用一种有益的力量时,就会产生决心。人们的心理功能或身体器官对决心的服从,正说明了意志力存在的巨大力量。有了认识上的提高,便能明辨是非,产生爱憎分明的情感,但是落实到行动上还需要有坚定的意志力。这一点要靠平时的不断努力,逐步克服不良习惯和思想意识才能实现。

最后是"行",就是行动、实践。我们所有的计划和思路最终都要落实到实践中去,这样制订计划和确定思路才有实践意义。是否能够把所有的认识、情感、意志最后落实到行动上、服刑实践中,这才是检验一个罪犯是否真正认罪悔罪的标准。

我们要清楚罪犯认罪悔罪的标准:承认犯罪事实,认清犯罪危害,对自己的犯罪行为表示悔恨,服从法院判决,不无理缠诉。依据这个标准服刑改造一下,一定会找到自己努力的方向。

● 延伸阅读

浪子回头金不换的陈某

罪犯陈某,因"贪污、受贿、巨额财产来源不明"数罪并罚,被北京市高级人民法院判处"无期徒刑、剥夺政治权利终身并处没收个人全部财

产",同年9月到北京市某监狱服刑。对此陈某拒不认罪,对定罪和量刑均持异议。陈某质疑判决书的严肃性,称自己的案件是"冤案"。在日常改造中,陈某沉默寡言,很少与其他人交流,服刑态度消极敷衍。同时,陈某食不甘味、睡不安寝,经常躺在床位上长吁短叹、辗转反侧,悲观情绪十分严重。

身子都掉井里了,耳朵还能挂得住吗?

"身子都掉井里了,耳朵还能挂得住吗?"民警用这句话提醒陈某要认清形势、面对现实。陈某内心自知有罪,拒绝认罪只是某种防御性心理在作祟,并非真的对定罪、量刑持有异议。这句话对陈某而言如同一个惊雷,打醒了他。

由于巨大的身份落差,对陈某来说接受现实是最难的一步,也是他必须迈出的一步。"锒铛入狱"是一种巨大的挫折,面对挫折,"否认"是最常见的心态之一。不认罪,与其说是要否认自己的罪行,不如说是想否认自己的处境。承认有罪,意味着必须接受现实,面对高墙电网,这是一种"撕裂之痛"。面对这种难以忍受的疼痛,他还幻想用心理上的否认来抵御严酷的现实。而这个提醒帮助了陈某从普通社会生活的惯性中脱离出来,去适应监狱的生活方式和言行规则。陈某不仅写出了3000余字的《认罪悔罪书》,还在全体罪犯大会上现身说法,向新生迈出了第一步。

第三节 深入坦白检举

"坦白从宽,抗拒从严",很多人都听说过这句话,这是我国法律对犯罪行为和犯罪分子调查处理所运用的基本原则之一。深入坦白自身问题,争取从轻、减轻或免除处罚;积极揭发和检举他人的犯罪违法违纪行为,争取立功,是全体罪犯都必须熟知的,也是我们入监后必须参加的重要改

造活动。只有积极坦白检举，我们才能轻装上阵，为认罪服法、服刑改造迈出重要的一步。

要想彻底与旧我决裂，我们就要做到坦白自身问题和余罪，让自己今后的道路更宽阔。坦白余罪是与过去罪错一刀两断，改恶从善，走向新生的具体行动表现。要想人不知，除非己莫为。没有坦白清楚的问题，要尽快找民警说清楚，争取从轻、减轻或免于处理。这样可以为自己甩下包袱，卸下重担，轻装上阵，才能顺利投入正常的服刑改造生活。

法网恢恢，疏而不漏，法律不会放过任何一个坏人，掌握线索的罪犯要及时报告民警，争取立功。通过揭发检举他人的犯罪和违法违纪行为，争取立功，早日回归社会。通过检举揭发，还可以使那些逍遥法外的犯罪分子受到应有的惩处，保护人民群众的生命财产安全。

相反，如果心存侥幸，知情不报，隐瞒包庇，留恋过去的犯罪生活，抱着错误的"哥们儿义气"观念不放，没有与犯罪行为划清界限，一旦事情败露，就会因包庇纵容犯罪分子而受到法律的严厉惩处。

坦白余罪、漏罪，揭发检举犯罪问题线索，是法律规定的罪犯义务。对于有余罪、漏罪和违法问题的罪犯，不要抱有任何幻想，也不要有任何的顾虑，自己不坦白，也有可能被别人揭发、检举，只有尽早主动向民警报告，尽早说明问题，争取从宽或免于处理，才是明智的选择，这也是唯一的选项。无论是在监狱举办的坦白检举活动期间，还是在其他任何时间，只要有问题和线索，任何罪犯都要及时向民警报告，监狱对提供线索的罪犯，将依法依规进行奖励，并对揭发和检举行为进行保密。

● 延伸阅读

积极坦白检举

北京某监狱服刑罪犯邹某，在临近释放前向民警遮遮掩掩地说道："我有一些关于自己的事情需要交代，但我还没有想好，得考虑一下。"邹某有两次前科，其中第二次是因诈骗罪入狱。在第二次服刑释放当天，公安机关将他解回再审，所以才有了这次因为信用卡诈骗罪的"三进宫"。"天网恢恢，疏而不漏"，在这个资讯高度发达的时代，即便暂时侥幸逃脱惩罚，早晚会东窗事发，何况自己还要备受煎熬。通过民警宣讲政策和谈话教育，邹某得知只要如实坦白，就可以争取到"从轻处理"。同时，监狱协调律师帮助邹某咨询相关政策和法律知识，邹某最终放下思想负担，向民警坦白了自己的漏罪，交代了自己还诈骗9家银行共计20多万元的事实。邹某表示，他保证会尽快将欠款还上。只有积极参加坦白检举活动，才能放下思想包袱。

第四节 卸下思想包袱

罪犯经历了逮捕、审判和被投入监狱服刑改造这一过程，一定会积累较大的心理压力，这些心理压力会给自己造成不好的身心状态，我们把这些经历带来的心理压力统称为思想包袱。思想包袱的表现是多种多样的，每个人都有不同的表现情况，例如，有的罪犯对监狱环境的不适应，和其他罪犯相处不好关系；有的罪犯对民警不信任，害怕民警严格管理，对服刑产生

种种疑虑；有的罪犯对监狱一无所知，因听到不实传闻或者受到影视作品的影响，把监狱想象成暗无天日的"人间地狱"，从而忧心忡忡、闷闷不乐；有的罪犯由于背有余罪，整日害怕、悔恨，惶惶不可终日，内心充满着犹豫和忐忑；有的罪犯担心与家人的关系，服刑期间和出狱后家人、亲朋不接纳自己，适应不了社会环境的变化；有的罪犯身体患有疾病，担心不适应改造环境，将来病重影响身体健康；有的罪犯担心劳动改造强度大，自己无法承受；有的罪犯感觉刑期漫长，失去了信心和耐心；有的罪犯摆不正姿态，不认罪服法、服管服教，随时都会受到监规纪律的打击……总之，这些都是服刑改造过程中思想包袱的具体表现，都是顺利改造道路上的"拦路虎"和"绊脚石"，如果不及时清除，就会影响今后的正常改造生活。那么妥善解决的办法是什么呢？其实只有一个，就是依靠政府，配合民警，自觉向民警敞开心扉，主动汇报内心思想认知，在民警的帮助和教育下，彻底放下思想包袱，清除这些"拦路虎"和"绊脚石"。

卸下思想包袱，需要做到以下几点：

第一，要稳定情绪，调适心态。人类是高级动物，会有丰富的思想。遇到不利的事情时可能会产生负面情绪。在监狱服刑，被监禁的环境会给人带来拘禁感，需要稳定自己的情绪，调整好自己的心态，尽量以平和的情绪去做事，这样才能平平稳稳地适应服刑改造环境，进入正常的监狱生活。

第二，要依靠政府，配合民警工作，主动向民警汇报思想。要积极面对监狱组织的各项改造活动，积极主动向民警汇报思想，按照民警的要求，承担服刑改造义务，争取民警的支持和肯定，这一点非常重要。在监狱里面，必须无条件服从民警的命令，这是考核罪犯的基本条件之一。如果不服从民警的管理，等待罪犯的将是监规纪律的严厉惩罚，也会被视为对评奖、减刑、假释等机会的自动放弃。

第三，要遵规守纪，积极与其他罪犯和谐相处，建立良好、正常的人际关系。与其他罪犯相处，要牢记遵规守纪是前提，绝不能为了讨好别人，把自己放到坑里。由于不良社会风气的影响，部分罪犯会有哥们义气，以同案、同乡、同学等由头相互抱团取暖，殊不知拉帮结伙为很多违纪行为提供了组织基础，一些罪犯不知不觉地沦为了违纪罪犯，受到监规纪律的严厉打击，断送了自己的前程。

第四，要安心改造，积极参加各类改造活动。来到监狱就必须适应监狱的环境，就必须进入改造的状态，就必须在监狱度过刑期，这是任何罪犯都不能选择和规避的。既来之则安之，越是服从管理，安心改造，积极参加各类活动的罪犯，就越是能够适应监狱服刑的环境，回归社会的道路就会越走越近。反过来，越是思想压力大，不适应改造环境，不积极服从民警管理，不积极参加改造活动的罪犯，在监狱服刑改造就越不顺利，自己也就越不自在，回归社会的道路就越遥远，甚至还可能受到监规纪律的严厉打击。

● 延伸阅读

卸下思想包袱　积极参加入监教育

入监教育是罪犯来到监狱后，首先要经历的一段改造经历，一般在入监教育监狱用3个月的时间来完成。这个时候，很多罪犯的思想包袱都比较重，乃至影响了自己的服刑心态，这就需要积极卸下思想包袱。就像进入军营首先要经历新兵连军训一样，入监教育阶段是帮助新入监罪犯服刑改造"打基础"和练各类"基本功"的改造活动。对罪犯来讲，入监教育活动内容是比较丰富的，关系着整个服刑周期的顺利进行。将来能不能适应好监狱服刑生活，获得较好的改造成绩，主要是看入监教育的基础打得怎么样，基本功练得怎么样。因此，我们把入监教育叫做"服刑改造的第一课"。

入监教育的主要目的有三个方面：一是打好思想认识的基础，二是打好行为规范的基础，三是打好参加改造活动的基础。所谓打好思想认识的基础，主要是对自己罪犯身份的认识、对违法犯罪的认识，对监狱和民警的认识、对服刑改造的认识，以及对将来服刑生活的计划。我们经常提到三个问题：这是什么地方？你是什么人？你到这里来干什么？这些思想认识问题解决了，基础算是打好了一半。所谓打好行为规范的基础，就是要熟知和运用《罪犯改造行为规范》，时刻按照各种行为规范等监规纪律去做事，要熟知违反行为规范的后果是什么，养成违反监规纪律必受严厉打击的习惯意识。所谓打好参加改造活动的基础，是训练和养成"在监狱服刑一天，就要改造24小时"的意识，服刑改造以参加各类改造活动为主要内容，即以政治改造为统领的五大改造手段，接受全方位的改造。这三个方面的基础打得牢固，进入常规服刑改造阶段就越能顺利适应。反之，从入监教育开始便草率应付，背着思想包袱、带着问题矛盾，其结果就不容乐观了。

教育改造分册

第三章

服刑指导

人们普遍认为，在监狱服刑就是一种单纯接受惩罚的过程，漫漫刑期，遥遥无期？但是无论身在何处，生活都一样要继续。身陷囹圄，在高墙之内服刑，这样的日子自然不如外面的世界丰富多彩。然而，生活仍在继续，对罪犯来说服刑也是生活的一部分，大墙内的生活也有同样精彩的一面。

其实，服刑改造的过程也就是一种"特殊生活"。不管我们生活在哪里，我们也永远不可能脱离生活。在监狱中，是通过生活学习规矩，回归社会后，是通过遵守规矩享受生活。我们要想顺利回归社会，就必须按照监狱的生活逻辑遵守规矩，认真过好每一天的生活。

第一节　正确面对服刑生活

正确的生活态度是获得成功的必备因素，是人们应对所有事物都不可或缺的心理条件。监狱服刑生活也需要有正确的服刑态度，我们只有抱有正确的服刑态度，才能确保在服刑改造的道路上不会跑慢或跑偏。

"手里捧着窝窝头，菜里没有一滴油……"这是20世纪80年代的歌曲《愁啊愁》的歌词，由一位入狱的明星所创作和演唱。与社会生活相比，监狱生活的确是很清苦的。当年，"吃窝头"确实成了坐牢的一种暗喻。从中可以看出当时这位明星的服刑态度是十分无奈的，从他的这些感叹中，可以发现他眼中的监狱生活是枯燥和乏味的。

但现在的监狱生活早已不是这样了。从物质条件来讲，很多监狱都有楼房、厂房，已经具备现代文明监狱的标准，罪犯的衣食住行条件有了质的飞跃，窝头和咸菜已经不是坐牢的暗喻。在监管区内，罪犯住的是有暖气和电扇的楼房，睡的是上下铺的铁床，吃的是大米白面的科学配餐，穿的是舒适规矩的制式囚服。监狱对罪犯有必要的医疗保障，罪犯生产劳动的车间也是宽敞明亮的厂房。在教育场所，罪犯接受民警和社会教师的课堂化教育，接受政治教育和法制教育，学习传统文化和道德常识，通过电视机收看新闻和时事评论节目。在操场上，罪犯可以参加文体活动，参加队列训练。在接见室，罪犯还可以根据规定与亲属进行会见、通话。可见，现在的监狱是规范和文明的，具备了改造罪犯的硬件条件，但是依然

有别于社会生活。

　　监狱生活和社会生活的区别首先体现在它的集体性和统一性。在监狱大墙外，只要符合法律和道德，我们可以选择做自己想做的任何事情，例如与家人朋友共同居住，也可以选择独处。我们可以吃宵夜、看书、上网、外出旅游，也可以选择早睡早起或晚睡晚起。但是在监狱里，生活、学习、劳动都是集体进行的，是按照监狱的作息时间运行的，所有罪犯都必须步调一致，统一行动。有监规纪律的约束和民警的管理，我们不得不压抑自己的兴趣和爱好，成为罪犯改造集体的一员。如果我们不安静睡觉，就会干扰别人，我们不完成劳动定额就影响了整个监区或班组的生产进度，我们不参加学习活动，就扰乱了教育活动秩序。而上述这些情况都属于违纪行为，会受到民警的处理和监规纪律的严惩。监狱在对罪犯的管理上必须突出规范、统一和严格，这就是不同于普通社会生活的集体性和统一性。

所有罪犯必须步调一致，统一行动。

　　古语有云："百姓日用而不知。"（出自《周易·系辞上》）意思是说：人们在日常生活中每天都已习惯运行着大道，而不需要再熟知背诵大道的内容。在监狱中，罪犯也需要习惯地遵守各种监规纪律，按照监规纪律行事，使服刑改造达到"日用而不知"的状态。

　　从罪犯的角度讲，树立正确的服刑改造态度，就是要学会遵守规矩，听从民警的指令，积极适应监狱服刑生活，养成遵规守纪、服从管理的服刑习惯，这才是正确面对服刑生活应有的姿态。只有这样，才能适应监狱生活，积极投入改造，早日回归社会。

● **延伸阅读**

罪犯张某某自伤案件

　　某监狱罪犯张某某由于牙疼导致心情不好，在一天早点名时，向监区值班民警反映自己牙疼,吃不了昨晚的面条,嫌面条做得硬,而且越说情绪越激动。民警对其进行教育疏导,告诉张某某要稳定情绪,及时就医治疗患牙,并在早点名后又找张某某谈话教育,安抚情绪。但张某某不能用正确的方式调解自己的心理状态,从监舍走到大厅,用头撞向监区铁栅栏门,导致头部受伤。张某某由于自己牙痛导致心态失衡,不能适应服刑改造生活,没有采取正确的改造态度,而是选择了用自伤行为发泄情绪,结果被处以禁闭处分和严管教育。罪犯张某某由于不能摆正自己的位置,没有用正确的方式处理心态的问题,结果牙疼的问题没有解决,还被处分和惩处教育,真是瞎折腾。

第二节　服刑改造注意事项

监狱的服刑生活,是从衣、食、住、行这些日常生活细节开始的。

先说衣,也就是罪犯着装方面的规定。监狱同社会不同,在社会上穿衣服可以讲究风格,与众不同,监狱里则要求整齐划一,所有罪犯都要穿着制式囚服。新入监的罪犯都要经历一个固定的程序:理发、洗澡、领取和更换囚服。囚服的颜色、样式都是一致的,罪犯不得私自改变囚服的标识、样式、颜色,不得私自在囚服上做任何标记。根据规定,罪犯可以持有两套换洗内衣裤,所有服装必须由监狱涂印统一标记。

饮食方面,监狱确保饮食的营养和卫生,提供丰富的主食副食供应,绝不是"吃糠咽菜"。为了保证罪犯的营养,监狱能保证罪犯吃饱、吃热、吃熟、吃得卫生。监狱在罪犯就餐饮食方面也有规矩,例如要在规定时间、地点就餐,要爱惜粮食,不乱倒剩余饭菜。罪犯不得伙吃伙喝、私设小灶等。

在居住方面,根据《中华人民共和国监狱法》第五十三条规定,"罪犯居住的监舍应当坚固、通风、透光、清洁、保暖",罪犯监舍是按照监管和国

家规定的卫生、防火、防震标准和要求建造的。监舍在卫生和安全方面不会出现问题。罪犯居住方面的要求还包括：监管区、监舍和通道内划定的警戒线，罪犯不得擅自穿越警戒线活动。监舍内有报警铃，有突发事件可通过按铃向民警报告情况。监舍内物品、用具按规定摆放，不得违规随意摆放。未经民警允许，不得随意串监舍或与其他罪犯串换铺位。

在行动方面，总的要求是我们的一切行动都要听从民警的指挥，离开民警指定的活动区域应先向民警报告，得到批准后方可行动。罪犯行进要排队前进，不得散乱，遇到领导或来宾检查指导工作，要让领导或来宾先行，要放下手中的工具，起立立正并背对上级领导。

监狱民警是监狱的执法者，负责对罪犯管理、教育和惩罚。我们必须无条件尊重民警，听从民警指令，服从民警管理，接受民警教育。例如，在民警或者来宾进入监舍时，罪犯要自动起立，不得躺卧偎坐。听到民警呼唤时，我们必须立即高声答"到"，接到民警指令后，我们立即高声答"是"，有事需请示汇报时，我们均要高声喊"报告"。

其实，在衣、食、住、行等服刑日常生活方面，我们需要注意的规矩和细节还有很多。监狱方面如此细致的规定主要是因为以下三个原因：

首先，关于生活细节的规范体现了监管改造的需要，可以做到统一管理，方便识别。比如要求罪犯统一着装，服刑期间应按照要求佩戴胸卡就是最明显的例子。监狱内的许多案件证明，便装往往会成为个别心怀不轨的罪犯脱逃的掩护。如果允许更改囚服标识、颜色，或者穿着便装，就给一些妄图脱逃的人打开了方便之门。其他规定，也都体现了这一用意。如与民警在同一方向行进时，应在民警的右前侧行走，不得与民警擦肩并行或在民警视线以外行走。在较窄的路上与民警或者来宾相遇时，要自动停步，靠边让路，放下手持工具，向后转背对民警或来宾，待民警或来宾走过五米后再起步行进。

其次，生活细节上的要求和规定有利于培养罪犯的身份意识和规范意识。从影视剧上，我们经常看到，过去监狱里的囚犯衣服上印着大大的"犯"或者"囚"字。现在，按照我国的监狱法规要求，已经不在囚服上印制"罪犯""犯人"或者"犯"等字样，而是采取统一制式的囚服。在监狱服刑，很多生活细节上还需要按照监狱的规定执行。比如按要求穿着

囚服,男性罪犯留光头或者寸头,女性罪犯留不低于肩的短发等就是对罪犯身份意识的一种强化。身份意识明晰有利于罪犯认罪服法和认罪悔罪。除了身份意识外,规矩意识也非常重要。规矩意识的缺乏是许多人犯罪的原因之一,一些人因自由放任,为所欲为,散漫懈怠,最终犯罪入狱。改造工作是一种严肃的执法活动,担负着传授知识、转变观念、矫正恶习的任务。为了矫正罪犯的不良作风和习惯,有必要依法严格约束和要求,以帮助罪犯树立规范意识。监狱要求罪犯不得化妆、纹身、染指甲、留胡须,不得戴首饰、穿高跟鞋。如遇参加监狱组织的演出、比赛等活动时,经过民警批准方可根据活动的要求化妆或者穿便服。在室外活动时,未经民警允许罪犯不得赤膊光背、穿短裤、拖鞋。

再次,生活细节上的规范还体现了监狱对罪犯的人文关怀。我们在监狱中过的是集体生活,人数较多,接触频繁。从保护罪犯身心健康的角度出发,关于生活细节上的规范也做了相应的要求。例如,未经民警允许,罪犯之间不得互借、串换衣物。注意饮食卫生,不准喝生、冷、脏水,不准吃腐败变质食物。注意搞好个人卫生,衣物、床单、被褥定期换洗,保持清洁,个人物品按"物品定置图"的规定摆放。以及按照监狱统一要求,在民警的带领和组织下按时洗澡、理发、剃须、剪指甲等,理发器、指甲刀、剃须刀都需要监区集中保管。

除了以上介绍的衣、食、住、行外,监狱还为罪犯安排了丰富多彩的文体娱乐活动,罪犯可以在监狱里从事阅读、书画、表演、体育比赛等活动,相信这些活动会使服刑生活更为充实。

人是社会性动物,正如马克思所说,人的本质是"一切社会关系的总和"。在监狱中服刑只是手段,回归社会才是目的。为了保证罪犯将来顺利回归社会,我国监狱在行刑社会化方面做出了许多尝试和努力。为了使罪犯不脱离社会,最基本的一点就是保证其通过有效途径与家人、亲属、朋友等保持联系。监狱非

但不会使罪犯"与世隔绝",还通过各种方式增加罪犯与社会联系的机会。

对于罪犯来说,入监服刑就意味着失去了自由。因为受到监禁,人的社会身份、社会角色会被淡化,原来的社会角色可能是领导干部、普通公务员、大学教授、工人或者农民,但是在监狱里,所有人都只有一个身份——罪犯。与社会相对隔离虽然是必要的,但是对于罪犯回归社会也有不利的影响。罪犯虽然人在监狱,但是他们却心系社会,家人、朋友、同事、同学、战友这些社会关系依旧存在。家人的企盼、亲友的鼓励是罪犯安心服刑、争取早日回归社会的精神动力,保持与外界社会的联系是罪犯再社会化的重要条件。基于这样的考虑,为调动罪犯的改造积极性,促使其认罪悔罪,安心服刑,监狱通过多种方式和渠道为罪犯与社会沟通提供方便。这些方式和渠道主要有信件、电话、短信、会见等。

在监狱里,想要和远方的亲人、朋友联系,写信是重要的方式之一。根据监狱法的相关规定,罪犯可以通过书信与外界进行联系,同时罪犯的来往信件必须接受监狱的检查。影响罪犯服刑改造的信件,民警将会扣留。

按照相关规定,罪犯在监狱内不准藏匿、使用手机等通信工具,不准吸烟、饮酒、吸食毒品,阅读不健康文化或邪教类书刊,一经发现,按破坏监管秩序行为论处。对于罪犯可持有物品有严格规定,罪犯都不得持有规定之外的物品。如果罪犯想通过书信以外的方式与亲朋好友联系,正当的途径是使用监狱的亲情电话。这需要遵守相关的管理制度,并由民警监听。

在教育活动中,我们要尊重教师,服从教师的教导。在就医过程中,我们要尊重医务人员,配合医务人员的治疗救治。需要说明的是,监狱内的教师和医务人员是民警,顶撞和不服从教师、医务人员管理的后果十分严重,将按破坏监管秩序论处。

在与其他罪犯的相处中,要注意搞好人际关系,不得给其他罪犯起外号,不得欺凌他人,不得辱骂、殴打其他罪犯,不得打架斗殴,不得参与不健康的娱乐活动,如有违反的,将按照违反监规纪律严厉惩处。

第三节 积极配合个别教育

罪犯在服刑改造中出现各类思想问题时，需要及时向民警汇报思想，由民警帮助罪犯解决思想问题，为解决此类思想问题罪犯要配合民警开展谈话活动也即别谈话教育。

个别教育是针对罪犯个体存在的思想和实际问题，由民警依法实施的具有针对性的教育活动。个别教育与集体教育是同样重要的教育形式，促使罪犯认罪服法、服从管理、接受改造，罪犯对此必须服从和配合。

人的思想是非常复杂的，也是容易变化的。在服刑改造过程中，就更容易出现思想问题，因此，我们要积极向民警汇报思想，及时化解思想问题。俗话说，"人心不同，各如其面"。世界上没有两片相同的叶子，也没有两个完全一样的人。罪犯年龄不同，理解能力各异，文化程度参差不齐，民族、宗教信仰、生活习惯、脾气秉性、家庭背景都不一样。更重要的是，即使罪犯都是犯了罪的人，其犯罪原因、犯罪类型、刑期长短、主观恶意性、人身危险性也不一样。这就使得在一起关押的罪犯之间会存在很大的差异，容易出现思想、言语和行为的碰撞，思想问题也容易出现。并且，每个罪犯又都牵扯着一个或者多个家庭，有的上有老、下有小，有的妻子下岗、孩子面临失学，有的爱人闹离婚、孩子要断绝关系……这些问题如果解决不好，更容易出现思想问题。所以，要努力调适自己心理，在解决思想问题的过程中，及时向民警汇报思想，请求民警帮助指导，解决思想包袱。

当然，民警的工作很繁忙，时间也很宝贵，曾经有一位监狱领导估算过，按照一名民警日常工作标准，几乎每天都会找一名罪犯谈话一次。而遇到一些罪犯出现特殊情况，一般谈一次还远远不够。有时候为了做好一个罪犯的思想工作，民警往往要进行上十次、几十次，

个别教育

甚至上百次谈话。因此，罪犯必须积极配合民警的个别谈话教育工作，在谈话教育中不钻牛角尖儿。

● **延伸阅读**

个别教育的"十必谈"

根据有关要求，罪犯有下列情形之一的，需要向监狱民警主动汇报思想，由监狱民警对其进行个别谈话教育：

（一）新入监或者服刑监狱、监区变更时；
（二）分级处遇变更或者劳动岗位调换时；
（三）受到奖励或者惩处时；
（四）与其他罪犯产生矛盾或者发生冲突时；
（五）离监探亲前后或者家庭出现变故时；
（六）无人会见或者家人长时间不与其联络时；
（七）心理压力大，情绪异常时；
（八）思想包袱重时；
（九）暂予监外执行、假释或者刑满释放出监前；
（十）其他需要申请由民警进行个别谈话教育的情形。

教育改造分册

第四章

班组建设

如果说家庭是社会生活中的最小细胞,那么在监狱服刑改造中,罪犯班组就如同家庭一样,是罪犯在监狱服刑改造的最小细胞。开展班组建设就如同维护家庭和谐一样,发挥着促进罪犯服刑改造这个"家庭"的和谐、稳定作用,也关系着监狱改造秩序的安全与稳定。2016年开始,北京市各监所广泛开展罪犯班组建设,努力发挥罪犯班组在监狱改造中的基本作用,通过班组中罪犯之间的良性融合,将改造中容易发生的各类矛盾积极化解,进而促进监所秩序的稳定和罪犯改造的实施。在实施五大改造的实践中,班组建设还是提高罪犯政治改造意识和组织纪律性的重要载体,承载着罪犯日常改造活动的关键内容,各监所在日常工作中深入开展的争创优秀班组活动就是班组建设的具体实施方式之一。在日常改造活动中,罪犯要积极参与班组建设,争取获得良好的改造成绩。

第一节 班组是个小家庭

当罪犯来到监狱后,就会被监区民警分配到一个罪犯班组中,这个罪犯班组是罪犯在服刑期间衣食住行的主要载体。就像是一个小家庭,若干服刑人员在一个屋檐下共同生活,在同一间监舍居住,每天生活起居在一起,共同学习和劳动。

既然是在同一个屋檐下生活,班组成员间就要像家庭成员那样相互包容,相互礼让,相互帮助,在民警的领导下积极参加改造活动,争取取得较好的改造成绩,早日回归社会,恢复自由。班组的积极氛围需要营造,班组的稳定秩序需要维护,班组的良好环境需要保护,班组建设即指在民警的领导下,班组内罪犯之间彼此和谐共处,积极参加各类改造活动,共同努力维护改造秩序的各类工作。

在班组中,有民警的直接领导,有担任班长和互监组长的罪犯的各司其职,也有作为班员的普通罪犯的积极配合。班长是由民警指定的有组织能力和奉献精神的罪犯,具体负责本班组改造活动的日常组织工作,互监组长要配合班长抓好落实,重点负责落实互监制度,维护班组秩序。班长和互监组长会积极协助民警的工作,维护本班组的和谐稳定,完成本班组的各项任务，开展本班组的政治学习、生活卫生和生产劳动等改造活动。

在班组中，班组成员之间要有配合意识，要有组织纪律性，要相互包容，要积极沟通，做到和谐共处，在民警的领导下，积极参加政治学习等改造活动，认真完成民警交办的各项任务。

班组虽然像是家庭，但有别于普通的社会家庭，主要体现在它的强制性、集体性和规范性。在监狱外，我们可以结合自己的意志，选择与家人朋友共同居住，也可以选择独处。我们可以自己确定作息时间，选择晚睡晚起，或者早睡早起。我们还可以随时外出，做生意或旅游，也可以赋闲在家，享受清闲。但是在监狱里，班组还是一级改造组织，生活、学习、劳动都是集体进行的，步调一致、统一行动，是没有选择余地、必须参加的。我们不安静睡觉就会干扰别人，我们完不成劳动定额就影响了整个班组的进度，我们不能自主选择与谁住在一个房间，也不能随着随心所欲。这就是不同于普通社会家庭生活的集体性和规范性。如果我们做不到这些行为，那么就会在监狱和民警的监督下被强制执行，甚至会受到监规纪律的严厉打击，这就是不同于社会家庭的强制性。国有国法，家有家规，《罪犯改造行为规范》就是为了维护监管安全稳定，促进监狱改造秩序而制定和实施的，能够体现出监狱对罪犯管理上的依法、严格、公正。罪犯在班组中，既要认真遵守《罪犯改造行为规范》，又要严格服从民警的命令，听从指挥，这是我们参加服刑改造的基础，也是我们必须遵守的纪律，这一点是没有回旋余地的。

● 延伸阅读

班组建设开启新生之门

在北京市未成年犯管教所，一提起桂建波警官，那是无人不知、无人

不晓，他坚持以政治改造为统领，充分运用法德并举、文化育人、道德塑人的方法，作为主抓教育改造工作的副监区长，他先后成功地教育转化6名不认罪的罪犯，帮助他们开启了新生之门，其所主管的二班在2016年和2017年连续两年被评为"局级优秀班组"，其所在的监区也连续两年被评为"局级优秀监区"。

监区文化引领罪犯新生

人创造了文化，文化也在塑造着人，其特有的感染力和感召力，成为照亮人们心灵的火炬、引领人们前进的旗帜。桂警官正是抓住了文化这一独有的特点，用文化的力量去影响和改造罪犯思想，提升他们的思想道德素质，从而实现政治改造的目的，帮助罪犯走上新生之路。

2017年5月，桂警官在班里成立了罪犯"领域传媒兴趣小组"，他积极带领小组成员先后策划、拍摄、制作了"班组处突预案演练"微视频和反映改造生活的微电影，录制编辑了文艺汇演微视频、演讲比赛微视频、开放日小品微视频，并在开放日现场表演了小品《责任》，以真实的故事再现了未管所民警的职业担当，赢得了社会嘉宾的广泛赞誉。

在"领域传媒兴趣小组"里还设有桂警官担任主编的《领域文创报》，"我们的编辑小组除了桂警官外，我们还设有美编和文字编辑。"罪犯王某介绍道。"刚开始办报时，我们压力很大，既对未管所的要闻不掌握，又担心罪犯投稿的积极性不是很高，而且都没有办报的经验，抱着试试的想法开启了办报之旅。"桂警官如是说。"为了办好这份报纸，他调动一切积极因素，搜集要闻的稿件，协调报纸的印刷，当第一期报纸与我们见面后受到极大的欢迎，很快这张报纸就成了监区报。"罪犯王某介绍道。这份监区小报设有"要闻""监区新闻""人生感悟""法律讲堂""速读""笑话""最美瞬间"和"雷锋义站"等栏目，以及"日行一善"专版，作为半月刊，从创刊至今已经出版发行了38期，并以其独特的形式引领罪犯的政治改造。

此外，在桂警官主管的二班里还建有绘画和手工兴趣小组，他们以漫画的形式宣传学雷锋、"日行一善"等罪犯取得的改造成绩，截至目前已有绘画70余张。桂警官又在罪犯的床头卡上加注了每个人的座右铭，使一张小小的床头卡成为一种床头文化，与班里的墙报、报纸、"储善瓶"交

相呼应,形成了独具特色的监区文化氛围。

也正是这些精心制作的一部部微视频、一张张监区小报、一幅幅漫画有力地发挥着政治改造、文化改造的作用,帮助罪犯树立正确的改造观、人生观和价值观,提升他们的道德素质和思想境界,引领着罪犯的政治改造、文化改造之路。

"储善瓶"里积小善促新生

"善,德之建也!"与人为善,于己为善。未管所某监区副监区长桂警官以"善"修德去培养每一名罪犯的善念,重塑他们的善心,达到"明身份、知悔罪、守法纪、正言行"的目的,给罪犯的班组建设筑牢了基石。

为了积极践行《罪犯改造行为规范》,彻底矫正罪犯心中的恶念,桂警官在"日行一善"活动中,为班组里设立了"储善瓶",每天只要是做了一件好事,就用纸叠成"心""鹤"或小星星等形状,放入"储善瓶"里,一点一滴地积累着罪犯的行为表现,敦促着他们的新生之路。

"最初,我们也很不适应,在监狱服刑哪有那么多的好事可做?"罪犯赵某对记者坦言当初的疑虑。直到有一天,班里来了一位行动不便患有痛风的罪犯,班里的几个人轮流搀扶着他去洗漱。"这时,我们似乎找到了积累善心的感觉,慢慢地储善瓶里的小星星多了起来,看着'储善瓶'里一天天的增长,我们的心里有了一种说不出的成就感,于是,大家开始主动地帮助监区、班里或其他罪犯做好事,谁的床面褶皱了就会有人主动去给整理,谁在学习中遇到了困难,大家都会主动去帮助,当然,如果谁生了病或者家里有些烦心的事,甚至是思想上有了解不开的疙瘩,大家都会主动地去帮助,也正是点滴的行动融洽了我们罪犯之间的关系,激发了我们积善成德的心念。"罪犯赵某说。

储善,就是一个积累善心、善念和善行的过程,在桂警官主管的二班"储善瓶"里,虽然积累的都是他们之间一些小善的行为举止,但如果没

有小善的积累，将来就不可能有大善的思想和行为。"我们建立'储善瓶'就是在运用'五大改造'工作要求培养罪犯正确的人生观和世界观的基础上，以'储善瓶'的形式去检验实际的效果，从而敦促罪犯去恶建善，培养他们的善念之心，使其在潜移默化中剔除恶习，重新构建人的本性，最终达到知罪悔罪提升改造质量的目的。"民警桂警官如是说。

"不积跬步，无以至千里"，积小善，方成大德。桂警官也正是将罪犯的善行，以"储善瓶"的形式准确地记录下来，不仅有力地调动了罪犯的改造内驱力，而且在班里形成了风清气正的和谐改造关系，一点一滴地重塑了罪犯的道德观，并在改造中得以践行。

桂警官在管理、教育、改造罪犯的过程中，正是通过这种依法释案、人文关怀的形式，转化了一个又一个不认罪的罪犯；通过监区文化的力量，时刻影响着一批又一批短刑犯的人生轨迹；他还根据短刑犯年龄偏大、文化水平低的特点，专门制作了《罪犯改造行为规范（图解）》，以便于他们熟练掌握并严格遵守，有效地解决了罪犯遇到的实际困难，从而帮助他们开启了新生之门。

第二节　班组秩序很重要

开展班组建设，首先要维护好班组秩序，确保班组内部的安定团结。作为班组一员，我们都要积极服从民警管理，配合班组长的工作，积极多做有利于班组秩序的事情，不做危害班组安定团结的事情。

"无规矩不成方圆"，监狱服刑改造更是这样。为了班组秩序的稳定，我们都要有规矩意识，要心往一处想，劲往一处使，积极营造班组和谐稳定的秩序，这样的班组建设才有意义。

班组建设作为罪犯服刑改造的一项基础工作，意义深远，实效明显，在具体的改造生活中，罪犯开展班组建设应该遵循

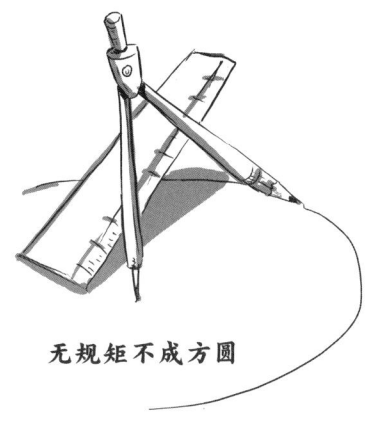

无规矩不成方圆

以下几点原则：

第一，公平正义原则。在班组建设中，每名积极改造的罪犯均有接受教育、获得指导、获得奖励的机会，每名违反监规纪律的罪犯均会依法依规受到严惩，这体现出监狱改造的公平正义。罪犯都要牢固树立公平正义的意识，说话要公道，办事要周到，为人要厚道，这样才可以营造良好的班组秩序，不在班组内做出格的事情。

第二，尊重信任原则。在班组建设中，罪犯之间要相互尊重，彼此信任，肯定彼此之间的优点，包容彼此之间的缺点，用真诚去鼓励和帮助彼此，不断改变、修正、完善自我，获得改造成绩，达到改造效果。

第三，共同进步原则。在班组建设中，同班组的罪犯具有共同的改造目标，班组成员要互相鼓励、互相帮助，使班组这个集体产生凝聚力和影响力，促进班组内每名罪犯取得不同程度的进步。

第四，统筹兼顾原则。班组内的罪犯在民警的领导下，要从集体利益着眼，从解决具体问题着手，协调班组集体利益和罪犯个体之间的关系，帮助大家调整好改造状态，共同营造积极向上的班组改造氛围。班组内的每名罪犯都要积极配合民警的管理教育并深刻反思，筹划班内的各种事务，确定自己的改造目标，使班内环境更和谐，使自己的改造活动更有针对性。

班组建设的方法主要包括以下几个方面：

一是班组罪犯要遵规守纪，促进班组秩序的稳定，营造积极、向上、和谐的班组氛围。要遵守监规纪律，不能出现违反监规纪律被监狱处罚的行为。

二是班组罪犯要积极参加监狱组织的各类改造活动，认真完成笔记、作业、学习记录，考试合格。

三是班组罪犯要树立正确的劳动观念，劳动态度端正，积极参加生产劳动，遵守操作规程，确保安全生产，完成劳动任务。

四是班组罪犯要尊重信任管班民警，服从民警的管理，积极向民警汇报思想。

五是班组罪犯要认真剖析犯罪原因，要积极认罪悔罪，认清自身的问题和不足，在民警的指导下积极改正和弥补。

六是要积极营造规范、美观的班组环境，要结合实际确定班组文化主题，营造积极向上的班组文化氛围，定期参加兴趣小组活动。

七是班组罪犯要时刻关注自身心理健康水平，积极主动接受心理咨询和团体辅导活动。

八是班长、互监组长要积极配合民警的工作，对维护班组秩序有思路和做法，要有实效。

● 延伸阅读

民警老申的和谐班组

某监狱民警老申50多岁了，1980年入伍，2005年转业到监狱工作，负责班组罪犯的管教工作。在民警老申的领导下，班组管理秩序稳定，氛围和谐，班内罪犯无违纪，被评为局级优秀班组。新入监罪犯张某，因犯强奸罪被判处有期徒刑3年，刚入监时，家人希望他能在监狱里多挣分、早受奖、早回家。然而，监狱相对单调枯燥的生活和改造，让他一度"水土不服"，打不起精神。老申运用《知犯录》积累起来的经验对张某进行思想教育，指定班里的"改造标兵"罪犯王某与他结成帮扶对子，让他尽快融入班里、适应改造。同时，向他讲述班里创建优秀班组活动的开展情况，鼓励他积极参加班组建设，奋发向上积极改造。在民警老申和班内成员的倾力帮助下，张某走出低迷状态，投入了班组这个狱内家庭的怀抱，并积极参加各项改造活动，实现了较大的转变，取得了较好的改造成绩。班组就像个小家庭，民警老申组织罪犯相互帮助，积极开展以"做最好的自己　创最好的班组"为主题的班组建设活动，还努力重点完善好《罪犯优点卡》《罪犯月改造计划》两项重要工作，实现以点带面，全面推进，形成具有特色的罪犯班组文化氛围，在班内罪犯的共同努力下，营造了良好的服刑改造氛围，使班内罪犯更容易取得较好的改造成绩。

第三节　班组和谐靠大家

家和万事兴。既然班组是特殊的家庭，大家就要共同努力做到一个"和"字，如此朝夕相处才是对大家最有利的事情。

"和"就是和睦，在班组内大家和睦相处，这也是我们大家的共同利益。创造一个"和"的改造环境，既有利于为大家营造一个舒适的环境，又可以促进大家获得较好的改造成绩，确保班组秩序的和谐稳定。

班组和谐主要靠大家的共同努力，在民警的领导下，班组罪犯之间要和睦协作，形成一个良好的氛围，这样才会有环境和条件让班组罪犯进行服刑改造。班组好了，监区就好了，监狱的安全稳定和改造质量也就会有保障，广大罪犯才会有更好的大环境去服刑和改造。

在民警的领导下，班组成员之间相互帮助，共同营造好的氛围，主要实践方法有：

一是罪犯要积极服从民警的管理和教育，形成班组合力，共同进步。在各类改造活动中，班组长要积极向民警出谋划策，班员要积极响应和参与，做到心往一处想，劲往一处使，共同完成改造任务，共同获得改造成绩。

二是罪犯之间在服刑改造中要相互帮助，相互关心，遇到困难要依靠民警，依靠大家，相互帮扶，共渡难关。

三是在改造生活中，要相互尊重，相互包容，以诚相待，建立正常的人际关系。例如，不要给别人起外号，不要取笑别人的缺点或问题，也不要捕风捉影，搬弄是非，引起矛盾和猜忌，破坏班组氛围。

四是在改造生活中，遇到问题和矛盾要积极化解，管住脾气，冷静处理，查找原因，依靠民警，妥善解决问题，彼此之间不留疙瘩和矛盾。很多狱内突发的违法违纪行为都是由于一些生活琐事引发的，遇到问题既不能彼此妥善化解问题和矛盾，又没有报告民警处理，导致情绪失控引发打架等问题，最终酿成大错，毁了自己。

● 延伸阅读

从一名班长的总结看怎样开展和谐班组建设

罪犯刘某某是某监狱优秀罪犯班组的班长,从他的一份工作总结中可以看出班组建设的日常做法。

一是积极履行班长职责,积极配合民警组织班员参加"强化政治改造,筑牢五个认同"主题教育活动,积极接受政治改造,参加政治学习,帮助其他班员进行自我学习和思想改造,鼓励戴某某将体验学习的思想感悟分享给大家,推动传统文化在自我改造中的应用,使班员积极响应,洗心向善、努力新生。

二是以加强传统文化知识学习为契机,确立本班的班组文化建设主题。在管班民警的领导下,组织班员学习《论语》《大学》《中庸》等中国传统文化典籍,背诵论语原文,在体验学习传统文化的过程中培养树立爱国、诚信、明德的意识。将传统文化学习作为本班班组建设的特色,以"吾日三省吾身"为主题,开展"日行一善"学习反思活动,增强本班班员对善行的认识,深挖犯罪思想根源和犯罪思维模式,树立对传统文化的认同感,让班员更加全面地感受传统文化的精神,更加自觉接受改造。

三是加强法律法规的学习,通过召开班会,组织大家一起认真学习宪法、刑法、监狱法等相关法律,认真学习《罪犯改造行为规范》。增强班组成员的法律意识和遵规守纪意识。学习违纪案例,树立"监规纪律是块铁,谁碰谁流血"的思想意识。协助管班民警做好对入监时不认罪罪犯戴某某的普法宣传。帮助他学习《刑法》《刑事诉讼法》《监狱法》等法律

法规，促进他增强法律意识，帮助他积极配合民警开展法律学习。

　　四是在民警的指导下，积极组织班员结合本班罪犯戴某某案例，创作小品《化蛹成蝶》，参加小品比赛，获得好成绩，以此来引导大家积极改造。这个小品是根据班组成员戴某某入狱之初因思想认识问题不认罪，再到后来接受改造诚心认罪的实际案例而创作，并从学习法律知识和传统文化等方面入手，对很多罪犯思想改造的启发和帮助很大。这个小品对教育影响其他班组成员有很好的感化震撼作用。

教育改造分册

第五章

法引新生

法律是人类社会文明进步的标志,也是每个人安身立命的准则,尊法、学法、守法、用法,就可以获得最大的自由,不学法、不守法就会身陷囹圄,所以,学法是我们走向新生的第一步。权利和义务从来都是相辅相成的,没有绝对的权利,也不存在绝对的义务,想要享有权利就必须承担义务,履行了义务也必然会拥有享受权利的机会。人类社会从形成之初就存在着残酷的一面,弱肉强食,以强凌弱,然而法律的诞生让弱者获得了尊严,也为每一个遵纪守法的人提供了尊严,"浪子回头金不换",只要诚心悔过,就可以获得新生,而学习法律、遵守法律可以给新生的道路提供指引,让我们从容向前。

第一节　法治的重要性

一、什么是法治

法治,简单地说就是根据法律治理国家、清理社会。法治是人类政治文明的重要成果,是现代社会的一个基本框架。法治是一种贯彻法律至上、严格依法办事的治国原则和方式。它要求作为反映社会主体共同意志和根本利益的法律具有至高无上的权威,并在全社会得到有效的实施、普遍的遵守和有力的贯彻。

大到国家的政体,小到个人的言行,都需要在法治的框架中运行。对于现代中国,法治国家、法治政府、法治社会一体建设,才是真正的法治;科学立法、严格执法、公正司法、全民守法全面推进,才是真正的法治;依法治国、依法执政、依法行政共同推进,才是真正的法治。无论是经济改革还是政治改革,法治都可谓是先行者,法治的重要性不言而喻。

二、法治与人治、法治与法制

法治不同于人治,其区别主要有如下几点:第一,法治与民主相容,而人治与专制相合。法治是与市场经济、工业文明相适应的一种治国方式。现代民主政治建立在法治基础之上,法治化的程度是衡量一个国家现代化程度的重要指标。人治是与自然经济、农业文明相适应的一种治国方式,君主专制是人治国家的主要统治形式。第二,法治强调"权自法出",人治强调"法自权出"。"权自法出",即所有的公共权力都应当具有合法性根据,没有合法性基础便不得行使任何权力。"法自权出"强调法律出自君主,正所谓"朕即国家""朕即法令"。在人治国家,君主和统治阶层既能创造法律,又能超越法律。第三,法治强调"法大于权",人治强调"权大于法"。法治强调一切公权力都应当服从法律,没有法律根据的一切权力均为非法权力。"人治"是最高统治者不受法律约束的"权治"。最高统治者的权力大于法律,谁拥有国家权力,谁就主宰国家和民众。总之,"法治"与"人治"的本质区别在于国家权力是否严格依法运作。在人治国家中,所有人只服从拥有权力的人及其意志,因此,"法治"是"人治"的对立物,也是"人治"的天敌。

法制与法治仅一字之差,但内涵与外延是有区别的。第一,法制是法律制度的简称,属于制度范畴;法治则是法律统治的简称,是一种治国的原则和方法,是相对于人治而言的。第二,法制的产生和发展与国家直接相联,在任何国家都存在法制;法治的产生和发展却不与所有国家直接相联系,只有在民主制国家才存在法治。第三,法制的基本要求是各项工作法律化、制度化,做到有法可依、有法必依、执法必严;法治的基本要求是严格依法办事,法律在各种社会调整措施中具有至高无上的权威。第四,实行法制的主要标志是一个国家从立法、执法、司法、守法到法律监督等方面,都有比较完备的法律和制度可供遵循;而实行法治的主要标志是一个国家的任何机关、团体和个人,都严格遵守法律和依法办事。总之,法制是法治的基础和前提条件,实行法治必须具有完备的法制;法治是法制的立足点和归宿,法制的最终发展前途必然是实现法治。

三、 全面推进依法治国

依法治国，是指广大人民群众在党的领导下，依照宪法和法律规定，通过各种途径和形式管理国家事务，管理经济文化事业，管理社会事务，保证国家各项工作都依法进行，逐步实现社会主义民主的制度化、法律化，

1999年，全国人大通过宪法修正案，规定："实行依法治国，建设社会主义法治国家。"

使这种制度和法律不因领导人的改变而改变，不因领导人看法和注意力的改变而改变。实施依法治国基本方略、建设社会主义法治国家，既是经济发展、社会进步的客观要求，也是巩固党的执政地位、确保国家长治久安的根本保障。

全面依法治国是中国特色社会主义的本质要求和重要保障，是国家治理的一场深刻变革。党的十八大以来，习近平总书记围绕全面依法治国提出了一系列新理念、新思想、新战略，涵盖了新时代我国法治建设的性质方向、根本保障和总目标、总路径、总任务、总布局等各个方面，深刻回答了中国特色社会主义法治建设的一系列重大问题，为新时代深化依法治国实践，加快建设社会主义法治国家提供了根本遵循。

坚定不移走中国特色社会主义法治道路，关键是坚持党的全面领导，坚持中国特色社会主义制度，贯彻中国特色社会主义法治理论。坚持中国特色社会主义法治道路的根本目的是保障人民权益。中国共产党全心全意为人民服务的根本宗旨决定了必须始终把人民作为一切工作的中心。只有坚定不移走中国特色社会主义法治道路，才能真正实现法治保障人民权益的根本目的。习近平总书记明确指出，必须坚持人民主体地位，坚持法治为了人民、依靠人民、造福人民、保护人民。要把体现人民利益、反映人民愿望、维护人民权益、增进人民福祉落实到依法治国全过程，使法律及其实施充分体现人民意志。保障公民人身权、财产权、人格权、基本政治权利等各

项权利不受侵犯，保证公民的经济、文化、社会等各方面权利得到落实，努力维护广大人民的根本利益，保障人民群众对美好生活的向往和追求。

● **延伸阅读**

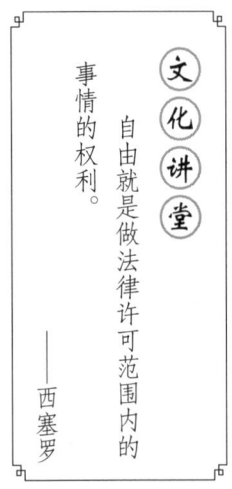

文化讲堂

自由就是做法律许可范围内的事情的权利。
——西塞罗

法的萌芽——原始习惯

很久以前，我们的祖先——早期的人类，远远没有现在这么强大。他们惧怕大自然的风雨雷电，时刻需要躲避野兽的侵袭，食不果腹，平均寿命极短。为了生存，他们成群而居，这样的群体通常以血缘关系为基础进行聚集。随着人类战胜自然的能力逐渐增强，群体不断发展壮大，我们称其为氏族或部落。为了争夺资源，各个氏族、部落之间经常会爆发战争；为了个人利益，氏族内部成员之间也会产生各种摩擦冲突。古书中就记载着这样一个故事：

很久以前的一天，人们正在种田。忽然，有一只兔子从树林里跑了出来。大家都想抓住这只兔子，于是就一拥而上，在田间追逐，现场一片混乱。最终兔子抓到了，但接下来大家却为抢夺兔子大打出手。这时候，部落首领来了，他问："为什么打仗呢？"百人异口同声地说："因为兔子是我的！"首领看看被践踏毁坏的秧苗，又看看远处的森林，然后对大家说："我看得定个规矩了，以后凡是森林中的动物，一律归大家共同所有；打猎要到森林中去打，谁先打到猎物就算谁的；一律不得在田间打猎，破坏秧苗者——重罚！"

这个首领所说的这段话，类似于一条简单的行为规则，目的是为了尽量合理地分配利益，维持大家和平共处的状态。

第二节　权利与义务相辅相成

　　法以权利和义务为机制调整人的行为和社会关系。权利一般是指法律赋予人实现其利益的一种力量。表现为享有权利的公民有权作出一定的行为和要求他人作出相应的行为。与权利相对应的是义务，即指义务人为满足权利人的利益而为一定行为或不为一定行为，义务具有法律强制性。权利和义务是法律界定社会关系的两种方式或手段。权利和义务之间是对立又统一的辩证关系。所谓对立，是指两者有着严格区别，各有不同的含义和质的规定性；所谓统一，是说两者密切联系、互为条件、相辅相成。从整体意义上看，权利和义务作为行为的尺度共同执行着阶级统治和公共事务管理的职能，二者的基本功能是一致的。但是，从具体法律关系的内容来看，权利和义务在职能上又有一定的分工，二者发挥作用的方式、方向和范围都有所不同。

一、权利和义务相互对应、相互依存、相互转化

　　"大河有水小河满，小河无水大河干。"公民权利和义务相互促进、相互依存，言其对应，是说任何一项权利都必然伴随着一个或几个保证其实现的义务，这项义务可能需要权利人自己履行，也可能需要他人履行，有其一，必有其二，无其二，其一便毫无存在意义。言其依存，是说权利以义务为其存在条件，义务也以权利为其存在条件，缺少任何一方，它方便不复存在。就像婚姻中的男女关系，缺少任何一方，其夫妻关系便无法结成一

样,夫为妻而存,妻为夫而存。言其转化,是说权利人在一定条件下要承担义务,义务人在一定条件下要享受权利,法律关系中的同一人既是权利主体又是义务主体。从一个角度看该主体是权利人,从另一角度看,该主体是义务人,还有一种可能是他既可以是权利人也可以是义务人。在一组关系内的权利和义务就是在对应、依存、转化的过程中由对立走向统一。

二、 权利和义务价值一致、 功能互补

价值的一致性是说无论是权利还是义务,其设立的目的都等于立法目的。权利和义务都是主体所需要的,它们是主体所执的左右两柄,共同构成了主体支配客体的手段。功能的互补性是说权利与义务对同一主体同时贡献着启动与抑制、激励与约束、主动与被动、受益与付出两种机制。以社会需要而言,当活力与创造及革新为人们所追求时,权利的功能就会被人们格外重视;而当稳定、秩序与安全为人们所珍视时,义务的功能更能满足人们的要求。在一些情形下,所承担的义务,必然在另一些情况下享有相应的权利。但是,权利与义务的互补、对应关系并不意味着两者的均等。只要权利义务是两种不同的价值类型,那么两者之间就有主次之分。

三、 公民享有法律权利的同时须履行法律义务

权利与义务是密不可分的,权利和义务不可能孤立存在和发展,它们的存在和发展都必须以另一方的存在和发展为条件。权利和义务是从法律规范到法律关系再到法律责任的逻辑联系的各个环节的构成要素。权利和义务贯穿于法律现象逻辑联系的各个环节、法的一切部门和法律运行的全部过程。权利和义务贯穿于法的运行和操作的整个过程,全面地表现和实现法的价值,是法的核心内容。因此,公民的权利与义务是相辅相成的。公民享受权利的同时必须履行义务。履行义务是成为公民的必要条件,权利是保障公民继续履行义务的先决条件。国家资源保护公民的权利,需要公民为国家创造资源,也就是履行义务。

● **延伸阅读**

罪犯的权利和义务

服刑的人具有权利吗？答案当然是肯定的。从理论上来讲，罪犯虽然被判刑入狱，但依然是我国公民，理应享有除被刑罚依法剥夺的权利以外的、一般公民所享有的人身权利。从我国的法律来看，《宪法》第三十三条、《民法总则》第十条、《监狱法》第七条等都有相应的规定。比如《监狱法》第七条第1款明确规定："罪犯的人格不受侮辱。"这一规定赋予罪犯完整的法律人格，确认了罪犯的权利主体地位，是罪犯享有权利的基本依据。

服刑的人究竟有哪些权利呢？从现行法律规定看，主要包括两大类：一是未被法律剥夺或受到限制的公民权利，二是法律专门赋予罪犯的特殊权利。具体来说，根据《监狱法》的规定，罪犯的基本权利主要有：（1）有人格不受侮辱的权利；（2）有人身安全、合法财产不受侵犯的权利；（3）有维护身体健康，有病得到诊治的权利；（4）有辩护、申诉、控告和检举的权利；（5）有依法获得刑满释放、假释、社区矫治、保外就医或监外执行的权利；（6）有依法获得行政和刑事奖励的权利；（7）有按规定通信、会见的权利；（8）有其他未被剥夺或限制的权利，包括休息权、获得劳动报酬权、劳动保险权、受教育权以及未被剥夺政治权利的享有选举权等。

法律虽然对罪犯的权利给予了一定的规定和保障，但因其特殊的身份和状态，使得其权利与普通公民权利相比，呈现出不完整性和特殊性的特点。我们都知道，人的权利依附于人身权利，罪犯因犯罪受到法律的追究和惩罚，被剥夺了人身自由和部分财产权，其犯罪越大，所受惩罚越重，失去的权利就越多。罪犯享有的公民权利是指未被法律剥夺或限制的权利，因而是不完整的。比如未被剥夺政治权利的罪犯虽然有选举权，却失去了被选举权。而特殊性主要表现在未被法律剥夺或限制的权利方面，由于罪犯人身不自由，他们这部分权利的实现，往往受到客观条件的限制，基本上处于暂时停滞的状态。如结婚权、夫妻探视同居权、生育权等。

那么，应该如何看待这种权利的暂时停滞状态呢？应当肯定，暂时停滞并不代表权利的消失，只是由于客观条件的限制或法律欠缺相应的保障机制，权利无法得到行使。就以罪犯的结婚问题为例：作为罪犯，人身自由依法被剥夺，在客观上已无法通过自己的行为去履行登记结婚，要实现这一权利，民政部门的婚姻登记机关就要到监管场所现场办公。但从行政程序上讲，这种特殊照顾并不是民政部门的义务范围。同样，监管人员也没有陪同罪犯去登记结婚的义务。而且，退一步来说，罪犯在履行完法定的结婚登记手续后，仍然要回到监狱，不能和普通公民那样举行结婚仪式、与其配偶同居和生育等，在实质上根本无法履行婚姻的义务。因此，对于罪犯这样一个特殊的群体来说，完全强调自己所拥有的停滞权利，而忽略了保障其运行的可能性是不现实的。而这种存在但不可实现的权利之所以被停滞，是法律保障国家、集体和个人合法权利的必然要求，也是罪犯背离应负义务、触犯刑律的必然结果。认清这种权利的特殊性，是认清自己法律身份的关键，也是维护自身权益的关键。

罪犯的权利受到法律保护。我国监狱工作一贯坚持人道主义原则，尊重罪犯的人格尊严，给予必要的物质生活待遇，维护其合法权益。尤其是1994年《监狱法》颁布实施后，罪犯的权利保障有了直接的法律依据。《监狱法》共有78条，其中直接或间接涉及罪犯权利的条款多达33条。罪犯的权利不仅受到国内法的保护，也得到国际法的支持。联合国相继通过了一系列涉及罪犯入狱人员权利的国际公约，有力地推动和促进了这一群体权利的国际保护。在监狱执法行刑的过程中，罪犯的权利无不得到监狱人民警察的自觉尊重和依法保障。"有事先找警官""跟警官说句心里话"在罪犯中已然形成风气。

罪犯的权利和义务同样是一致的。罪犯的基本义务主要有：（1）遵守国家法律法规的义务；（2）遵守监规纪律的义务；（3）服从监狱人民警察依法管理的义务；（4）有劳动能力的，参加劳动的义务；（5）接受思想、文化和技术教育的义务；（6）爱护国家财产、保护工具设施的义务；（7）维护正常改造秩序，自觉改造的义务；（8）检举违法犯罪活动的义务。

只愿享受权利，不愿承担义务，曾经是许多罪犯堕入犯罪深渊的一个重要原因，也曾经是罪犯法律观念模糊的一个重要体现。罪犯应从中吸取教训，正确认识自由与法律的关系、权利与义务的关系，知法懂法，敬法畏法，在服刑期间自觉地、积极地履行应尽的法律义务，从现在开始，做一个守法公民。

第三节　法律让人们更有尊严

一、法律赋予公民权利，维护公民尊严

尊严，是指人和具有人性特征的事物，拥有应有的权利，并且这些权利被其他人和具有人性特征的事物所尊重。简而言之，尊严就是权利和人格被尊重，而法律是维护人的尊严最有力的保障。

活着并非易事，而要有尊严地活着就更加不容易。人生在世，首先要满足衣食住行等基本生活需要。古人说，"仓廪实而知礼节"。改革开放以来，人民的物质生活不断丰富，但相应的看病难、上学难、住房难、贫富差距进一步加大等问题，都让人们对有尊严的生活有了迫切的要求。党的十八大以来，党中央、国务院坚持发展和民生优先的方针，从人民群众最关心的医疗、教育、社会保障等问题入手，加大民生改善，着力攻坚克难，基本民生保障安全网正不断织就织密。

同时，一个有尊严的社会首先是一个法治社会。如果没有法治保证社会的公平正义，人与人之间的关系就不是平等的，人们的生活就没有安全感。如果没有法律对公权力的约束，个人的财产就可能遭到他人蓄意的损害或国家的强制剥夺，从而多年积累毁于一旦。因此，当政府的权力受到监督，政府用公权力保障公民权利、健全公共服务的时候，才有可能出现更加有尊严、公正、和谐的社会。

公民权利中基本的、主要的部分，通常由《宪法》加以明确规定。我国《宪法》对公民基本权利的规定，体现了广泛性、平等性、真实性以及权利和义务的一致性。中国公民的基本权利主要有：公民在法律面前一律平等；人身自由、人格尊严、通信自由和通信秘密、宗教信仰自由、批评、建议、申诉或检举及取得赔偿等人身和个人的权利和自由；选举权和

被选举权、言论、出版、集会、结社、游行示威等政治权利和自由；劳动权、休息权、伤老病残有获得物质帮助等社会经济权利；受教育权和从事科学研究、文学艺术创作和其他文化活动的自由；男女平等权，婚姻、家庭、母亲和儿童受国家保护等。我国《宪法》规定，任何公民享有宪法和法律规定的权利的同时必须履行宪法和法律规定的义务。

二、法律面前人人平等，法律和特权相对立

公民在法律面前一律平等，任何组织或个人都不得有超越宪法和法律的特权。

《宪法》规定，"公民在法律面前一律平等"，"任何组织或个人都不得有超越宪法和法律的特权"。法律面前一律平等的主要内容包括：一是公民的法律地位一律平等；二是公民的合法权益平等的受到法律保护，任何组织和个人的违法行为都必须依法受到追究；三是任何组织和个人都没有超越宪法和法律的特权。

实现公民在法律面前一律平等，就要消灭特权。特权是公民平等权可能被侵犯的主要表现。例如，有的人自视为不受法律约束的"特殊公民"，他们不但不守法，而且还利用手中的权力以权谋私，徇情枉法，包庇纵容违法者。由于他们地位的特殊性，公民误认为他们有特权而不敢行使自己的知情权和监督权，甚至误认为其侵犯自己的合法权益是应该的。

有的妇女在家庭关系上不能获得与男子平等的地位和权利，而处于男尊女卑的地位，她们在家庭重大事项中没有发言权，有的甚至成为了只有干活的义务而不能享受平等权利的"奴隶"。在遗产继承上，女儿往往不会得到与儿子同等份额的遗产继承，甚至会被剥夺继承权。有的人认为，嫁出去的女儿就如泼出去的水，没有继承权。在一些农村，妇女不能同男子一样平等的分得承包地、自留地、宅基地。在一些单位，女职工不能与男职工同工同酬，干同样的活，所得工资和奖金却要少一些。在一些单位，裁员下岗时，往往女职工被裁员下岗得多一些，如此等等。

事实上，一个人无论性别、无论身份，都要遵守和履行宪法和法律规定的义务，不允许有任何特权。妇女在政治、经济、文化、社会和家庭生活等各方面都享有同男子同等的权利，不允许男子有任何特权。

三、法律对罪犯人格尊严权的保障

我国《宪法》第三十三条规定，"中华人民共和国公民在法律面前人人平等。国家尊重和保障人权。任何公民享有宪法和法律规定的权利……"罪犯虽因犯罪被判处刑罚，但仍然是公民，应当享有宪法和法律规定的权利。

从某种意义上讲，罪犯人权保障制度的完善程度直接反映了一个国家的民主和文明程度，同时也反映了一国人权保障状况的实际水平。我国的罪犯人权保障制度从1927年萌芽至今，取得了长足的进步和全面的发展。特别是新中国立法史上第一部正规的监狱法典——1994年《监狱法》的公布实施，在我国监狱制度发展史上有着里程碑的意义，之后又陆续出台了其他的相关监狱法规，标志着我国监狱工作彻底改变了以往法制不健全，以政策代替法律的状况。

我国《监狱法》对罪犯的权利作了广泛而具体的规定，直接或者间接涉及权利的规定达30余条。尤其是第七条规定："罪犯的人格不受侮辱，其人身安全、合法财产和辩护、申诉、控告、检举以及其他未被依法剥夺或者限制的权利不受侵犯。"除此之外，《刑事诉讼法》《国家赔偿法》等一系列法律都从不同角度规定了监狱罪犯的权利。

第四节　学法守法促新生

一、根植法律信仰

（一）个人、民族和国家都要有信仰

什么是信仰？信仰可以理解成一种行为理念，一种行为规范，或者说

是道德操守,简单地说,一个人的价值观,就是信仰。世上没有哪一种信仰是无源之水,无本之木。一位哲人曾经说过:"世上有两种东西亘古不变,一个是我们头顶上的日月星辰,一个是每个人心底的高贵信仰。"一个人、一个民族乃至一个国家的信仰,是支撑一个人和民族及国家的精神支柱,属于上层建筑的范畴。

一个有信仰的民族是不可被消灭的民族,我们伟大的祖国就是一个有信仰的民族,她之所以能在历史的变迁里保持自己的民族本色,巍然屹立于世界,就是因为有信仰的存在。习近平总书记指出:"在我们党90多年的历史中,一代又一代共产党人为了追求民族独立和人民解放,不惜流血牺牲,靠的就是一种信仰,为的就是一个理想。"正是因为信仰,革命时期,共产党人高唱"砍头不要紧,只要主义真",前赴后继;正是因为信仰,和平年代,共产党人"心中装着人民,唯独没有自己",鞠躬尽瘁;正是因为信仰,共产党人引领中华民族,从百年沉沦走向民族复兴。

(二)信仰法律的重要性

为什么要信仰法律?2014年1月7日习近平总书记在中央政法工作会议上提到:"法律要发挥作用,需要全社会信仰法律。卢梭说,一切法律中最重要的法律,既不是刻在大理石上,也不是刻在铜表上,而是铭刻在公民的内心里。我国是个人情社会,人们的社会联系广泛,上下级、亲戚朋友、老战友、老同事、老同学关系比较融洽,逢事喜欢讲个熟门熟道,但如果人情介入了法律和权力领域,就会带来问题,甚至带来严重问题。"

法律虽然是通过国家强制力去执行的,但只有法律成为公民信仰时,法律才能真正发挥效力。法律的生命在于实施,而法律的实施不仅仅是对法律规范的遵守,从更深层次上探讨,乃是对法律所承载的价值理念的认可和向往。只有内心信仰法律、对法律心悦诚服,才能真正敬畏法律、尊重法律,用法律来指导自己的行为。美国学者伯尔曼有一句名言:"法律

必须被信仰,否则它将形同虚设。"法律体现的是一种公平性、权威性、确定性,由此可见,法律不该只是工具,更应当是一种价值。俗话说,"天子犯法与庶民同罪"。诸葛亮曾告诫后主,"不可偏私,使内外异法也"。如果我们不去信仰法律,任由人情关系偏私容情,必会威胁到法律的威严,颠覆公平与正义,此时的法律与一纸空文有什么区别呢?"以情代法"必然"以情乱法",其结果必然亵渎法律尊严,破坏法律秩序。

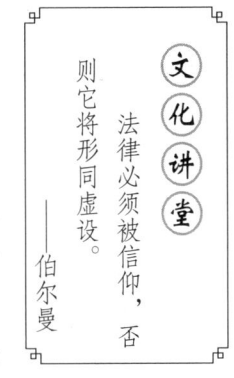

文化讲堂

法律必须被信仰,否则它将形同虚设。
——伯尔曼

(三) 有问题依靠法律来解决

怎样才能使人民信仰法律呢?习近平总书记在2014年10月23日党的十八届四中全会第二次全体会议上指出:"人民权益要靠法律保障,法律权威要靠人民维护。要充分调动人民群众投身依法治国实践的积极性和主动性,使全体人民成为社会主义法治的忠实崇尚者、自觉遵守者、坚定捍卫者,使尊法、信法、守法、用法、护法成为全体人民的共同追求。"法律是治国之重器,良法是善治之前提。何谓"良法"?就是以人民利益为出发点、落脚点,反映民意、为人民谋福祉、提高人民幸福指数的"法"。制定这样的良法,必定要恪守以民为本、立法为民的理念,深入推进科学立法、民主立法。

习近平总书记在2013年2月23日十八届中央政治局第四次集体学习的讲话中强调:"要引导全体人民遵守法律,有问题依靠法律来解决,决不能让那种大闹大解决、小闹小解决、不闹不解决现象蔓延开来,否则还有什么法治可言呢?要坚决改变违法成本低、守法成本高的现象,谁违法就要付出比守法更大的代价,甚至是几倍、十几倍、几十倍的代价。当然,这是一个过程,要逐步在广大干部群众中树立法律的权威,使大家都相信,只要是合理合法的诉求,通过法律程序就能得到合理合法的结果。"

任何组织和个人都必须在宪法和法律范围内活动,"有问题依靠法律来解决",这是法治社会的一个标志,应成为全社会的共识。有了这个共识,农民工讨薪,医患矛盾,婚姻、债务纠纷,被骗被诈,人身伤害,交通肇事等问题，都可以在法律的渠道内得以解决。我们每个公民不仅要信仰法律，还要不断加强法律宣传的力度，为形成这个社会共识而不懈努力。执法必严，违法必究，当每个公民都能运用法律的武器来捍卫自己的权利时，那么中国必然会长治久安，"法令行则国治国兴，法令弛则国乱国衰"。虽然"苍蝇"会有，"老虎"还在，但人们信仰法律的脚步已然跟上历史进程，在这个过程

以法治精神浇筑的钢铁长城

中，只要还有千千万万个依法办事、崇尚法治、以法律为信仰的遵守者和捍卫者的存在，民主法治精神浇筑的钢铁长城终将被铸就。

二、学法守法

（一）积极学习法律

有很多人犯罪是因为不懂法。他们并不具备强烈的主观恶意性，但因为法律知识的匮乏，在稀里糊涂的情况下触犯了法律，而锒铛入狱。对于他们来说，学习法律知识是走向新生的最重要的一步。

◉ **延伸阅读**

糊涂群主锒铛入狱

一年前，谢某建了个微信群，人数众多，谢某也曾沾沾自喜。但作为群主，谢某对微信群疏于管理。几个月前，张某进群，三个月不到，竟然转发了一百二十多条黄色视频。谢某对在群里传黄色视频根本没有在意，觉得不过是大家发着玩而已。然而，法律不会因为其辩称无辜而网开一面。张某触犯刑法，被判传播淫秽物品罪。谢某作为群主，因为没有阻止

群友传播黄色视频,没有负起监督管理的职责,与张某构成了共同犯罪。

我们常说"无规矩不成方圆",法律就是我们生活中的规矩。法律不但规定了我们享有的权利,同时也规定了我们应当承担的责任,以及不能越过的界线。法律告诉我们什么不能做,如《大学》中所言:"知止而后有定"。学习了法律知识就会知道什么时候应该停下来,就不会稀里糊涂地触犯法律。

文化讲堂

知止而后有定。
——《大学》

(二) 法网恢恢,疏而不漏

这是一个物欲横流的社会,当个人的价值观和社会主流价值观出现偏差时,有的人就可能用违法的手段追求经济利益,有的人也可能因此而获得非法的经济利益,享受一时的欢娱,但是法网恢恢,疏而不漏,违法犯罪必将受到法律的制裁。

● 延伸阅读

销售注水肉赚取昧心钱

杨某是个体经营者,为了多赚钱,在增加分量上动了点脑筋:把好好的猪肉变成注水猪肉,增加的分量变成口袋里的真金白银,他为自己的"聪明"沾沾自喜的同时,越发变本加厉,一连卖出去50万斤注水猪肉。他本以为自己做的神不知鬼不觉,可以逍遥法外,但没想到的是,监管部门很快就发现了他的违法行为,并移交司法机关,法院以生产、销售伪劣产品罪判处杨某有期徒刑15年,罚金280万元。

教育改造分册

第六章

德润心灵

道德是人生的润滑剂，让残酷的生活变得温柔。道德同时也是一种力量，它绵长又强韧，明亮但不刺眼。道德可以让无家可归的人觉得幸福，也可以让一贫如洗的人感到富有。道德的力量全由自身决定。孔子说："其为人也孝弟，而好犯上者，鲜矣。"由此可见，一个人能做到"孝"与"悌"，就很少会犯罪。我们都是社会的成员，没有人能够脱离社会群体而单独生活，与人相处或者交往，就一定要做到诚信，否则便会寸步难行。我们认识一个人不能只听他说什么，更重要的是要看他做了些什么，想要成为一个有德行的人，就一定要注意自己的言行，就要时刻提醒自己：德行言语，行为世范。

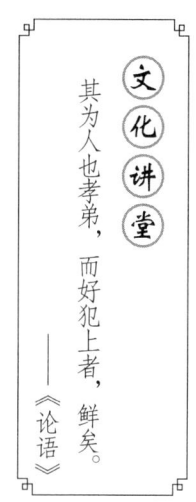

文化讲堂

其为人也孝弟，而好犯上者，鲜矣。

——《论语》

第一节　道德能给人力量

道德是构建和谐社会的人文基础，是一个国家和民族可持续发展的原动力。凡有大成者，无不厚德载物。在物质文明高度发达的今天，崇尚道德更应该融进我们的生活当中。

一、国无德不兴

2012年11月29日，习近平总书记在参观《复兴之路》展览时说："大家都在讨论中国梦。我以为，实现中华民族伟大复兴，就是中华民族近代以来最伟大的梦想。"中国梦不仅仅包含经济上和物质上的富足，还应当包含精神文化上的富有，因为文化是人们的精神家园，道德是文化的重要组成部分，它给予人们对世界的意义的理解和对理想的期待，是支撑人们生存发展的精神支柱。

然而，特殊的国情决定了实现中华民族伟大复兴的中国梦绝不是轻而易举的事情，而是长期、复杂和艰巨的历史任务。因此，习近平总书记在2013年3月17日第十二届全国人民代表大会第一次会议上的讲话中指出：

"实现中国梦必须凝聚中国力量。"只有全国各族人民就此达成共识,把他们的物质力量和精神力量凝聚起来、组织起来、统一起来,才能完成这样的历史任务。一盘散沙,什么事情都办不成。那么,靠什么来把实现中华民族伟大复兴这一共同目标和共同利益传达给全国人民,变成全体人民的共识,靠什么来凝聚和激励全国各族人民同心同德地进行中国特色社会主义现代化建设呢?

习近平总书记2013年11月26日在山东曲阜孔府和孔子研究院参观考察时强调:"必须加强全社会的思想道德建设,激发人们形成善良的道德意愿、道德情感,培育正确的道德判断和道德责任,提高道德实践能力尤其是自觉践行能力,引导人们向往和追求讲道德、尊道德、守道德的生活,形成向上的力量、向善的力量。"

二、道德是社会关系的基石、人际和谐的基础

2013年9月,习近平主席在会见第四届全国道德模范及提名奖获得者时指出:"道德是社会关系的基石,是人际和谐的基础,要始终把弘扬中华民族传统美德、加强社会主义思想道德建设作为极为重要的战略任务来抓,为实现中华民族伟大复兴的中国梦提供强大精神力量和有力道德支撑。"这是对道德的社会作用的高度概括。

大千世界,茫茫人海中,每一个人都会不可避免地与他人发生联系,由于每一个人、每一个群体乃至整个社会都有自己追求的价值目标,为了使不同个体、群体乃至整个社会在追求自身价值目标过程中不相互妨碍和伤害,在相互联系过程中,就要制定一些共同遵守的社会规范,以便人们有秩序地追求发展,从而确保社会的有序运行。无论个人自觉与否,其行为都要受到一定社会规范的制约和影响,道德就是一种社会规范。在道德领域,它是人们判断自己或他人的想法或行为道德与否的基本尺

度,也是指引人们在行为之时选择做与不做以及怎样做的基本准则。在日常生活中,人生犹如大海波澜壮阔,道德规范就如同人生之舟的方向盘或调节器,为每一个人的人生进行导航。只有每一个人都能够自觉遵守道德规范,才能造就一个和谐的社会关系,促进良好社会风气的形成,从而为人们自身的成长和社会发展创造良好的外部环境。

三、人而无德,行之不远

习近平早在2004年7月19日《成才必须先学做人》一文中就提出:"人而无德,行之不远。没有良好的道德品质和思想修养,即使有丰富的知识、高深的学问,也难成大器。"这段话深刻论述了思想道德与科学文化知识的关系,鲜明地指出了思想道德的重要性。思想道德与科学文化知识皆为人的全面发展所必备的素质,人的素质尤其是综合素质,是实现人的全面发展的基础。人的综合素质包括思想道德素质、科学文化素质以及身体健康素质等,这几个方面是有机统一,相互促进,协调发展的。

> **文化讲堂**
>
> 人而无德,行之不远。没有良好的道德品质和思想修养,即使有丰富的知识、高深的学问,也难成大器。
>
> ——习近平

"才为德之基,德为才之帅"。思想道德素质在人的综合素质中起总管和统领的作用,它规定着人的全面发展的性质和方向;身体素质和科学文化素质是思想道德素质的根基,为实现道德素质的发展提供身心基础。如果只局限于知识与技能素质的培养和教育,而忽视了思想道德素质的培养,人的现代素质的提高就具有一定的片面性,人的全面发展更会成为一种畸形发展。如果把思想道德素质的培养当作是人的全面发展的全部,那么人的全面发展也只是镜中花、水中月。所以,我国的教育方针提出要把学生

培养成有理想、有道德、有文化、有纪律的"四有"公民。其中,有理想、有道德、有纪律,主要是对公民思想道德素质方面的要求;有文化,则是对公民科学文化素质的要求。思想道德素质和科学文化素质两者不可偏废,才能促进人的全面发展。只有拥有一批又一批全面发展的人,经济、政治、文化、社会、生态等各项事业的发展才有可靠保证,实现中华民族伟大复兴的中国梦也就有了人才支撑。

上善若水,道德的力量如春风化雨、润物无声,关系着国家的发展,是社会和谐、你我幸福的重要力量。大力倡导爱国、诚信、友善、自强、敬业等基本道德规范,引导人们加强个人品德修养,自觉遵守社会公德、职业道德、家庭美德,将有利于在全社会树立起正确的价值导向,形成科学、健康、文明和谐的社会。

第二节 孝悌与修身

一、孝悌

百善孝为先。孝道是中华民族传统文化的精髓,是儒家伦理思想的核心,也是千百年来中国社会维系家庭关系的道德准则,是做人的传统美德。何谓孝悌?《孟子·滕文公下》曰:"于此有人焉,入则孝,出则悌""入则事亲孝,出则敬长悌。悌,顺也。"即孝顺父母、尊敬兄长,是一个人首要和根本的事情,只有懂得和做到了孝顺,才能明白做人的道理。

(一)孝为德之本

《孝经·开宗明义》中说:"夫孝,德之本也,教之所由生也。"书中记载着这样一个故事:有一天,曾子服侍孔子,等待教诲。孔子说:"先前的圣王有最美好的品德和最令人敬佩的做人原则,并用这些来治理天下。民众学习和仿效之后,社会上下一片和谐,不同阶层之间没有相互的怨恨。你知道这是什么样的品德和原则吗?"曾子马上站起来恭敬地回答道:"曾参我不够聪明,哪里能知道这么深刻的道理呢?还是请老师您指

教。"孔子说:"夫孝,德之本也,教之所由生也。"意思是说:"这个美好的品德和做人的原则就是孝啊!为什么呢?是因为孝是一切道德的基础和根本,也是人之所以要教化和能够教化的原因啊。"

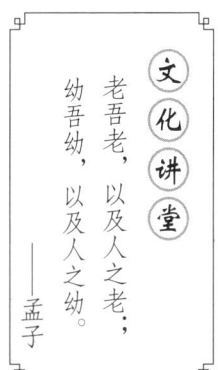

夫孝,德之本也,教之所由生也。

孔子在这里给我们揭示了一个做人的重要原则,那就是"孝"。中华民族自古就有重孝的传统,历来把尽孝视为做人的根本。早在周朝礼制中,就对孝道作了严格规定,不仅倡导敬老的道德风尚,还定期举行养老礼仪。历代王朝中君王以孝治天下、选拔官员以孝为首要标准的屡见不鲜。"百善孝为先""求忠臣于孝门"等古语显示了传统文化中对孝的重视程度。在历史上,凡不孝之人都被称为逆子,会引起社会大众的共愤和鄙视。三国时期的吕布虽勇武过人,却因为先后成为丁原、董卓的义子被称为不孝的"三姓家奴",为天下所不容,以至于惶惶然如丧家之犬。孔融因"父母于子女无恩"之论,引起公愤,被曹操拿来当作借口,最终遭杀身之祸。这个从小就有"让梨"美德的一代大儒,竟落得如此下场,不能不让人引以为憾!

古人为什么会如此重视孝呢?孔子说:"夫孝,天之经也,地之义也,民之行也。"意思说:"孝,是天经地义的事,是人的自然的行为。"孔子把人的孝道与天、地并提,认为人奉孝就如同天地的存在一样,是人之本性。所以孝是天性,是一切道德的总纲。从另一方面来看,"孝"之所以会被看作是百善之先和道德之本,还因为一个人一旦具有孝心,他所有的善良德行都会随之发生,他起心动念都牢记不让父母丢脸,自我检讨、自我警醒意识自然得到加强。当一个人懂得孝敬自己的父母,也会由此推及尊敬别人的父母乃至天下所有的人,即所谓:"老吾老,以及人之老;幼吾幼,以及人之幼。"所以,《论语》中有子也说:"孝弟也者,其为仁之本与!"

> **文化讲堂**
> 老吾老,以及人之老;幼吾幼,以及人之幼。
> ——孟子

孝还能使家庭和睦、社会和谐。孔子在《孝经·广要道》中说："教民亲爱，莫善于孝。"意思是说，教化人民相亲相爱，再没有比孝道更好的了。他进而指出，尊敬父亲，儿子就会高兴；尊敬哥哥，弟弟就会高兴；家庭成员之间其乐融融。从社会的角度来说，一个人在家族中恭顺兄长，处身于社会时就会恭敬长者，在工作岗位上就会恭顺上级。这样，各层次之间没有冲突和矛盾，社会自然会呈现和谐的景象。

孔子还从实现个人社会价值和成就美名的角度来论述孝。在《孝经·广扬名》中他说："君子之事亲孝，故忠可移于君；事兄悌，故顺可移于长；居家理，故治可移于官。是以行成于内，而名立于后世矣。"意思是说，如果我们对父母有爱敬的心，那么对国家就会有忠诚的心；如果我们对兄长有恭顺的心，那么对上级就会有服从的心；如果我们能够把家族治理得和睦融洽，那么在管理公务上就会众志成城。所以说，孝道是一切道德的根本，一切教育由此而产生；家庭是一切行为的基石，一切成就由此而开始。因此，君子不用离开家就已经知道如何治理天下了。孝道的崇尚品德，成就了我们良好的行为，形成了美好的名声，自然美名远布，流传千古。

(二) 孝的三个层次

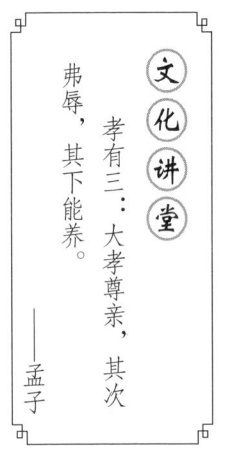

文化讲堂

孝有三：大孝尊亲，其次弗辱，其下能养。

——孟子

"孝有三：大孝尊亲，其次弗辱，其下能养。"（《礼记·祭义》）这是孔子的弟子曾参关于孝的一段论述，他将孝分为三等，大孝是能使双亲受到社会的尊重，其次是不能让父母蒙受耻辱，最基本的才是能养活父母。我们不妨把这里的"三等"看作是子女孝敬父母的三个层次的要求。

按照从易到难的顺序，子女要孝敬父母，首先必须做到能够赡养父母。这就要求子女要有赡养的能力。在现实生活中，体现在具备最基本的经济与生活保障等方面，如有正当的职业、稳定的经济收入、基本的住房条件等。如果子女不学无术、游混打混，连自己的温饱问题都解决不了，甚至吃喝嫖赌、负债累累，还需父母救助，那就连这最基本的要求都达不到了。再者身为子女要有赡养的意愿，即孝心。如果你生活富足，但是却把父母当作累赘、负担，不管不顾，甚至于虐待、遗弃，那么同样不能达到孝的最基本要求。而且这同没有能力赡养的人相比，性质更为恶劣，必将遭到社会民众的共同唾弃。

比赡养能力高一个层次的要求是不能让父母蒙受羞辱。如果说养活父母还止于物质层面的话，不使父母蒙羞就进入了精神层面上的要求。人之所以区别于其他动物，很重要的一点就是他有更高的精神追求。同样的吃喝活动，动物仅是出于本能，而人会融入礼节、尊严、道义、信仰等文化内容。

可见，人为了大义、为了精神上的追求，可以将物质的需求甚至自身的安危都抛诸脑后，父母对待子女的舐犊之情更是如此。父母辛苦养育子女，不仅仅是为了生命的延续或者"养儿防老"，老来能有口饭吃。他们更多的是将子女作为精神上的寄托与希望，希望孩子能好，至少要比自己好。这种精神上的需求远远超过物质的给予和满足，由此产生的精神力量也是惊人的，如许多农村家庭经济条件很差、生活非常艰苦，但父母仍旧节衣缩食、辛勤干活，供子女上学，期盼他们学成之后能有更好的出路，起码不用像他们这样再过"面朝黄土背朝天"、靠天吃饭的农耕生活。在这样的体力与情感的双重付出下，子女的不成材、不成器无疑会使父母伤心、失望，但这都不是最难过的，最难过的莫过于孩子不走正道，选择了违法犯罪。子女一旦做出违法乱纪的事情，不仅仅是对父母长期辛勤养育付出的否定，更使父母蒙受巨大的羞辱，这种羞辱不仅使父母在社会、同事、邻里、朋友、亲戚面前抬不起头，更甚者因对孩子行为的深深痛悔、对孩子未来的无限忧虑以及对自己这辈子的彻底否定等原因饱受精神上的折磨、痛苦与沉重打击。"哀莫大于心死"，从某种意义上讲，因为自己的行为而造成父母陷入身心煎熬的状态，这就是子女最大的不孝了。

最高层次的孝体现在使父母受到社会的尊重，用通俗的话来讲就是光宗耀祖。在《孝经·开宗明义》中，孔子谈到完满、理想的孝行莫过于建功立业、扬名于后世，使父母荣耀显赫，与这里曾子对最高层次孝的阐述应该是一个意思。在古代，光宗耀祖的方式往大了说正如孔老夫子讲的建功立业、名垂青史，具体来说如金科及第、加官晋爵、荣立战功等。汉高祖刘邦当年打败项羽一统中原后，路过家乡沛县，设宴招待家乡父老，酒

大风起兮云飞扬，
威加海内兮归故乡，
安得猛士兮守四方！

酣之际，想起过去自己怎样战胜了项羽，又想到以后要治理好国家，哪儿去找勇士帮他守卫，不免感慨万分，情不自禁地唱起歌来："大风起兮云飞扬，威加海内兮归故乡，安得猛士兮守四方！"志得意满之情溢于言表，历史上这样衣锦还乡的例子数不胜数。还有多少读书人数十年的寒窗苦读就期盼着"一朝成名天下知"，我国清代有一部杰出的现实主义的长篇讽刺小说叫《儒林外史》，书中讲述了这样一个故事，主人公范进是个士人，一直生活在穷困之中，又一直不停地应试，考了二十多次，到五十四岁才中了个秀才，接着参加乡试又中了举人，这个结果令他喜极而疯，令人可悲可叹。随着社会的发展、时代的变迁，尤其在文化、价值观念多元化的今天，评价一个人是否成功的标准也随之多元化。如何做才算成功，从而使父母受到社会的尊重，已经是个"仁者见仁，智者见智"的问题了。但有个核心标准应该是不变的，那就是在法律允许的范畴内充分发挥自己的聪明才智、在自己的领域中力争上游。无论什么时候，只要尽自己的努力做到最好，子女就是成功的。父母肯定会为子女感到骄傲，并会与子女一同受到全社会的尊重。

能养、弗辱、尊亲，可谓我们为孝的三重境界。古人云："取法乎上，仅得乎中；取法乎中，仅得乎下。"天下子女如都能本着使父母得荣耀的心志，善待父母，约束自己的行为，孝敬爱戴父母，则家和国昌，和谐社会之构建成矣。

(三) 家庭生活中的孝

尊老爱幼是中华民族的优良传统，这种认识已经深深镌刻在每个炎黄子孙的骨头里，流淌在我们的血液中，因此无须过多解释。这里想探讨一下如何才算为"敬"。现在人们的生活越来越富足，对于父母，许多人认为给钱、给物就算尽孝了。其实这走入了一个误区。针对类似的错误认识，孔子早在《论语·为政》中就进行了犀利的批评："今之孝者，是谓能养。至于犬马，皆能有养；不敬，何以别乎？"意思是说，现在的所谓孝，就是说能够养活父母便行了。但是像狗和马这样的牲畜，也能养活它们的父母，替它们劳役。如果内心没有一份真挚的对父母的尊敬之情，那么赡养父母与饲养犬马又有什么区别呢？其实，根据相关调查，老年人最怕孤独，最渴望子女精神上的关心与沟通交流。可见，我们尽孝，物质层面的供养只是最基本的，更应重视平日里从精神上去尊敬、关心父母、陪伴父母，这要求子女从生活中的点滴做起。在《二十四孝》中有个"涤亲溺器"的故事，讲的是北宋著名诗人、书法家黄庭坚，虽身居高位，侍奉母亲却竭尽孝诚，每天晚上，他都亲自为母亲洗涤溺器（便桶），没有一天忘记做儿子应尽的职责。对于我们现代人而言，可实施的孝行就更多了，如一个节日的问候电话，一声生日的温暖祝福，陪父母聊天、逛街、看戏、旅游等，都会使父母心满意足。

涤亲溺器

如果我们仅有照顾父母的行动，而内心缺少对父母的爱，或怨恨，或抱怨，或嫌弃父母，或孝敬父母给别人看，不能和颜悦色地对待父母，以至于父母伤心落泪，就不能称之为孝了。解决这个问题的方法只有一个，那就是心存感恩地对待父母，念着他们的养育之恩，宽恕他们可能曾经带给你的伤害，心中有爱，脸上自然会拥有笑容。

二、修身

（一）修心是修身之本

生活在同一片天空下的人，为什么有的会成为君子，有的却是小人呢？同样的问题，公都子也曾求教于老师孟子。孟子回答说："追求身体重要器官需要满足的是君子，追求身体次要器官欲望满足的是小人。"公都子接着问："同样是人，

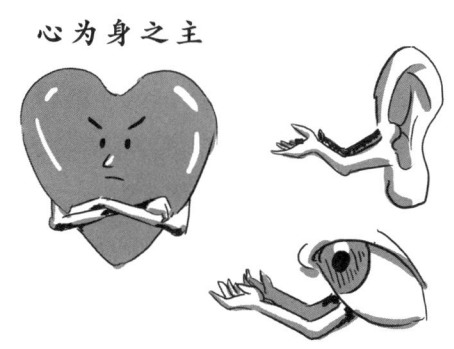

心为身之主

有人愿意满足重要器官的需要，有人只想满足次要器官的欲望，这又是为什么呢？"孟子回答说："耳朵眼睛这类器官不会思考，一旦与外界事物相接触，容易被外界事物所蒙蔽，就被引向迷途了。所以，耳朵眼睛不过就是一个物体罢了。心这个器官职责在思考，比如人的善良本性，思考便得到，不思考便得不到。这个器官是天特意给我们人类的，要先把它树立起来，那么，次要器官便不能把这善性夺去了。这样便成为君子了。"

孟子的回答重点强调了"心"对一个人修养的重要性。那么，如何理解这个"心"的含义呢。在中国文化中，谈到"心"这个字，往往包括有形的"心"和无形的"心"这两层意思。首先，有形的"心"，指的是人的心脏，它是推动血液循环的器官，如果它出现了问题，可以用高科技产品修复或替代，它作为人的一个重要器官，与耳朵眼睛一样，没有意识，不是思想的源泉。其次，无形的"心"，指的是人的思想意识，就是人的观念，它是人的思想源泉，能够引导人做出相应的行为，正所谓"心为身之主"。

在传统文化中，强调"修心"是"修身"之根本。"修身"重在"修心"，而"修心"最重要的则是要学会控制自己的欲望。古人云："心逐物为邪，物逐心为正。"就是说，一个人如果一味地追求外界事物对内心私欲的满足，就会违背心灵纯洁、清净的根本；相反，如果外界事物是随着内心的仁德、智慧而得到善用，从而成就了圆满的人生，便意味着掌握了做人的关键。

（二）保持内心的知足平和

在印度的热带丛林里，人们用一种奇特的狩猎方法捉猴子：在一个固定的小木盒里面，装上猴子爱吃的坚果，盒子上开一个小口，刚好够猴子的前爪伸进去，猴子一旦抓住坚果，爪子就抽不出来了。

人们常常用这种方法捉到猴子，因为猴子有一种习性，不肯放下已经到手的东西，人们总会嘲笑猴子的愚蠢，为什么不松开爪子放下坚果逃命?但审视一下我们自己,也许就会发现,并不是只有猴子才会犯这样的错误。在日常生活中,由于人们内心的欲望过于强烈,往往容易被外界事物所左右。比如对名利的追求、对美色的贪恋等,这些虽然是人之常情,但是,如果用正确的方法不能很快地获得,人们可能就会急功近利,采取种种不合理的方法侥幸谋取,甚至铤而走险通过违法方式获得。这样虽然获得了一时的快感与满足,但不会持久,有的还要附上自由与生命的代价,就得不偿失了。

"修心"的目的在于保持心灵的平实和纯净。作为一个普通人,或许我们没有"先天下之忧而忧,后天下之乐而乐"的广阔胸襟,养不成"宠辱不惊,看庭前花开花落。去留无意,望天上云卷云舒"的淡定心境,但我们可以做到"知足常乐"。老子在《道德经》里说:"祸莫大于不知足,咎莫大于欲得。故知足之足常足矣。"一个人知道满足,心里面就时常是快乐的,有利于身心健康。贪得无厌,永远不知满足为何物,就会时时感到焦虑不安,在欲望和失望之间徘徊,乃至痛苦不堪。正是这种有了一万想两万,有了两万想五万,然后十万百万千万地追求下去的无厌想法,才会使人为满足难填的欲壑铤而走险,最后走上犯罪道路,身败名裂。古今中外,不胜枚举的先例不能不让我们铭记于心,自生感叹。

《论语·颜渊》篇中,孔子说:"非礼勿视,非礼勿听,非礼勿言,非礼勿动。"用在今天就是我们面对花花世界,要有坚定的决心与意志力控制自己,不去做违规违法的事情,老老实实做人,踏踏实实做事。做自己身心的主宰者,做自己人生的缔造者,心中常存祥和之气,境缘自有万物逢春!

文化讲堂
心中常存祥和之气,境缘自有万物逢春。

(三)吾日三省吾身

《论语·学而》云:"吾日三省吾身,为人谋而不忠乎?与朋友交而不信乎?传不习乎?"在《论语·学而》篇中,曾子说:"我每天多次反省自己:替别人办事是否尽心竭力呢?同朋友交往是否诚实呢?老师传授我的学业是否复习了呢?"在这里,曾子谈到了自己每天反省的三方面内容:做事的态度(是否尽心)、为人的态度(是否诚信)以及做学问的态度

（是否认真实践）。这三方面实际上就是我们为人处事的主要内容，如果我们每个人都能够时常反省自己在做事、做人、做学问上的问题与不足的话，肯定会获得长足的进步。

我们每个人一生当中都会经历众多事情、境遇、情况。以诚恳的、认真的、尽心竭力的态度来谋事，是最基本的态度。而那种对与自身利益密切相关的事情，便会特别上心地去处理，对与己无关或好处较少的事情，则选择漠不关心、应付了事的态度是不可取的。无论做任何事情，只要我们的心意达到至诚的地步，那么就一定会有收获。谋事以忠，尽力地做好本职工作是基础。如果能做到读书领悟思想精髓，当官为民做主，研究学问用来指导实践，干事业以传播德行，那么事业自然可以旺盛和持久。

为人谋事要做到忠，还包括另一层意思，那就是做事不能昧着良心。国学大师张中行与季羡林、金克木并称"未名湖畔三雅士"，他就是一个做事不昧良心的君子。张中行与杨沫有过一段珍贵的婚姻生活，但以黯然分手结尾。20世纪50年代，杨沫出版了长篇小说《青春之歌》，许多人认为其中被丑化的余永泽就是张中行，张中行总是讲自己"没有在意"，保持沉默。"文革"期间，有人找到张中行，希望他揭露杨沫的"罪行"，可张中行却在揭发材料中写上了"她直爽，热情，有济世救民的理想，并且有求其实现的魅力"等话。杨沫看到后大为惊讶，甚至还写了封感谢信给张中行。

曾参"吾日三省吾身"的至理名言，让后世铭记和警醒。如果一个人在晚上入睡之前都能回想一天的所作所为，想想工作做得怎么样？人际交往又如何？实践和运用知识怎么样？那么这个人就一定能不断认识自我，修正自我，完善自我，在待人处事上平和顺利，在事业中取得应有的成就。

总而言之，一个人格高尚的人，永远在自我完善，因为向外看是人我是非，向内看是自我超越。所以，让我们每天不断地净化身心，多反省自身，减少暴戾怨恨之气，不断完善自我。

第三节 交友与诚信

一、交友

(一) 德不孤,必有邻

古往今来,朋友在人们的生活中都占据着重要位置。《周礼·地宫·大司徒》中记载:"五曰联朋友。"郑玄注:"同师曰朋,同志曰友。"儒家十分重视交友,孔子将朋友列为五伦之一,提倡朋友之间以道相合,以信相处,将其作为修己成德的修养方法与推行仁道的重要途径,并总结出一系列交友原则与方法,代代流传,影响至今。

在《论语·里仁》篇中,孔子说:"有道德的人不会孤单,一定会有(志同道合的人来和他做)伙伴。"人们为什么都愿意亲近德行好的人呢?因为道德是人心所固有的品行,也是人们情理中所爱好的品质。如果一个人没有道德,就会遭到人们的轻视和厌恶,必然会被孤立。但如果是有道德的人,哪有被孤立的道理呢!声调相同,产生共鸣;气息相同,相互吸引。看见他人的道德,会更加亲近;听到他人的德行,会身心服从。就如同邻里居住在一起,有时不用招呼,自己主动就来,是一样的道理。可见,自身具有美好的德行是我们交友的重要前提与基础。古希腊,有个叫皮西厄斯的年轻人,因触犯暴君奥尼修斯,被投入监狱,即将被处死。皮西厄斯说:"我只有一个请求,让我回家乡一趟,向我热爱的人们告别,然后我一定回来伏法。"暴君听完,笑了起来,"我怎么知道你会遵守诺言呢?"他说:"你只是想

骗我，想逃命。"这时，一个名叫达芒的年轻人来到国王面前："我是皮西厄斯的朋友，请把我关进监狱，代替皮西厄斯，让他回家乡向朋友们道别。我知道他一定会回来的，因为他是一个从不失信的人。假如他在规定之日没有回来，我情愿替他死。"暴君很惊讶，竟然有人这样自告奋勇。最后他同意让皮西厄斯回家，并下令把达芒关进监牢。光阴流逝。不久，处死皮西厄斯的日期临近了，他却还没有回来。暴君命令狱吏严密看守达芒，别让他逃掉了。但是达芒并没有打算逃跑。他始终相信他的朋友是诚实而守信用的。他说："如果皮西厄斯没有准时回来，那也不是他的错。一定是因为他身不由己，受了阻碍不能回来。"这一天终于到了，达芒作好了死的准备。他对朋友的信赖坚定不移，他说，代自己敬佩的人去死，他不悲伤。狱吏前来带他去刑场。就在此时，皮西厄斯出现在门口。原来暴风雨和船只遇难让他耽搁了时间，但他庆幸自己及时赶到。暴君被他俩相互信赖的友谊感动，释放了他们。"我愿意用我的全部财产，换取这样一位朋友。"暴君说。暴君哪里知道，正是被皮西厄斯一贯美好的品德所感动，才会有达芒这样以自己生命作担保的挚友，这可是多少金银珠宝都换不来的啊。

（二）以德交友，志同道合

在《孔子家语·六本》篇中，孔子说："我死之后，卜商会越来越长进，端木赐会一天天地退步。"曾参说："为什么这样说呢？"孔子说："卜商喜欢与比自己强的人相处，端木赐喜欢谈论那些不如自己的人。"孔子进一步说："与善人居，如入芷兰之室，久而不闻其香，即与之化矣；与不善人居，如入鲍鱼之肆，久而不闻其臭，亦与之化矣。丹之所藏者赤，漆之所藏者黑。是以君子必慎其所与处者焉。"意思是说，和好人在一起，就像进入香草熏的屋子，时间久了就闻不到它的香味，被它同化了；跟坏人在一起，就像进入咸鱼铺，时间久了就闻不到臭味，也被它同化了。藏有朱砂的地方是红的，保存漆的地方是黑的。因此君子一定谨慎地注意跟自己一起相处的人。在这里，孔子讲

述了这样一个道理：与品行好、道德高尚的人交朋友，可以帮助我们省察自身的缺点与问题，取得进步与提高，日子久了，也会变成品德好的人。相反，与品行差的人交往，则会越学越坏，最终陷于泥淖而无法自拔。

美好道德品质的树立，并非一蹴而就，需要靠平时一点一滴的积累。因为朋友的交往是长时间甚至一生一世的过程，一切的伪装、隐藏及言语的自夸等都是靠不住的，你的道德品质都在平时不经意的言行举止间体现出来，不良的品行也会在小事情中暴露无遗。

魏晋时有个叫管宁的读书人，与华歆在园中种菜，挖出一块金子，管宁像没看到一样，继续锄地，华歆却拾起来爱不释手。

后来，两人在一起读书，门外驶过大官的马车，十分热闹，管宁如同没听到一样，仍专心致志地读书，华歆却丢掉书出门观看。通过这两件事，管宁觉得华歆这个人贪慕钱财，热衷功名，不是自己志同道合的朋友，当下便与华歆绝交了，这就是历史上有名的"管宁割席"的故事。

俗话说："道不同，不相为谋。"一个人如果不注重自身品德的培养与累积，就如同华歆一样，一旦被好的朋友意识到不是同一类人，便会离你而去。可见，要想交到好的朋友，要维持与品德高尚之人的友谊，提升自己，必须从自身做起，从平时做起，注重自我修养与点滴积累，做一个言行一致、品德高尚的人。

(三) 益者三友，择善交之

《论语·颜渊》中，子曰："忠告而善道之，不可则止，毋自辱焉。"其意思是："子贡问对待朋友的方法。孔子回答：忠心地劝告他，好好地引导他，他不听从，也就罢了，不要自找侮辱。"朋友是辅助仁德的，如果看到对方有过失，而不尽心去告诫他，那么就不是真正为朋友着想。但劝告他也有个度，不讲究方法的话会适得其反。所以，当对方有了过失，

应该规劝他改正,切记要用爱心,实实在在地劝告他,心平气和,婉转开导,不直率粗鲁而冒犯对方,如此才算完全尽到对朋友的真心。至于听与不听,那就是由对方决定了。假如对方掩饰自身的过失,固执己见,终不肯听从,那劝谏几次后便应停止,不要没完没了地劝说,让对方厌恶,使双方关系疏远。因此,朋友是道义相合的关系,与道义相合就说,不合就止,是理所应当的。交友的人能这样去做,交情岂有不保全的呢!

"听其言,观其行"是孔子了解人的方法,同时也是他择友的方法。孔子的弟子宰予善于言辞,孔子听信他的话,以为他很有志气很勤奋,但是后来孔子发现他白天睡大觉,很生气,并认为过去所说的"听其言而信其行"是不对的,应该是"听其言观其行"。通过全面观察其言行,孔子了解了更深层次的东西——动机、思想、品质。在《论语·为政》中,他说:"视其所以,观其所由,察其所安,人焉廋哉,人焉廋哉!"就是说,观察一个人,要看他做事的动机和居心,察看他做事的路径和方法,观察他做事的情趣和意态。那么,我们也就真正认识了这个人。因此,对于人的评价要以观察为准,切不可人云亦云。孔子说:"众恶之,必察焉;众好之,必察焉。"正是这个意思。在选择朋友时,应从细微之处观察他,不仅要看他怎样对待你,更要看他如何对待他人,尤其是弱势的人。如果他不是个趋炎附势的小人,就会体恤弱者,尊重他人,这样的人就是值得交往与信赖的。反之,如果他厌恶贫者,不扶助弱者,那这样的人就得当心了,因为当你处于弱势的时候,这样的人肯定会毫不犹豫地离开你,对他不能有丝毫指望。这样的人还是趁早远离为好。

在《孔子家语·六本》篇中,孔子曰:"良药苦于口而利于病,忠言逆于耳而利于行。汤武以谔谔而昌,桀纣以唯唯而亡。君无争臣,父无争子,兄无争弟,士无争友,无其过者,未之有也。故曰:君失之,臣得之;父失之,子得之;兄失之,弟得之;己失之,友得之。是以国无危亡之兆,家无悖乱之恶。父子兄弟无失,而交友无绝也。"这段话的意思是说:良药吃起来口苦但对疾病有好处,忠诚的话听起来不舒服但对行为有好处。商汤和周武王因为能听直言进谏而使国家昌

> **文化讲堂**
>
> 良药苦于口而利于病,忠言逆于耳而利于行。
>
> ——《史记》

隆，夏桀和商纣因为只听恭敬的应答声最终国破身亡。君主没有直言劝他改过的臣子，父亲没有直言劝他改过的儿子，兄长没有直言劝他改过的弟弟，士人没有直言劝他改过的朋友，他们想不犯错误，那是不可能的。所以说，国君有不对的地方，臣子就会纠正；父亲有不对的地方，儿子就会补正；兄长有不对的地方，弟弟就会补正；自己有不对的地方，朋友就会补正。因此国家没有危险灭亡的预兆，家庭没有犯上作乱的不良行为，父子兄弟之间的关系没有过失，朋友就不会断绝跟你的来往。

在《孟子·万章下》篇中，万章问曰："敢问友。"孟子曰："不挟长，不挟贵，不挟兄弟而友。友也者，友其德也，不可以有挟也。……用下敬上，谓之贵贵；用上敬下，谓之尊贤。贵贵尊贤，其义一也。"万章问道："请问交朋友的原则是什么？"孟子答道："不倚仗自己年纪大，不倚仗自己地位高，不倚仗自己兄弟的富贵。交朋友，因为朋友的品德而去结交他，因此心中不能存在任何有所倚仗的观念。……以职位卑下的人尊敬高贵的人，叫作尊重贵人；以高贵的人尊敬职位卑下的人，叫作尊敬贤者。尊重贵人和尊敬贤者，道理是相同的。"

朋友是五伦之一，任何人都需要朋友才能成就。然而，交友之道并没有特殊的方法，只在于忘记权力，除去自以为是。如果自己有长处，不可以用自己的长处，与他人的不足去交友；如果自己有地位，也不可以用自己的地位，与地位低的人去交友；如果自己的兄弟富贵，也不可以倚仗兄弟的富贵，与贫弱的人去交友。那么，为什么不可以凭借这些呢？作为朋友，并不是因为年龄相当、权力相同而和他交友。一定是因为他的道德值得尊重，能够辅助自己道德的增长，因为他的言行可以成为自己的标准，所以结成志同道合的朋友。既然交的是他人的道德，就应当屈己下人，去亲近有道德的人，谦卑地接纳他人的善行，怎么可以有所要挟、把持呢？如果能做到没有挟持的心，去选择交友于天下，就会做到："良师益友，每日到来；辅助道德，每日增长。"

二、诚信乃为人之本

"诚者，天之道也。诚之者，人之道也。"（《礼记·中庸》）诚实守

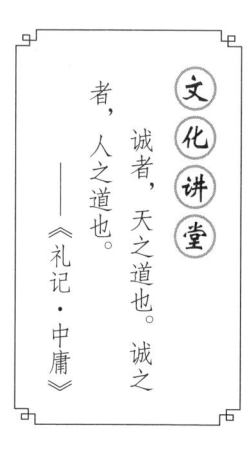

文化讲堂

诚者，天之道也。诚之者，人之道也。
——《礼记·中庸》

信，自古以来就是中华民族及至全人类公认的一种美德。在我国传统儒家伦理中，将诚信作为人的一种基本品质，认为诚实是取信于人的良策，是处己立身，成就事业的基石。墨子说："言不信者，行不果。"孟子说："诚者，天之道也；思诚者，人之道也。"孔子说："民无信不立。"老子把诚信作为人生行为的重要准则："轻诺必寡信，多易必多难。"庄子也极重诚信："真者，精诚之至也。不精不诚，不能动人。"近代著名学者鲁迅先生说："诚信乃为人之本。"

（一）言而有信，一诺千金

人生在世，难免要与各式各样的人交往。一个人，只有诚信地对待自己、对待工作、对待他人，才可能得到社会公众的普遍认可和接受，才能提升自我，达到更高的人生境界。我国是一个具有五千年历史的文明古国，"诚实、守信""言必信、行必果"，一向是中国人引以为豪的品格。

● 延伸阅读

曾子杀猪示信

曾子，名参，字子舆，春秋末期鲁国人，是孔子的得意门生，以博学多才、诚实守信著称。有一次，曾参的妻子不愿带儿子去集市，便对他说："你在家好好玩，等妈妈回来，将家里的猪杀了煮肉给你吃。"儿子听了，非常高兴，不再吵着要去集市了。这话本是哄儿

子说着玩的,所以过后,曾参的妻子便忘了。不料,曾参却真的把家里的一头猪杀了。妻子从集市回来后,气愤地对丈夫说:"我是哄儿子说着玩的,你怎么就真把猪杀了呢?"这时,曾子语重心长地对妻子说:"你要知道,孩子是哄骗不得的。儿子年幼,什么都不懂,只会学父母的样子,相信父母的话。做父母的一定要言而有信,说话算数。怎么能哄骗他呢?如果父母不诚实,孩子就会撒谎;如果父母不守信用,孩子便会经常骗人。难道你愿意让我们的儿子养成说话不诚实、经常骗人的坏毛病吗?"

在这个故事中,曾子不惜杀猪以兑现对孩子许下的承诺,也借此机会,更让妻子理解了诚信对教育孩子的重要性,同时他也以实际行动告诉了我们:做人要诚实守信。

美国作家德莱塞说:"诚实是人生的命脉,是一切价值的根基。"不诚信也许可以欺骗别人一时,但长期下去,丑陋面目一定会暴露出来,从而失去人们的信任,实在有点得不偿失,更是一种自欺欺人。

济阳有个商人过河时船沉了,他抓住一根大麻竿大声呼救。有个渔夫闻声而至。商人急忙喊:"我是济阳最大的富翁,你若能救我,给你一百两金子。"待被救上岸后,商人却翻脸不认账了。他只给了渔夫十两金子。渔夫责怪他不守信,出尔反尔。富翁说:"你一个打鱼的,一生都挣不了几个钱,突然得十两金子还不满足吗?"渔夫只得怏怏而去。不料想后来那富翁又一次在原地翻船了。有人欲救,那个曾被他骗过的渔夫说:"他就是那个说话不算数的人!"结果商人被淹死了。

商人两次翻船而遇同一渔夫是偶然的,但商人的不得好报却是在意料之中的。因为一个人若不守信,便会失去别人对他的信任。所以,一旦他处于困境,便没有人再愿意出手相救。失信于人者,一旦遭难,只能坐以待毙。

与此商人形成截然对比的是"一诺千金"的主人公季布。季布,秦朝末期楚地人,一向说话算数,信誉非常高,许多人都同他建立起了深厚的友情。当时甚至流传着这样的谚语:"得黄金百斤,不如得季布一诺"(这就是成语"一诺千金"的由来)。在楚汉之争时,项羽派他率领军队,曾屡次使汉王刘邦陷入困窘。等到项羽兵败以后,汉高祖出千金悬赏捉拿季布,并下令有胆敢窝藏季布的论罪要灭三族。结果季布的旧日朋友不仅不被重金所惑,而且冒着灭三族的危险来保护他,最终使他免遭祸殃。

著名的爱国将领冯玉祥曾经说过:"对人以诚信,人不欺我;对事以诚信,事无不成。"这句话,对于我们每个人来说,都具有积极的借鉴意义。应该牢记,诚信是为人之本,是事业成功的基石。《礼记·缁衣》中提到:"寡言而行,以诚其信。"意思是说:(君子)要少说话多做事,以显示和达到诚信的目的。对于判断一个人,孔子还主张"听其言观其行",明代吕坤说得更为中肯:"不须犯一口说,不须着一意念,只凭真真诚诚行将去,久则自有不言之信,默成之孚。"(《呻吟语卷三应务》)意思是说:诚信的确立不值得说一句自我表白的话,也不用苦思冥想,只要凭着真心诚意去做事,时间长了会自然而然地形成不言自明的诚信,并被人们所信服。

(二)诚贵于心,信贵于行

要做到诚信,不仅要诚实不自欺,还要能做到言行一致,言必有信,信见于行。答应他人的事,一定要做到。同他人约定见面,一定要准时赴约。上学或参加各种活动,一定要准时赶到。所以,判断一个人是否是诚信之人,只需看他所说与所做是否相符,便可一目了然。

季札,又称公子札,春秋时期吴国人,吴王寿梦最小的儿子,被封于延陵,人称延陵季子,后又封州来,又称延州来季子。有一次季子要到西边去访问晋国,佩带宝剑拜访了徐国国君。徐国国君观赏季子的宝剑,嘴上没有说什么,但脸上却透露出想要宝剑的意思。延陵季子因为有出使晋国的任务,就没有把宝剑献给徐国国君,但是他心里已经答应给他了。季子出使在晋国,总想念着回来,可是徐君却已经死在楚国。于是,季子解下宝剑送给继位的徐国国君。随从人员阻止他说:"这是吴国的宝物,不是用来作赠礼的。"季子说:"我不是赠给他的。前些日子我经过这里,徐国国君观赏我的宝剑,嘴上没有说什么,但是他的脸色透露出想要这把宝剑的表情;我因为有出使上国的任务,就没有献给他。虽是这样,

在我心里已经答应给他了。如今他死了，就不再把宝剑进献给他，这是欺骗我自己的良心。因为爱惜宝剑就使自己的良心虚伪，廉洁的人是不会这样的。"于是解下宝剑送给了继位的徐国国君。继位的徐国国君说："先君没有留下遗命，我不敢接受宝剑。"于是，季子把宝剑挂在了徐国国君坟墓边的树上就走了。徐国人赞美季子，歌唱他说："延陵季子兮不忘故，脱千金之剑兮带丘墓。""季札挂剑践诺言"感动了后世。季子虽然没有用言语表明要送剑于徐国国君，但还是选择了坚持做到心里默应的事情。这种诚信为人的态度怎么不让人赞叹，令世代歌颂！

有句成语叫君子一言，驷马难追，意思是：只要是说过的话，就是四匹马拉的车也难以追上，指的是话只要说出，就不能收回，要说话算话。这个成语也形象地说明了一个道理，即言必行，行必果。许诺是非常慎重的行为，对不应办或办不到的事情，不能轻易许诺，一旦许诺，就要努力兑现。如果我们失信于人，就等于贬低了自己。如果我们在履行诺言过程中情况有变，以致无法兑现自己的诺言，就要向对方如实说明情况并表示歉意。这样做，对于自己来说并没有损失什么，相反会为自己赢来更多的赞誉和口碑，更会因为坦诚而获得更多人的信任和理解。

诚信是一个人立身处世所必备的基本素质，更是一种可贵的修养和情操。养成诚信的习惯必须要从小事做起，从点滴做起，从细微之处做起，身体力行，见诸行动。唯有如此，才能完成诚信的道德培养，才能不断地提高和完善自我。

第四节　修德正言行

欲明人者先自明，欲正人者先正己；严以律己就是要心存敬畏、手握戒尺，慎独慎微、勤于自省、廉洁守法。因此，严以律己，首在修德，德修则志明，志明则行不紊。具体来说，就是要在慎独、慎微、知止、知耻、有畏上下功夫。

一、慎独

慎独，即在独处无人时也要保持道德上的谨慎和警醒。在独处无人监督的情况下，人很容易失德。因此，在独处之时，依然要反躬自省、谨言慎行，坚持道德操守，做到不自欺，因为这时的监督者只剩自己了。能做到自己监督自己，那才是道德的最高境界。清代的曾国藩认为："慎独则心安，自修之道，难于养心；养心之难，又在慎独。能慎独，则内省不疚，可以对天地质鬼神。人无一内愧之事，则天君泰然，此心常快足宽平，是人生第一自强之道，第一寻乐之方，守身之先务也。"在他看来，慎独不仅是道德修养的途径，也是自强自乐的办法。

二、慎微

慎微即"勿以恶小而为之，勿以善小而不为"。《中庸》也指出："道者也不可须臾离也，可离非道也。是故君子戒慎乎其所不睹，恐惧乎其所不闻。莫见乎隐，莫显乎微，故君子慎其独也。"慎独之所慎，往往是"隐""微"，即不正确的思想和行为初起之时。人性的特点是，一旦"隐"和"微"被突破，就会一发不可收拾，走向道德堕落的不归路。"不矜细行，终累大德""道自微而生，祸是微而成"。因此，慎独重点在慎微。2014年3月17～18日，习近平总书记在调研指导兰考县党的群众路线教育实践活动中指出，对一切腐蚀诱惑保持高度警惕，慎独慎初慎微，做到防微杜渐。只有做到慎初、慎微，才能够防微杜渐，守身如玉，保持道德和人格上的高洁。

> 文化讲堂
> 勿以恶小而为之，
> 勿以善小而不为。
> ——《中庸》

三、知止

一个成年人必须学会理性地管理自己的需求和欲望。如果一个人致力于满足自己无休止的欲望而毫无节制，那也是非常危险的。因此，老子告诫道："知止不殆"，"知止不辱"。只有知道当止之处，就不会有危险，也不会招致屈辱。许多贪污腐败分子，在根本上都是为了追求权欲、物欲、情欲的无限制的满足，最终走向了犯罪的深渊。儒家更是把知止看作修身的重要前提。《大学》里说："知止而后有定，定而后能静，静而后能安，安而后能虑，虑而后能得。"只有知其当止，才能做到专注，做到心静、心安，也才能很好地进行道德反省，最后有所体悟和收获。

四、知耻

知耻，即有耻辱之心。知耻是道德感的前提。孟子指出："羞恶之心，义之端也。"知耻也体现着人性的尊严，是社会正义的心理基础，是真正勇敢精神的来源。"知耻者，近乎勇"，为官知羞，才能推己及人，才能惠及于民。电影《焦裕禄》中有这样的镜头：焦裕禄一到兰考，正值无数灾民"大逃亡"。此情此景，使这位新上任的县委书记百感交集，他对县委一班人

焦裕禄

说："党把这个县36万群众交给了我们，我们不能领导他们战胜灾荒，应该感到羞耻和痛心。"正是这位有着"知耻"之心的县委书记，抱病带领全县干群奋力拼搏，终于征服了风沙、盐碱和洪涝这三大灾害。

五、有畏

有畏即有所畏惧。一个人有所畏惧，行为才会有所收敛。一个人如无所畏惧，行为往往没有底线。有畏是道德修养的一个很重要的条件。"畏则不敢肆而德以成，无畏则从其所欲而及于祸"，"凡善怕者，必身有所

正,言有所规,行有所止,偶有逾矩,亦不出大格"。有畏,也不容易犯大的错误。那么应该畏惧什么呢?孔子说:"君子有三畏:畏天命,畏大人,畏圣人之言。"对于当今的人们来说,应当畏法、畏纪、畏德,有如此"三畏",自然会远离错误,远离失德,远离违法违纪与犯罪。

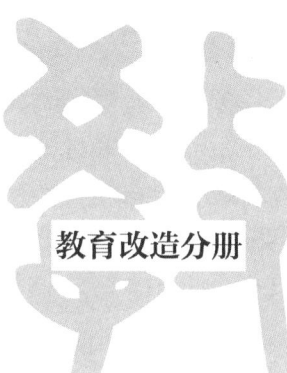

教育改造分册

第七章

法德兼备

法律是最低限度的道德，道德是最高限度的法律。法律和道德相辅相成，互为补充，缺一不可；法律是人们行为的最低准则，是不可触碰的红线，是人们必须遵守的准则，如果有人无视法律的权威，为所欲为，就一定会受到法律的制裁。徒法不足以自行，只有一纸空文是不足以产生效力的，再完善的法律也要靠人去施行，而执法的人能不能做到秉公执法，也要靠法律和道德的约束；而从个人的角度来说，对法律和道德要心存敬畏，认真学习，把外在的要求内化为自己内心的行为准则。

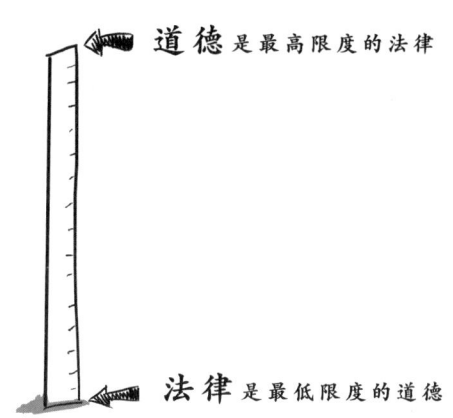

法律与道德关系密切，相互促进与推动。道德是守法行为的基础，法律的实施有助于人们道德的培养。在推崇个性张扬、道德观念日益多元化的今天，人们的观念受到自由主义、享乐主义、"金钱至上"论等思想的冲击，对善与恶、美与丑、荣与辱的界限辨识日益模糊，很容易在不知不觉中误入歧途。因此，我们必须将增强法制观念与加强道德修养相结合，自觉约束自身行为，不断提高警惕，在冲动与诱惑前止步，远离违法与犯罪。

第一节　本是同根生

一、法律和道德的历史溯源

法律与道德具有共同的起源，但在发展过程中却分道扬镳了。通过了解法律的来源与发展过程，我们已经知道，在人类历史发展初期，既没有法律也没有道德，在这一阶段主要依靠氏族习俗、惯例及宗教等来规范人们的行为与生活。随着社会的发展、国家的产生，法律与道德逐渐取代了这些习俗惯例，成为规范社会的两大主要手段。

在法律与道德产生初期，二者的界限并不像现在这样清楚划分，特别是在古代中国，"礼法合一"，道德规则构成了"礼"的主要内容，其实质就是"德法合一"，法律的发展也经历了法律道德化与道德法律化这样一个二者相互融合、共同作用于社会的漫长历史阶段。其中最明显的就是关于孝道的维护。古代中国在法律上把"不孝"列入了"十恶不赦之罪"，《唐律·斗讼》甚至规定："骂祖父母、父母者，绞"，"诸子孙违反教令及供养有缺者，徒二年"。也就是说，如果子女稍有不顺从父母的言行，就会遭到死刑或有期徒刑等重罚，这表明在中国古代道德要求与刑罚处罚直接挂钩，具有法律效力。

随着社会的发展与人们观念的进步，法律与道德才逐渐分离开来，成为两个相对独立的规范体系。在分化的过程中，一个共识是，从内容来看，法律是道德的底线，严重违反道德、危害他人和社会公共秩序的行为，往往会被纳入法律规范，对其进行法律制裁，最重者则被予以刑罚处罚。从形式与效力来看，法律规定明确而具体，有国家强制力作后盾，对严重违反者会施以较重的惩罚。道德的内容相对宽泛，全凭个人约束与自觉，对违反者仅靠公众舆论及自我良心谴责、批评教育等非强制手段处置，宽容度高。

二、当代社会道德谴责的威力

随着现代信息技术尤其是网络的飞速发展，人们的认知与生活发生了极大的改变。与此相应，在社会控制领域也发生着深刻的变化。许多时候，道德谴责不再局限于熟人社会中的"窃窃私语""指指点点"，而是被高调地公之于众，可以在一瞬间让全世界都知道，网友开展的"人肉搜索"更是将当事人"从头到脚"详加披露，由此带来的耻辱不亚于当年法律宣判后的"游街示众"。

● 延伸阅读

"铜须门"事件

2006年4月12日深夜,一个网名为"锋刃透骨寒"的网友发帖自曝,其结婚六年的妻子,在玩《魔兽世界》期间与其公会会长"铜须"(一名在读大学生)长期相处产生感情,并发生"一夜情"的出轨行为。同时他还贴了一段其妻"幽月儿"与"铜须"的QQ聊天记录,并且公布了铜须的QQ号。

此帖一出,立即在网上引起轩然大波,该帖每天点击超过20万次。对铜须的道德谴责成为网络舆论的主流,声讨铜须的帖子贴满各大论坛。随着事态不断升级,当事人发表题为"让生活继续"的帖子,希望结束此事。不过,玩家的争论还在继续,偏激的反对行动仍在进行。先是"铜须"所在2区麦维影歌服务器上大批的1级小号联盟,以在游戏中抗议、静坐、游行、裸奔、自杀等行为对"铜须"进行声讨。由于参与人数众多,甚至使服务器瘫痪,游戏无法正常运行。紧接着,网友们又将"铜须"的真实姓名、籍贯、出生日期等信息贴了出来。甚至其所在院校的校长都受到了牵连。男主角被逼无奈,发布了视频声明希望事件得到平息,但网友却不买账。最后在主流媒体的引导下,事件才得以平息。

这起由一场"一夜情"而引发的网友人肉搜索、集体谴责事件,反映了民众对于违背道德观念行为的义愤,当事人及其所属的学校也因此蒙受了生活、学习及名誉方面的较大损失,值得我们反思借鉴。

三、法律和道德的关系

(一)道德与人性的法律拷问

古语有云:"穷则独善其身,达则兼济天下",然而,作为一个生活在各种社会关系网络中的人,真的能做到独善其身吗?就算你自己做到了独善其身，那么你能保证不与外界发生任何关系吗？就拿疫苗事件来说，就算你个人品行再好，就算你每天都足不出户，尽可能不与外界发生联系，但你万万想不到你的孩子打的疫苗会出现问题！

这是一个你中有我我中有你的世界，你不闯红灯，但当你走上街头，看见其他的路人不停闯红灯，你同样会不开心；你坚守道德底线，憎恨无良商家，但是当你不可避免地需要点外卖时，你是无法确保它的安全卫生的。所以，总的来说，一个人安全、健康甚至是幸福的生活，是建立在社会整体讲诚信、讲道德，有良知、有底线的前提下。

白岩松近日做客一档网络演讲节目，在该节目中，白岩松不仅以10年为一个期限，回顾并总结了自己50年的人生经历和感悟，同时也结合一些社会热点和现实问题进行了分析和阐述。其中，中国人的人性和道德问题，也成为白岩松当晚演讲的一个亮点。

白岩松的演讲和发言向来都保持着"言简意赅、直击要害"的风格，在谈到人性和道德问题时，同样如此。他举了现实生活中非常常见的几个小例子来说明，人性和道德是每个人都可能存在的共性，只要你足够诚实，你大概就能意识到自己在道德上的不足和人性上的缺失。白岩松在演讲现场举了他亲眼所见的一个交通事故的例子。他说有一天他看见两辆车相撞，被撞的一方要求撞车的一方承担责任，于是撞车的一方提议被撞的司机先把车停到路边后再协商。结果等被撞的一方同意这个提议后，撞车司机却直接开车跑路了！而上面坐着一车的乘客，都没有一人阻拦。白岩松不禁发问："这个司机会是一个负责任的父亲吗？这会是一个负责任的儿子吗？更不要说他怎么可能会是一个负责任的公民。但是他很可能是你的同事啊！所以说，像别人这样在道德上出现的赤字和人性上的亏损，最终也会影响到你。"白岩松提到的这一点，在中国人身上十分普遍。古语言："事不关己高高挂起"。一件事，只要是没有损害到自己的利益，那就视而不见，充耳不闻，置之不理。但等到哪天倒霉的事摊到自己头上的时候，又哭天抢地埋怨别人不帮自己一把，不为自己申冤。

实际上，同情心、同理心是一个人最重要也是最应该具备的人格特质。当一件糟糕的事发生在别人身上的时候，你也应该设想一下，会不会哪一天也会轮到我？如果真发生在我身上了，我那个时候是不是也希望别人的帮助和声援？如果这个问题想明白了，中国的社会就不再冷漠，而是变成了充满道义和温情的社会。

● 延伸阅读

"小悦悦"事件

2011年10月13日下午5时30分许，一出惨剧发生在佛山南海黄岐广佛五金城。年仅两岁的女童小悦悦走在巷子里，被一辆面包车两次碾压，几分钟后又被一小型货柜车碾过。而让人难以理解的是，七分钟内在女童身边经过的十几个路人，竟然对此不闻不问。最后，一位捡垃圾的阿姨把小悦悦抱到路边并找到她的妈妈。10月21日凌晨，小悦悦经抢救无效死亡。

"小悦悦事件"在中国掀起了一场关于法律与道德、人性之间关系的反思，讨论者或批评18名路人的自私自利，或批评社会氛围的冷漠无情，或批评人们对同类的麻木不仁，甚至批评城市生活所导致的人与人之间的感情疏离。所有这些论调都指向了一个词——"冷漠"。"停止冷漠"的号召在网上疯狂转发。媒体则呼吁政府推动运用法律对社会道德进行重整，甚至有人呼吁借鉴国外的相关立法经验，规定见死不救者应受法律惩罚。例如，1994年修订的《法国刑法典》新增有"怠于给予救助罪"；挪威、瑞典等国法律也规定，任何有责任能力的成年人具有营救危难的法律义务；埃及法律规定对有能力而拒绝向危难者提供帮助的人处以一年监禁和最少1000埃及镑的罚款。在我国，一些全国人大代表曾联名提出议案，建议增设"见危不救和见死不救罪"。

(二) 法律和道德是可以相互转化的

随着法治的进步，不少曾经违法甚至犯罪的性行为已经除罪化，甚至去违法化，明确排除在法律调整范围之外，比如未婚男女的同居行为、已婚男女的通奸行为、近来流行的"一夜情"及同性恋行为等。

第二节　底线与红线

一、良好品德是自律守法的根本

法律和道德都是社会环境的净化器、社会和谐的助推器。每个公民立身处世，不仅要树立法制观念，而且要以道德律己，以好的德行待人。

每个公民的法制观念和道德观念是不可分离的。一个有良好道德观念的人，会把遵守法律视为自己的道德义务，自觉地依法办事，行使权利和履行义务，自觉地同一切违法犯罪行为做斗争，维护法的尊严和权威。反之，一个道德观念低下的人，也可能会出于对法律制裁的惧怕而遵守法律，但这种守法行为相当不稳定，随时可能转化为违法行为。同时，由于道德观念低下，没有道德上的羞耻之心，不以违反法律为可耻，就不可能在心中形成一道防御违法的堤坝，而只会力求逃避法律的惩罚甚至想方设法去钻法律的空子。

二、良好德行不是天生就有，而是后天养成

一个人要树立良好的道德观念，首先必须要树立做一个有美德的人的道德愿望、道德目标和道德理想。仅有这些还远远不够，最重要的是他必

须实践道德准则，按照道德规范做事，从事符合道德规范的实际活动。亚里士多德说："德性的获得，不过是先于它的行为之结果；这与技艺的获得相似。因为我们学一种技艺就必须照着去做，在做的过程中才学成了这种技艺。我们通过从事建筑而变成建筑师，通过演奏竖琴而变成竖琴手。同样，我们通过做公正的事情而成为公正的人，通过节制的行为而成为节制的人，通过勇敢的行为而成为勇敢的人。"无论每个人的先天遗传和后天环境如何，他若经常偷盗，那么他的道德人格就必定是个小偷，就必定具有小偷的品德；反之，他若经常做好事，那么他的道德人格就必定是个好人，就必定具有好人的品德。因此，每个人的道德人格，他的稳定、恒久、整体的心理状态，他的品德都是自己行为的产物，是他遵守或违背道德的伦理行为积累到一定程度的结果。

◉ 延伸阅读

见义勇为与挟尸要价

2009年10月24日下午2时许，在湖北省荆州市宝塔河江段江滩上玩耍的两名小男孩，不慎滑入江中。正在附近游玩的长江大学10余名男女大学生发现险情后，迅速冲了过去。因大多数同学不会游泳，大家决定手拉着手组成人梯，伸向江水中救人。

很快，一名落水男孩被成功救上岸，另一名男孩则顺着人梯往岸边靠近。就在这时，意想不到的一幕发生了：人梯中的一名大学生因体力不支而松手，水中顿时乱成一团，呼喊声一片。这时，正在宝塔河100米以外的冬泳队队员闻声赶来施救，冬泳队员杨师傅、韩师傅、鲁师傅等陆续从水中救起6名大学生，而陈及时、何东旭、方招3名大学生却消失在湍急的江水中。

事发后，长江大学领导迅速赶到现场，当地消防、海事部门也相继赶到现场组织搜救。由于该地处于江水回流区域，水流湍急，坡陡水深，浅处有四五米，最深处达十几米，经过1个多小时搜寻，陈及时被打捞上岸，医护人员现场进行全力抢救，终因沉江时间过长，未能生还。截至当日下午 5 时 50 分许，另外两名大学生的遗体也被打捞上岸。

湖北省荆州市 2009 年 10 月 26 日授予 2009 年 10 月 24 日在长江荆州宝塔河段救起两名落水少年的 17 名大学生和市民"全国见义勇为舍己救人英雄群体"称号。这 17 人当中包括 14 名长江大学的学生和 3 名长沙市冬泳队的老人。

事发当日，在宝塔湾打捞救人牺牲大学生遗体时，八凌公司人员要价 3.6 万元，并索要 300 元的烟酒和矿泉水费之后再开工，且先交钱后打捞，还因索钱曾多次中断打捞。其见利忘义、唯利是图的行为受到了群众的指责和媒体的批评。

2009 年 11 月 7 日，荆州市人民政府新闻发言人办公室通报称："荆州市八凌打捞有限公司"相关责任人陈波除收取打捞费外，还乘人之危另外索要了价值 300 元的烟和矿泉水，该行为触犯了《中华人民共和国治安管理处罚法》第 49 条之规定，构成敲诈勒索，公安机关已依法将其治安拘留 15 天，并处 1000 元罚款。

11 月 7 日，荆州市八凌公司法人代表将"10·24"事件中获得的 3.63 万元"天价打捞费"交到荆州市公安局，并表达悔改之意。已被拘留的陈波表示，对自己的行为后悔不已，并向英雄的家属表示深深的歉意。

3 名大学生因营救两名落水少年而献出了年轻的生命，许多人因他们的见义勇为行为而感动。但也有人认为，用 3 名大学生的生命来换取两个少年的生命，是捡了芝麻丢了西瓜，是一起赔本买卖，虽勇气可嘉却相当愚蠢。这种言论看似有理，但其本质却是大错特错，因为这种言论只考虑到了经济价值，却忽略了人性与道德的价值。3 名见义勇为的大学生和许多其他为了他人献出自己生命的勇士，就是一群当今社会中人性与社会道德价值的忠实捍卫者。

捞尸人的挟尸要价与大学生的见义勇为在这个案例中形成了鲜明对比。职业捞尸者以捞尸为业，通过自己的劳动换取经济利益，这一点本无可厚非。但是这次，职业捞尸者面对勇救落水少年的大学生，不仅没有向这些英雄们学习，反而乘人之危索要"价值 300 元的烟和矿泉水"这些不义之财，这就足以彰显挟尸要价者追逐的唯一目标，就是经济利益。《论

语·里仁》中讲："君子喻于义,小人喻于利。"作为君子的见义勇为者是道德模范,受到社会舆论的广泛赞扬。甘当小人的挟尸要价者,其见利忘义、唯利是图的行为,挑战了道德的底线,甚至触犯了法律,遭到社会公众的唾弃,并受到了应有的处罚。

三、悔过改过,积善新生

要养成良好的道德观念,必须要改过自新。在不同社会环境的熏陶之下,每个人都可能有被恶的欲望和动机支配而做错事,甚至为非作歹、违法犯罪的时候。在这种情况下,一个人如果不断改过迁善,积善而不是积恶,他的善的行为便是恒久的,这些行为所形成的便是美德而不是恶德,他便是一个有美德的人而不是一个有恶德的人。反之,一个人如果知过不改、文过饰非和继续作恶,恶行不断积累,以致恒久为恶而偶尔行善,使为恶成为习惯,那么,这些行为所形成的便是恶德而不是美德,他便是一个有恶德的人而不是一个有美德的人。所以,《周易》中讲:"善不积,不足以成名;恶不积,不足以灭身。小人以小善为无益而弗为也,以小恶为无伤而弗去也,故恶积而不可掩,罪大而不可解。"

总之,每个人都应树立正确的道德观念,常积善德,在做个"好人"的基础上,提高和培养自身的法律信仰和守法意识,成为一个法律与道德素质俱佳的合格公民。

第三节　徒法不足以自行

一、法律守护道德的底线

"徒善不足以为政,徒法不足以自行。"这就意味着,法律的制定并不代表它能自动发挥作用。法律要想发挥它的作用,靠的不仅仅是其威慑力和背后的国家强制力,更需要每一个人内心坚强的道德约束力,这个基础是任何时候都不可被忽视与动摇的。

● 延伸阅读

"范跑跑"事件

2008年5月12日14时28分,汶川地震发生时,四川光亚学校的范美忠老师不顾学生,本能地猛冲下楼,第一个到达操场。事后,范美忠发表帖文《那一刻,地动山摇》,说"在这种生死抉择的瞬间,只有为了我的女儿我才可能考虑牺牲自我,其他人哪怕是我的母亲,在这种情况下我也不会管的"。

2008年6月11日晚上,范美忠接到了光亚学校校长的电话,表示都江堰教育局当日来校通知,转达国家教育部的指示,吊销他的教师资格证,因此学校也不能再聘用他了。范美忠的逃跑行为和帖文中的言论,引发网民热议,并送其绰号"范跑跑"。

对于范美忠的言论与举动,单纯从法律的角度衡量,并无不妥之处。教师的法律义务是基于教育活动而产生的,是保证其履行教育教学职责的要求,因此,这种法律义务仅仅限定于教学活动中。根据《中华人民共和国教师法》关于教师义务的规定,教师没有在地震发生时疏散学生的义务,更没有必须在学生疏散完毕后才能离开现场的义务。教师在地震发生时作为公民个人,在自己的生命遭受正在发生的危险的情况下,有权逃生。由此可见,范美忠的行为并未触犯法律规定。

但是,作为一个普通公民,尤其是作为一名人民教师,范美忠不仅要履行普通公民的道德义务,更应遵守教师的职业道德。作为普通公民而言,"先人后己""舍己救人"是我们社会大力弘扬的美好品德。作为教师来讲,教育部2008年修订的《中小学教师职业道德规范》第三条规定,教师应"关心爱护全体学生,尊重学生人格,平等公正对待学生。对学生严慈相济,做学生的良师益友。保护学生安全，关心学生健康，维护学生权益……"

由此可见，在地震发生时，他有义务与责任帮助学生安全撤离后，自己再撤离。而范美忠在地震中不顾学生安危、最先逃出教室的行为，还有他连母亲都可以不顾的违背最基本孝道的不良言论，尽管没有触犯法律，但是体现了他缺乏教师的职业道德与做人准则，应遭到舆论以及全社会的谴责。

二、 法律是惩恶扬善的重器

法律对道德也有强大的促进作用。法律的实施，本身就是一个惩恶扬善的过程，不但有助于人们法律意识的形成，而且有助于对人们道德的培养。因为法律作为一种国家评价，对于提倡什么、反对什么，有一个统一的标准；而法律所包含的评价标准与大多数公民最基本的道德信念是一致或接近的，因此，法律的实施对社会道德的形成和普及起了重大作用。

第四节 对法律和道德要心存敬畏

一、 法律与道德作用的侧重不同

法律与道德是我们每个人的日常行为规范，但侧重点不同。法律主要偏重于从人的行为上对人进行规范。正如马克思所言："对于法律来说，除了我的行为以外，我是根本不存在的，我根本不是法律的对象。"[1]道德则着眼于从人的内心活动上进行规范。朱熹也说："德者，得也。行道而有得于心者也。"[2]由于道德规范调整的社会关系范围比法律规范大，因此，道德上的义务不一定是法律上的义务，道德上受谴责的行为不一定受法律制裁。

---

[1]《马克思恩格斯全集》(第 1 卷)，人民出版社 1995 年版，第 121 页。
[2]《四书集注·学而篇》。

道德可分为两类：第一类是社会有序化要求的道德，即社会要维系下去所必不可少的"最低限度的道德"，如不要伤害他人、不得损害他人合法利益、不能危害公共安全等。第二类包括那些有助于提高生活质量、增进人与人和谐关系的原则，如博爱、无私、奉献等。其中，第一类道德通常上升为法律，通过制裁或奖励的方法得以推行。而第二类道德对人的要求较高，一般不宜转化为法律，否则就会混淆法律与道德的界限，导致"法将不法，德将不德"。

二、法律与道德一步之遥

如果你想成为一个守法律、讲道德之人，在日常生活中，必须时时刻刻注意自身的行为有无触犯法律或违背道德。一旦放松警惕，二者的界限就会变得很模糊，有时违背道德和违反法律只有一步之遥。

◉ 延伸阅读

许霆盗窃案[1]

2006年1月，许霆被广州市粤华物业有限公司聘任为保安员。同年4月21日21时许，许霆持自己不具备透支功能、余额为176.97元的银行卡，到位于广州市天河区黄埔大道西平云路163号的广州市商业银行自动柜员机前准备取款100元，同行的郭安山（另案处理）在附近等候。当许霆在自动柜员机上无意中输入取款1000元的指令后，柜员机即出钞1000元。许霆经查询，发现其银行卡中仍有170余元，意识到银行自动柜员机发生故障，能够超出账户余额取款且不如实扣账。于是，许霆先后于当日21时57分至22时19分、23时13分至19

---

[1] 来源于：最高人民法院核准许霆盗窃案件的裁定书。

分、次日零时26分至1时06分的三个时间段内，在该自动柜员机170次主动指令取款174 000元，而其账户实际被扣款174元。郭安山从许霆处得知该台自动柜员机出现异常后，亦采用同样手段先后取款19000元。同月24日下午，许霆辞职后携款逃匿。2007年5月22日，公安人员在陕西省宝鸡市将许霆抓获归案。

广东省广州市中级人民法院认为，被告人许霆持不具有透支功能的银行借记卡在银行的自动柜员机取款时，发现自动柜员机发生故障，在明知自己的银行卡内只有170多元的情况下，乘银行工作人员尚未发现之机，非法取款174825元，并携款潜逃的行为，已构成盗窃罪。许霆被依法判处有期徒刑五年，并处罚金人民币两万元。

对于本案，有两种截然不同的看法。有人认为，这样的情形，就类似于在生活中，某个人向别人承诺，谁能用钥匙打开自家家门，就可以随意搬走他家里的财物一样。银行作为ATM中现金的所有人，对ATM中的现金享有占有权、使用权、收益权和处分权。《羊城借记卡章程》第4条规定，密码相符的交易，视为持卡人的合法交易，就是银行自主行使处分权的具体体现。许霆持羊城借记卡经核对密码后取款的行为，是以得到银行认可、同意为前提的，符合银行与许霆双方在办理借记卡时所订立的合约，并且没有妨害任何第三方合法权益，所以，不具有任何违法性，当然也不具有刑事违法性，应当受到法律保护。

这样的意见貌似合理，其实是有致命伤的。在本案中，银行的确存在过错，其ATM似有诱人犯罪之嫌。但是，从根本上来讲，许霆在明知机器故障的情况下，依然继续操作，这样的行为首先是不道德的。他想将不属于自己的钱财占为己有，属于民事关系中的不当得利，这已经开始进入违法的范畴了。而在贪欲的唆使下，再进行大额取款，许霆的行为就从一般违法转变为了严重犯罪行为。因此，更广泛的意见则是如同判决的内容，许霆的行为构成盗窃罪，应予处罚。

作为普通民众，我们首先要遵循的就是"最低限度的道德"。生活中，当你面对模棱两可的情况时，首先要以这个最低道德标准作为衡量，坚决不为违反最低限度的道德的行为，那就准保平安。许霆当初要是这样严格约束自己，继而克服贪念，就不会落得锒铛入狱的下场了。

教育改造分册

第八章

明德守法

明德守法，才能知行合一，法律和道德有很多重合的部分，所以，明德可以帮助我们更好地守法，而守法才能保证自己的自由，也可以更好地理解道德。面对不道德的事情和违法的事情，我们没有任何借口，勿以恶小而为之。知行合一，是明德守法的最终目标，知法守法，以身作则，就可以做一个明德守法、知行合一的人。同时，应当对照社会公德、职业道德、家庭美德、个人品德要求，躬身反省、扪心自问，真诚认罪悔罪，切实从被动的"要我改造"转向积极的"我要改造"，主动融入"五大改造"，把刑期当学期，涅槃重生，走向新生。

第一节　明德守法

"勿以恶小而为之，勿以善小而不为"，这是三国时期蜀国名相诸葛亮的一句话，被历代的许多人置之座右、奉为箴言。这句话讲的是做人的道理：只要是恶，即使是小恶也不做；只要是善，即使是小善也要做。对于培养我们的法律观念和意识，养成自律的习惯来说，牢记"勿以恶小而为之"更是大有裨益。

"恶小"的危害在于它小，小到我们可能不去重视它。然而，正是由于它小从而放松了对它的警惕，甚至一味地纵容、迁就和姑息，养成了习惯，也就在不知不觉间让这种"小恶"侵蚀了自己的生活。

一个人偷拿了邻居家一根针，结果被人抓住并告官。法官在量刑时却定了与一位偷牛贼同样的罪。小偷很不服气，问法官为什么偷了区区一根针却被判得与偷牛一样重。没等法官回答，偷牛贼抢着说："我当初就是从拿别人一根针开始的。"看了这个故事，或许你会禁不住莞尔。但笑过之后，是否会发现，那个偷牛贼的回答中蕴含的哲理呢？不要以为

这只是一个流传得较为广泛的小故事而已。在现实生活中，小毛病改变一个人的命运、毁掉一个人的一生的事例也不在少数。看看那些走上腐败道路的人，就更能证明这一点。他们或不注意自己的社交活动，在交往过程中相互攀比，从而铤而走险做错事；或不注意自己的交友原则，与那些危险的、生活腐败的人走得太近，在一步步的引诱下走上了歧路；或在八小时之外流连于一次次宴请，一次次洗浴，或者一场场牌局，逐步走向腐败的道路；或在小利益面前禁不住诱惑，私吞私占，因无法收手而迈入深渊，从吃喝开始，从小数额的受贿发展到大贪巨贪。那些最初的行为或思想，相对于任何一个贪污腐败者的整个生活轨迹来说，无一不是蚁穴般的微小，但是，小恶却最终葬送了他们的家庭、事业和前途。

● **延伸阅读**

谁该为他的犯罪负责

张军上学时，成绩很不错，在班上是前几名，但由于家里穷，学费经常不能按时交，所以常遭受老师和同学的白眼。那时候张军最大的愿望就是将来要挣好多好多钱，让所有的人都高看一眼，让所有的人都尊敬他。张军小时候非常顽皮，胆子也大，哥哥姐姐总让着他，所以他想干什么就干什么，非常任性。有次为了做弹弓打鸟，竟偷偷地把哥哥结婚新买的皮鞋剪了一块下来，做弹弓后边的兜；为了做打火柴的小枪，把家里的新自行车链条给砸了下来……上学了，张军看到班里有同学拿着计算器写算术作业，很快就写完，而他则要掰手指算半天，他也想有个计算器，但没钱买，当时家里正准备给哥哥娶媳妇，那天他看到父母用红纸糊了一个袋子，并把东拼西凑得来的钱放到里边，准备第二天在婚礼上给新过门的嫂子。他晚上找到父母放钱的地方，从里边取出二十元，第二天就买了计算器，拿到学校，让其他同学羡慕了好半天，他心里满足极了。

第一次偷家里的钱没有被发现，张军也没有受到任何惩罚，新买的计算器还让那么多同学羡慕。他第一次尝到了偷东西的"甜头"。长此以往，在家里偷来的星星点点的钱越来越不能满足张军早已膨胀的欲望。他开始把目光移到外边，不出所料，在商店偷窃时被事主发现，并被送进了派出所。但由于当时张军年纪小，只被关了几天就放了出来。从那次以后，张军就成了当地的名人了，谁都知道他偷过东西，进过派出所。

老师、同学、村里人都用异样的眼光看待张军。张军不想再上学了，他忍受不了别人对他的那种目光，那种无端的猜疑。为了让父母看不出破绽，张军每天都按时背着书包从家里出来，到放学时间又准时回去，他经常去河里游泳，去树林打鸟，去爬山，去四处游荡，有时还去县城"踩点"，找好目标，晚上还要去偷。他感到自己已经是贼了，再怎样改也没有用了。一天晚上，张军和一个人合伙，钻到了一家电器门市部，一口气偷出二十台彩电。

这是一起典型的"小错不断，大错必犯"的案例。当然，张军的行为与家庭的教育有关，但从根本上来说，是张军没有深刻地认识到自己的犯罪行为，与小时候养成的不良习惯密切相关。

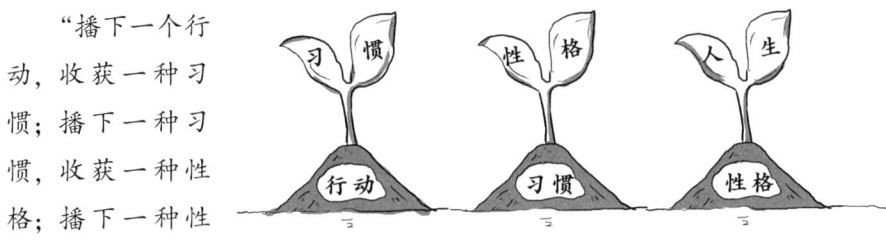

"播下一个行动，收获一种习惯；播下一种习惯，收获一种性格；播下一种性格，收获一种人生"，这是美国心理学家威廉·詹姆士的一句话。我们也衷心地寄语每一个人，在现实的生活中，播下"恶小勿为"的行动，收获"善小而为"的习惯，坚持自律，远离违法和犯罪，以自律打造自己的美好人生！

第二节　没有任何借口

一、每个人必须履行法定责任

我们每一个人在社会中生存，必然要对自己、对家庭、对集体、对社会承担并履行一定的责任。责任存在于我们生命中的每一个岗位。养儿育女是父母的责任，孝敬父母是儿女的责任，教书育人是老师的责任，尊师好学是学生的责任,医生的责任是救死扶伤,军人的责任是保家卫国,这些不同范畴的责任,只有轻重之分,而无有无之别,是社会存续的客观需要,是每一个个体都必须承担的。

责任靠他律,也靠自律。为了确保每一个人承担自己的那份责任,道德、法律等各种社会规范都包含了对不履行责任的人进行惩罚的机制,如果不履行道德责任,会受到道德的谴责和良心的拷问,不履行法定责任,则会受到法律的追究和制度的惩处。这种谴责、拷问、追究和惩处,对不履行责任的人来说,所引起的精神上的痛苦和物质上的损失,往往比履行原有责任所付出得更多。而持续性地不履行责任,就如不加控制的癌细胞裂变,其所导致的后果只能更加严重。为了避免在精神上及物质上受到更大损失,我们需要把承担责任当成一种主观追求,基于自己的良知、信念、觉悟,自觉自愿地履行责任,严格履行各种义务,为他人和社会做出自己的贡献,如果出现失责的情况,就要尽快主动地采取补救措施,尽可能早地使损失降到最小。

承担责任的方式有两种:主动承担和被动承担。主动承担是指责任人主动履行了法律责任,或者相关人员经过第三方的调解达成协议,例如,违约者主动按照合同规定给予赔偿。被动承担是指在强制力的作用下,责任人接受惩罚或者给予赔偿。但被动承担并不是指责任人完全被动,如果责任人有积极主动承担责任的表现,在责任的认定上会有较大的影响。例如,我国《刑法》第六十七条规定:对于自首的犯罪分子,可以从轻或者减轻处罚;第六十八条规定:有重大立功表现的,可以减轻或者免除处罚。另外,虽然法律没有规定,但在量刑时,人民法院根据立法精神和审判实践经验,也会根据罪犯的态度来酌情量刑,例如,是否有挽救违法后果的行为、是否有积极退赃的行为、是否主动赔偿损失、是否主动坦白交代罪行等,这些都是需要考虑的量刑情节。

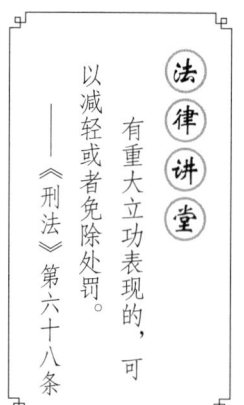

法律讲堂

有重大立功表现的,可以减轻或者免除处罚。
——《刑法》第六十八条

承担法律责任的类型也多种多样。如果是民事责任,一般要求责任人停止侵害、排除妨碍、消除危险、返还财产、恢复原状、修理、重做、更换、赔偿损失、消除影响、恢复名誉等。如果是刑事责任，其承担责任的方式主要是自由刑，比如管制、拘役、有期徒刑、无期徒刑等，这时，法律责任在时间上是有延续性的，法律责任并不随着责任人进入看守所、监狱等监管场所的那一刻而消灭，相反，这是履行生效刑事判决，将其收入监所开始服刑改造、走向新生的开端，遵守监规纪律、参加生产劳动、接受教育改造、参加各种文化、技术学习活动等，都是承担自由刑这种法律责任的具体体现。

二、认罪服法，悔过自新

认罪服法是承担法律责任的必然要求。不管是承担哪种法律责任，只有认罪服法，深刻认识到自己的错误所在，才能在以后的生活中避免再次发生类似的错误、避免遭受更多的处罚。对那些承担自由刑的罪犯来说，认罪服法还是获得减刑假释的必要条件。我国《刑法》第七十八条规定：被判处管制、拘役、有期徒刑、无期徒刑的犯罪分子，在执行期间，如果认真遵守监规，接受教育改造，确有悔改表现的，或者有立功表现的，可以减刑。根据《最高人民法院关于办理减刑、假释案件具体应用法律若干问题的规定》，"确有悔改表现"是指同时具备以下四个方面的情形：认罪服法；认真遵守监规，接受教育改造；积极参加政治、文化、技术学习；积极参加劳动，完成生产任务。

> **法律讲堂**
>
> 被判处管制、拘役、有期徒刑、无期徒刑的犯罪分子，在执行期间，如果认真遵守监规，接受教育改造，确有悔改表现的，或者有立功表现的，可以减刑。
>
> ——《刑法》第七十八条

要做到认罪服法，首先要承认违法犯罪事实。承认违法犯罪事实是认罪服法的基础，只有承认违法犯罪事实，才能对自己过去的违法犯罪行为产生深刻的认识和悔恨，增强对判决的认同感，才能够真心接受惩罚。违法犯罪事实是一个具体的存在，无论是违法犯罪的性质、情节、手段，还是违法犯罪的危害结果，都与违法犯罪人所实施的具体的违法犯罪行为有直接联系，这些违法犯罪事实是客观性存在的，它有法律证据作为佐证，

是不以违法犯罪者的主观意志为转移的。有的违法犯罪人员为了减轻或免除自己所接受的处罚，否认或者歪曲事实真相，比如将强奸说成通奸，把杀人说成伤害，把故意说成过失，等等，企图混淆罪与非罪、此罪与彼罪的界限，但这只能蒙骗自己，并不能对实际要承担的法律责任产生影响。

服从法院判决是认罪服法的重要内容之一。法院的判决，是强制责任人承担法律责任的直接依据，是人民法院经过一定的审判程序得出的结果。判决书上所列的事实，是根据已有的证据，经过了反复、多方的查证，是最能客观反映违法犯罪事实的材料。法院所认定的违法犯罪性质，是根据证据所能证明的事实和法律的相关规定得出的必然结论，在具体判定法律责任的大小时，也是在充分考虑从轻、从重的各种情节的基础上所作出的相对合适的判决。只有接受法院的判决，真正的认罪才有可能。

认清违法犯罪的危害是认罪服法的客观要求。认清违法犯罪行为给自己、他人、家庭、社会带来的各种危害，会增加犯罪人内心深处的罪恶感和悔罪意识，激发其向善的动力。任何违法犯罪行为都会带来危害，危害有大有小，即使是欠债不还这种行为也是有危害的，最起码会给责任人带来诚信危机，所以没有一个违法犯罪行为是不会带来危害结果的。危害有物质危害和精神危害，直接危害和间接危害，当时危害和遗留危害，等等类型。物质性的危害一目了然，非物质危害所造成的影响更大，因为无法用金钱来衡量心灵创伤，也无法用药物来彻底治愈。有许多违法犯罪的人失去了人身自由，妻儿不能团圆，父子不能促膝，甚至葬送了自己的美好前程。

◉ 延伸阅读

谭某盗窃案

谭某原是医学院的一名学生，在校期间成绩一直都很优秀，在走上工作岗位前，学校安排他到某医学院实习，在实习期间，他窃取了该院价值三万多元的医学仪器，被判处有期徒刑13年，本该成为出色医生的他不得不进了监狱。

一般来讲，法律责任的产生，是建立在基本的公平、秩序等被打乱的基础之上的。如果没有违法犯罪行为，法律责任备而不用，或者仅是起到一种震慑作用，有了违法犯罪行为，才会有法律责任。承担法律责任的过程，其实是对基本价值的保护和修补的过程，其目的是使法律关系尽可能恢复到原有状态。所以，从一定意义上讲，承担法律责任的最高境界就是从源头上消灭法律责任，消除可能导致责任人承担法律责任的各种不法行为，就是守法。

所以，罪犯在因违法犯罪接受法律惩罚时，要想真正担负起法律责任，仅有认罪服法是不够的，还必须在改过自新上下功夫，努力把自己培养成守法公民，而剖析违法犯罪原因是由认罪服法向改过自新转变的必由之路。违法犯罪原因有主观原因和客观原因，有表面原因和深层原因。要剖析违法犯罪原因，主要剖析主观原因和深层原因。分析自己的人生观、价值观是否错位，比如是否有极端的个人主义思想、享乐寄生思想、哥们儿义气的封建行帮思想，还要分析违法犯罪是否是因为自己的法治观念淡薄，是否是因为自己的道德修养还不够，是否是因为自己的心理调节失控，等等。只有从各个角度深挖违法犯罪根源，分析原因，才能真正找到努力的方向，从错误中学到教训，提高自己，使自己不再重新违法犯罪，成为一个合格的、优秀的守法公民。

第三节　遇悬崖知勒马

一、自律是人生之缰绳

任何事物的发展变化，都与内因和外因这两个关键因素有着密不可分的关系。外因是事物变化的基础和条件，内因才是导致事物变化的关键和根本。外因只有通过内因才能发

挥作用，内因决定着外因的效果和影响。

对于预防和制止违法犯罪行为来说，法律只是外因，通过事后处理，彰显和体现警戒、惩罚的作用，是一种依靠国家强制力保证实施的他律机制。法律并不能天然地消灭或预防犯罪。将法律的外在约束转化为内在约束，只有依靠社会个体的自律机制才能把法律的外在导向转化为内在导向，从而最大可能地"禁然于前"。

1997年，一部电影风靡大江南北，该电影是由张艺谋导演，姜文、李保田、瞿颖、葛优等主演的喜剧片——《有话好好说》。故事大致是说：青年赵小帅以奇特的方式，狂热地追求漂亮姑娘安红，不幸的是，安红正与某娱乐公司老板刘德龙恋爱。刘德龙为教训小帅，与小帅大打出手。混乱之中，小帅抢过行人张秋生的背包，当武器抡打，将包内电脑砸得粉碎。小帅发誓报复刘德龙，扬言要剁掉刘德龙的一只手。张秋生为索赔电脑奔波于小帅与刘德龙之间，却全然不知已成为小帅报复计划中的诱饵。在一家小饭馆里，老张得知小帅的计划后，力劝其停手，要以"有话好好说"的方式将事情彻底了断，小帅不为所动。老张见劝说无效，想用装疯引来警察，却被小帅捆在了楼上的椅子上。老张在楼上因误会受到了厨师的侮辱。楼下的小帅与刘德龙见面后，正准备拿出刀，悬在天花板下的音箱却掉下来将刘德龙砸昏。小帅来到楼上，发现老张陷入了疯狂的状态……

影片中，小饭馆的那场戏颇为精彩。张秋生劝阻赵小帅停手，赵小帅的回答更是耐人寻味。他说："你甭跟我讲那些屁话（指剁手是犯罪、会进监狱等道理）！我自己劝过我自己，劝了多少回多少天，道理都说尽了，我懂，但就是劝不住！除非把我杀了，要不这事就非干到底不可！"

可见，赵小帅一直处于矛盾和纠结之中。剁手的后果，他是知道的，也力劝自己。但最终还是意气战胜了理智，非要剁掉仇人之手才能平息心中的怒火。当然，影片中赵小帅的目的并没有达到，但现实生活中，许多人可没有他那样幸运，没有张秋生的劝阻和多种客观因素的出现，为了满足自我，他们大多都触犯了刑律。

电影《有话好好说》中赵小帅的话，折射出了许多人面对同类问题的心理状态，也充分说明了这样一个道理：具备一定法律知识和法律观念，并不代表就一定会奉公守法，成为一个守法的公民。如果不能在关键时刻，以自律机制劝住自己，也一样会掉进犯罪的深渊。

二、严守做人处事的底线，不触违法犯罪的红线

我国古代历史中严守做人处事底线的故事并不少见，其中两则脍炙人口、流传千载。一则是元初许衡不吃梨的故事，另一则是东汉"四知太守"杨震的故事。

许衡做官之前，有一年夏天外出，天热感觉口渴难耐，刚好路旁有棵梨树，众人纷纷前去摘梨解渴，只有许衡一个人不为所动。有人问他为什么不去摘？许衡回答说："不是自己的梨，岂能乱摘！"那人劝解道："乱世之时，这梨是没有主人的。"许衡听了以后，严肃地说道："梨树没有主人，难道我的心中也无主吗？"

《守义》
许衡方渴时，不食道旁梨，
一梨食细微，不义宁勿为。

的确，每个人都不能心中无主，不能没有为人做事的原则和底线。我们生活在现代社会里，谁都无法避免诱惑、矛盾和冲突。妥善处理这些诱惑、矛盾和冲突，是每一个人都可能时时面对的问题。以"道德力量"约束内心，以"法律制度"约束行为，应该成为每个人最基本的生活准则。高墙与社会其实只有一步之遥，关键就看你能否走好这一步。所以，当准备伸出手去攫取不当利益时，不妨想想后果和做人处事的准则。当挥起拳头、大棒以泄心中怒气时，不妨控制一下情绪思量思量，再深呼几口气。每一个选择，都是人生的关键时刻。在这关键时刻，能劝得住自己，可能就走好了人生的关键一步，使自己不至于遭受难以消解的苦痛和煎熬。

与许衡相比，东汉清官杨震也是一位世人称道的自律典范，世人皆称"四知太守"。他被称为"关西夫子"，是一位出了名的清官。在他赴任东莱太守的途中，经过昌邑。当时的昌邑县令王密，是他任职荆州刺史时提拔的官员。王密听说杨震路过本地后，为了报答当年提携之情，于是白天去谒见杨震，晚上则准备了白银十斤赠送给杨震，并低声地说："这是黑

夜，无人知道，你就放心地收下吧！"杨震脸色深沉，斥责道："有天知、地知、我知、你知，怎么能说没有人知道呢？自古以来，君子慎独，哪能以为无人知道，就做出违背道德的事呢?"王密听了以后，惭愧难当，赶紧起身谢罪，收拾起银子走了。

一句"天知、地知、我知、你知"，掷地有声，使杨震有了"四知太守"的美誉。反观现代社会，知法而不能守法，甚至执法者也沦为违法犯罪分子的例子比比皆是。或痴迷情感，或贪于物欲，或沉迷美色，或逞一时之勇……在强大的利益和诱惑驱使之下，许多人在自我的满足中尝到了甜头，却在法律制度前栽了跟头。

试想，如果我们每个人在行事之前，都能像"四知太守"杨震那样，自觉地运用自律的约束机制，关键时刻多劝劝自己，先行自我衡量和判断，再做出符合道德和法律要求的抉择，那么，违法和犯罪还会与我们有缘吗？

三、从哪里摔倒就从哪里爬起来

人的一生会遇到很多挫折和磨难，这是上天给予我们的一种历练。当我们经历挫折和磨难的考验时，如何调整心态再蓄势待发就变得尤为重要，这关系到以后经历类似事情的心态能不能坦然，不要怨天尤人、不要自暴自弃，更不要将自己永远困在失败的阴影当中，而是要经得住考验，在哪儿跌倒，让自己休息一下，给予受挫的内心一个大大的鼓励，调整好状态，再重新站起来，迎接新的挑战。在哪里跌倒，从哪里调整好状态，然后再重新爬起来的人，才是真正的强者。

现在的你也许正陷在一段挫折里无法自拔，你渴望有人向你伸出温暖的手掌给你鼓励，你渴望在你踌躇无措的黑夜中有一道明亮的光线穿过你身旁。这些你担心的、害怕的、失望的也是我们大多数人都会经历的。没有关系，给自己一点时间，给自己些许空间，不急不躁的放空心情，原地休息一下。不要急着去改变它或者忙着站起来,人生中的跌倒,也是上天对你的恩赐,让你能在长时间的忙碌之后,躺下来看看生活的美好。

遭遇一时失败也并不可怕,我们要学会的是如何总结经验教训,找到努力的方向,避免下一次的失败。要躬身自省、扪心自问,自己是如何陷入一段难以自拔的旋涡中,原因出在哪儿?静静地思索,正好可以趁此机会给自己丧气的心一个走出来的机会。不要小看这一段自省、悔悟的时光,这会关系到我们后面的路是否能前行得更顺畅。

在哪里跌倒就在哪儿休息一会儿,花一定的时间去思考尤为重要。你可以抬头看看璀璨的星空、回忆往事。休息并不代表不"前进",休息是为了更好的"前进"。在哪里摔倒了,如果立刻站起来的话,这对自尊和心态也是个打击。要知道,越是一无所有的人,自尊心越是强烈。给自己一个休息的时间,否则很可能很快会面临下一个失败。

生活是自己的,如人饮水,冷暖自知。其实人生就像一条崎岖的道路,我们会遇上很多的荆棘与磕磕绊绊。哪怕你踩到了一个很大的坑,或者是狠狠地摔了一跤,但只要有足够的勇气、意志,然后给自己一个反思和重新部署战略的

时间与信心,摔得再重也能重新站起来,继续朝着心中的目标前行。

● **延伸阅读**

从头再来

作词:陈　涛

作曲:王晓峰

演唱:刘　欢

昨天所有的荣誉,已变成遥远的回忆。

勤勤苦苦已度过半生,今夜重又走进风雨。
我不能随波浮沉,为了我至爱的亲人。
再苦再难也要坚强,只为那些期待眼神。
心若在梦就在,天地之间还有真爱。
看成败人生豪迈,只不过是从头再来。

第四节 知行合一

知行合一是由明朝思想家王守仁提出来的,是指认识事物的道理与实行其事是密不可分的,即认识事物的道理与在现实中运用此道理,是密不可分的,知行合一是关于道德修养、道德实践方面的真理。中国古代哲学家认为,不仅要认识("知"),尤其应当实践("行"),只有把"知"和"行"统一起来,才能称得上"善"。作为一名罪犯,更应该努力做到这一点,学习法律知识,并在实践中提升自己的道德水平。

一、学习的重要性

想要做到"知",就要努力学习。无论是对于一个国家,或是一个政党,乃至一个人,学习都是极其重要的。著名作家王蒙说:一个人的实力绝大部分来自学习。本领需要学习,机智与灵活反应也需要学习,健康的身心同样是学习的结果,学习可以增智、可以解惑、可以辨是非。

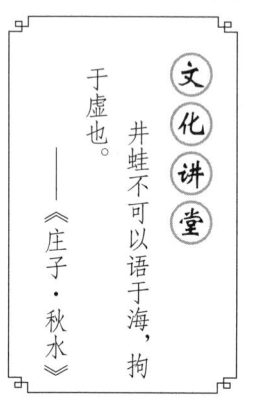

文化讲堂

井蛙不可以语于海,拘于虚也。
——《庄子·秋水》

我们无论在学习、工作抑或是生活中,都强调和重视"拓宽视野"。著名科学家牛顿说过:"如果说我比别人看得更远些,那是因为我站在了巨人的肩上。"《庄子·秋水》里说过:"井蛙不可以语于海,拘于虚也。"牛顿之所以能够看得远,是因为站得高,视野开阔。"井底之蛙"之所以认为天地只有井那般大,也要归咎于"视野"的原因,它被井口所局限,而看不见天之广、地之大。在我们人生中,有许多未知的领域，而学习就如一把万能钥匙，可以为我们打开一扇扇大门，让我们可以看见更广袤更精彩的世界。学习是一种发现，它为我们扩大了精神的空间与容积，学无涯，思无涯，其乐亦无涯。

在成长之路上，总会有许多困惑、悖论、选择，我们时常会迷惘，不知道下一步该如何。当面临选择的痛苦时，可以去学习，用学习和思考抚慰焦虑，缓解痛苦，启迪智慧，找寻答案。春秋时期著名乐师师旷曾劝学晋平公："少而好学，如日出之阳；壮而好学，如日中之光；老而好学，如秉烛之明。"学习就如太阳、烛火、大海中的灯塔，让我们在黑暗中看清方向，找到道路。学习不但意味着接受新知识，同时还要修正错误乃至对错误的认识。毛主席说过："情况是在不断地变化，要使自己的思想适应新的情况，就得学习。"进学致和，行方思远，学习归根结底是通向真理、知识、光明的抉择。只有学习，才能避免陷入少知而迷、不知而盲、无知而乱的困境，才能克服本领不足、恐慌、落后的问题。否则，"盲人骑瞎马，夜半临深池"，虽勇气可嘉，却是鲁莽和不可取的，不仅不能打开一番新局面，还有迷失方向的危险。

"立身以立学为先"，早在北宋年间，大文学家欧阳修就提出这样的观点，修养品行，要从学习开始。对于我们，学习是校正世界观、人生观、价值观的"立身"之镜，常照"学习"之镜，能够看清自己，帮助自己正衣冠、修形象；不照"镜子"，就看不见自己的"污垢"，就难以辨清是非曲直。毛主席说过："房子是应该经常打扫的，不打扫就会积满了灰尘；脸是应该经常洗的，不洗也就会灰尘满面。我们同志的思想，我们党的工作，也会沾染灰尘的，也应该打扫和洗涤。"纵观那些锒铛入狱的贪官，无不是因为学习少了，照"镜子"少了，而看不见自己思想上的灰尘，看不见自己扭曲的人格，以致走上了不归路。有智者说过，不断认识自己的无知是人类获得智慧的表现，学习给了我们一面时刻能够看清自己的镜子，让我们能够不断认识自我，得到校正的机会，也就如老子

所言:"知人者智,知己者明。"

二、践行的重要性

古人云:"读万卷书,行万里路。"钱钟书先生说:"若只行万里路不读万卷书那不过是一个邮差罢了。"心中爱慕向往的风景,即使在朋友圈、微博看过无数张高清照片,也不及亲眼览之所能体会到的意境;想念的人,无论在电话或是网上问候多少遍也不及一时冲动来到对方的城市见上一面;想学的技能,把理论背个千百遍也未必及得上亲身实践的掌握。

"纸上得来终觉浅,绝知此事要躬行。"书本好比一张地图,实践就是一双鞋,终日在书本理论游行就像画饼充饥,只有走出一步步脚印才能拥抱现实。古时一名身经百战的将军有一个儿子,他的儿子也渴望能像他父亲一样叱咤沙场,终日手捧兵书把战术理论讲得头头是道,终于到他上战场时却发现战况时刻万变,战场根本不会随书本理论而一成不变,结果雄心壮志的将军儿子把生命葬送在了第一场征战。纸上谈兵,就好比马云说的"晚上想来千万路,明早醒来走原路"一样。书本理论需源于实践并随时代不断推翻原有理论,于是有了爱因斯坦的广义相对论补充了牛顿的万有引力;哥白尼经过多年观察用日心说推翻了地心说;达尔文通过环球航行提出进化论解救了人们的愚昧。

三、知行合一

我国著名教育家陶行知曾两次更名,他原来叫陶文俊,青年时期因崇拜理学家王阳明的"知是行之始",改名"陶知行"。实践使他认识到应该是"行而后知",于是,他第二次改名"陶行知"。陶行知认为"行是知之始,知是行之成",他用了一些简单的例子来说明这个问题。例如,小孩子必定是烫了手才知道火是热的,冰了手才知道雪是冷的,吃过糖才知道糖是甜的,碰过石头才知道石头是硬的,等等。例子很简单也很有说服力。行,是行动,是实践,是亲身体验;知,顾名思义就是知识,在这里应该是动词,学习理论知识。陶先生强调"亲知",即从"行"中得来,亲身得来；而不仅仅是"闻知"，从师得来，或从书本得来。他的"行知"认识论对于我们的现实具有很好的指导意义。而且我们可喜地发现了一些改变。知中有行，行中有知，以知为行，知决定行。知行是一回事，不能分为"两截"。

教育改造分册

第九章

力量源泉

英国哲学家佛朗西斯·培根曾说过"知识就是力量"。人的成长就是不断学习的过程,当我们遇到困难时,我们解决问题的能力取决于两个方面:一是知识的储备;二是运用知识解决问题的能力。储备知识越多处理问题的方式越灵活,问题越容易解决。犹太教和基督教的圣典《圣经》说:"当上帝关了这扇门,一定会为你打开另一扇门。"罪犯在服刑期间虽然人身自由受到了限制,但是也获得了大量空闲时间,在反思人生的同时也可以将精力投入到素质的提升上,为回归社会后追求美好生活做好准备。

第九章 力量源泉

第一节 知识是改变命运的阶梯

人类学理论认为,人与动物的最大区别在于人的"未特定化"。也就是说,人类具有高级神经系统、语言器官和手,但在初生之时,其功能还未得到发展。与动物个体相比,初生的人类个体显得十分孱弱,他们不能自己进食,没有语言和思考的能力。而动物则不同,鱼儿一出生就会游泳,

牛、马、羊等一出生就能站立行走。而人出生后需要父母、家人的养育才能生存下来,并且活下来还不够,还要经过十几年的家庭庇护才能成人,自立于社会。在这十几年当中,人要上学、受教育,学习语言,学习怎么和人交流,学习规范,知道怎么和人交流更恰当、更合理。假如在这个过程中失去了家庭的管教、庇护,父母不抚养你了,失去了接受家庭教育、学校教育的机会,那么在一个人的成长过程中实际上就缺少了一个必要的环节。没有人管了,就需要自谋生路,但往往因为许多人还在未成年阶段,所以就容易被坏人利用,转而寻求通过不法手段满足生存的需要。

曾经有个犯罪分子武某某,他原本有个幸福的家庭。在他13岁的时候,母亲因车祸身亡。由于父亲搞蔬菜批发没工夫管他,所以吃饭的零花钱都被他花在游戏厅里了。原本他学习还不错,经此家庭变故之后他的学

习成绩一落千丈。后来,父亲找了继母,让他自己去找个事干,自己养活自己。离开家后,武某某靠在火车站捡酒瓶为生,有时也干些小偷小摸的事情。再后来在"师傅"带领下开始职业行窃,最终发展到抢劫、杀人。中国人民公安大学的一位教授在点评武某某犯罪的经历时说,现实是他们要为基本的生存即食物和冷暖而挣扎,问题在于他们不具有任何可供选择的合法手段去谋生,因为他们尚未完成接受抚养和教育的程序。所以,他们的生存只能以不择手段的方式进行!不择手段的结果必然是犯罪!文化水平低下和缺乏正当的谋生手段是他们走向犯罪深渊的重要原因。

亡羊而补牢,未为迟也

也许有人在想,那么我们这些罪犯岂不是彻底完蛋了么?不仅没有文化,而且犯罪入狱,哪还有希望?古语说,"亡羊而补牢,未为迟也""失之东隅,收之桑榆"。一个人在监狱里没有了自由,但是他也省去了很多不必要的应酬和干扰。社会上的人,每天要上班,务工,下班还要照顾家人,与朋友聚会,交往。但在监狱里,人与人的关系就相对简单一些,省去了许多"俗事"。所以如果能利用好这一有利条件,监狱正是读书学习的好地方。俄国小说家契诃夫的《打赌》讲了这样一个故事:一位银行家与一位25岁的律师打赌,如果律师能在一间封闭的小屋里呆满15年,银行家将输给他两百万卢布。经过最初的寂寞、烦躁与痛苦之后,律师终于"柳暗花明又一村",在书里发现了一个更为丰富的精神世界。前几年,他主要看一些内容轻松的小说及消遣性的闲书,在第十个年头之后,他研究起圣经、神学和宗教,而且越往后就越广博,完全进入了精神的自由王国。在15年期满的前一天,他自动走出了小屋,放弃了那两百万卢布。而奥地利作家茨威格的《象棋的故事》也讲述了一个类似的故事,一个被囚禁的人无所事事、度日如年,但在获得一本棋谱后,日子过得飞快。最后他成了象棋绝世高手。

如今你走进任何一所监狱,最气派的建筑基本上都是供罪犯学习的教

学楼。1919年列宁在《俄共（布）纲领草案的材料》中提出，要"以教育设施代替监狱"。这一理想在中国已经得到了真正实现：监狱也是学校，刑期也是学期。这已经不仅仅是一种理想，也成为了现实。

法国有一位大作家雨果，他曾经说过这样一句话，"多一所学校，就少一所监狱"。这话当然是一种比喻，他想表达的意思是，文化教育对于减少违法犯罪具有积极意义。在监狱里也有高学历的罪犯，但是这类罪犯所占的比例毕竟有限。罪犯从文化程度上看，大部分是什么水平呢？不用说，大家也可以猜出来，罪犯是一个文化程度偏低的群体。20世纪80年代，理论界对我国监狱在押罪犯构成有过研究，我国监狱在押罪犯有三个特点：25岁以下的罪犯接近50%，农民占50%多，初中以下文化程度的超过50%。而且，初中（含初中）以下文化程度的罪犯占全部罪犯的比例有攀升的趋势：1987年为88.40%，1989年为91.05%，1991年为90.42%，1995年为90.49%。进入21世纪，有关的学者研究显示出了相同的结果。2001年的资料显示，在押犯当中，小学以下文化程度的占50.74%，其中文盲、半文盲占10.89%。受教育少，文化程度低的人，更容易走上犯罪道路，国外学者指出，教育和犯罪之间存在着无可争辩的关系。没有进过学校的人，得不到符合道德规范的教育，更容易受到不良刺激和坏影响。

多一所学校，就少一所监狱。
——雨果

孔子曾经说过一句话："生而知之者，上也；学而知之者，次也；困而学之，又其次也；困而不学，民斯为下矣。"（《论语·季氏》）孔子把人分为四等，上等人是"生而知之"的，一出生不用学就全知全能。这当然不可信，只是一种比喻而已；二等人是"学而知之"，就是通过学习才能有文化，懂得道理，世界上最多的就是这种人了；三等人是"困而学之"，就是遇到了挫折、困难才去学习，从知识当中寻求答案；四等人是"困而不学"，遇到了挫折、困难也不知道学习，不思进取。这样的人"民斯为下"，就是最下等的。罪犯入狱从个人角度看是人生的一种困境、挫

折,如果不去学习,不知道从知识中寻求帮助,那么更是一种遗憾。如何走出困境,从挫折中重新爬起来走向新生呢?答案是学习。学习文化知识、接受教育可以帮助罪犯早日告别昨天,找到新的方向。

第二节　文化知识的学习

党和政府正是从关怀、救济罪犯的角度出发,在监狱里为罪犯提供了良好的学习环境,并通过奖励、考核等形式,要求罪犯接受教育。监狱组织的文化知识教育主要以扫盲和普及初中教育为主。对于文化水平较高的罪犯,监狱鼓励他们参加社会上的函授大学、电视大学、高等教育自学考试等。实践中,多数罪犯积极参加文化知识学习,提高了自己的文化素质,许多罪犯在监狱里实现了脱盲,有些罪犯还在监狱中圆了"大学梦"。

近年来,各监所与当地政府教育部门实现工作对接。做好文化教育相对集中的日常运行管理。开展扫盲班、小学班、初中班,鼓励罪犯参加高等教育自学考试,提高罪犯文化水平,促进罪犯顺利回归社会。按照统一命题、统一考试、统一监考、统一阅卷、统一制证的标准要求,规范文化教育考务。

没有文化更容易受到不良刺激和影响。监狱不像学校,学生的基本情况都相仿,监狱里的罪犯年龄、文化、职业等情况呈现出多元化的特点,监狱部门考虑到这种实际情况,总结了多年的办学经验,为罪犯分别开办了扫盲、小学、初中等层次的文化学习班。《监狱法》第六十三条规定:"监狱应当根据不同情况,对罪犯进行扫盲教育、初等教育和初级中等教育,经考试合格的,由教育部门发给相应的学业证书。"《监狱教育改造工作规定》第二十六条要求:"监狱组织的文化教育,应当根据罪犯不同的文化程度,分别开展扫盲、小学、初中文化教育,有条件的可以开展高中(中专)教育。鼓励罪犯自学,参加电大、函大、高等教育自学考试,并为他们参加学习和考试

> **法律讲堂**
>
> 监狱应当根据不同情况,对罪犯进行扫盲教育、初等教育和初级中等教育,经考试合格的,由教育部门发给相应的学业证书。
> ——《监狱法》第六十三条

提供必要的条件。"

在社会上，有义务教育这样的说法，我国现在实行的是九年制义务教育。监狱中对罪犯开展的文化教育也符合普及九年制义务教育的基本要求。对于文盲罪犯，监狱首先要求他们脱盲。《教育改造罪犯纲要》规定，对罪犯的文化教育，以扫盲和小学教育为重点，"文盲罪犯应当在入监两年内脱盲，脱盲比例达到应脱盲人数的95%以上。尚未完成国家规定的九年制义务教育，年龄不满45周岁，能够坚持正常学习的罪犯，应当接受义务教育。而对于已完成义务教育或者年龄在45周岁以上的罪犯，鼓励其参加其他文化学习"。对于初中毕业的罪犯，监狱鼓励他们参加高中教育。对罪犯的文化教育使用全国统一编写的教材，其中扫盲班、初小班和高小班的教材是司法部委托编写的《文化教育读本》，初级中等教育即初中班的教材是1998年司法部监狱局组织编写的《文化教育读本》。司法部对于罪犯的文化教育有具体要求，文化教育的入学率要达到90%，获证率为入学人数的25%。

但是以上所说的更多还是"义务"层面的教育，从理想上来说，教育真正的价值在于使受教育者成为选择的主体，使教育成为一种"权利"。也就是说，如果罪犯想要在监狱里接受更高层次的教育，他应当可以实现自己的愿望。那么，罪犯要接受高等教育，监狱会同意么？答案是肯定的。监狱不但允许，并且鼓励罪犯积极参加高等教育。按照《监狱教育改造工作规定》要求，对于已完成义务教育或者年龄在45周岁以上的罪犯，要鼓励其参加其他文化学习。所说的"其他文化学习"包括鼓励罪犯参加电大、函大、高等教育自学考试，并为他们参加学习和考试提供必要的条件。近几十年来，在监狱中读大学已经成为一种风气，有的监狱为了鼓励罪犯读书自学，还设立了奖学金，为他们解除后顾之忧。还有的监狱则通过行政奖励形式对罪犯自学进行鼓励。在电大、函大、高等教育自学考试这几种形式当中，高等教育自学考

试没有考前学历的要求，宽进严出，以自学为主，参加国家安排的统一考试，可以获得专科本科学历。高等教育自学考试的学历受国家承认，全国通用，不仅如此许多的欧美国家也承认此学历。高等教育自学考试因为形式灵活、含金量高而受到罪犯的普遍青睐。

● **延伸阅读**

高等教育自学考试

高等教育自学考试也就是人们常说的"高自考""自考"，是我国高等教育体系中的重要组成部分。"自考"创建于20世纪80年代初，从1981年至1982年高等教育自学考试先后在京、津、沪三市和辽宁省试点并于1983年在全国推广，至今已经走过了三十多年历程。自学考试，顾名思义就是自学加考试，是将个人自学、社会助学和国家考试相结合，对自学者进行的以学历考试为主的高等教育国家考试。众所周知，20世纪80年代我国的大学录取率还比较低，"千军万马挤独木桥"是对当时高考的形象比喻。大学少，想上大学的人又多，怎么解决这个矛盾？自考就是在这样的社会背景下产生的。"自考"与高考的最大不同在于，高考是按名次定分数段，是考生之间相互比拼；而自考是用定好的分数标准来测定考生的水平，看考试的人能不能达标，是考生和自己比拼。高考是入学考试，考完之后到大学进行全日制的脱产学习。而自考则是没有围墙的大学，学生在社会上自学，只要全部科目通过考试就可以获得相应的毕业证书。由于自学考试要求严格，考试难度大，因此多年来赢得了社会的广泛好评，国家机关和企事业单位对其认可程度比较高。目前，高等教育自学考试已成为我国规模最大的开放式高等教育形式。根据教育部《2017年全国教育事业发展统计公报》，2017年，全国高等教育自学考试学历教育报考470.94万人次，取得毕业证书55.27万人。接受各种非学历中等教育的学生达4538.30万人次，当年已毕（结）业4744.07万人次。

自考的特点因为适合监狱罪犯的自学特点，所以各省监狱管理部门特

别重视罪犯的自考工作。在罪犯自考上尽量提供方便，加以鼓励。从最初组织罪犯到社会上参加考试，到逐步在监狱中设立考点，单独考试，可谓想尽办法。近年来北京市监狱管理局所属监狱有8800余名罪犯参加高等自学考试，其中270名罪犯获得了本、专科毕业证书。据北京教育考试院自考办相关负责人介绍，从20世纪80年代起，北京就开始在多所监狱开设自考考点，目前已在全市多个区县多所监狱设立自考考点，每期考试都会有不少监狱考生报名参加。

自学考试让广大罪犯看到了希望，在罪犯改造、教育和重返社会方面发挥了积极作用。北京市第二监狱八监区的徐某某是一个只有小学文化程度的罪犯，1998年他因为故意伤害而被判处死缓入监。但是他没有因此气馁和绝望，在大墙里先后取得法律和心理学的两个大专毕业证，并且即将获得法学专业的本科毕业资格，出狱时他将有望拿着三个大学文凭回家。而最牛的大墙内自考生是南方某监狱的林某，他用了14年时光考过了102门自考课程，通过了4个本科专业、2个大专专业的理论考试，成了创纪录的"自考达人"。

当然，拿文凭只是一种外在的东西，真正重要的是内在品格的改变。通过学习，罪犯对人生的理解和感悟都提高到了新的层次，也只有亲身参加过学习的人才能切实体会到这些好处。

铁窗内的博士论文答辩会

2003年12月9日一早，来自武汉大学的萧汉明等5位哲学系教授一下火车，就直接被接到了北京市监狱。他们此行是专程来参加一个大墙内罪犯的博士生答辩会的。眉目慈祥的萧教授感慨地说："我教了几十年书，在监狱里举行博士生答辩会还真是第一次遇到。"

上午9时30分答辩会准时开始。这一天的答辩人是已经46岁的杨刚（化名），他曾担任某部委副司级秘书职务，入狱前是一家投资有限公司的总经理，2001年因犯窝藏罪被判处有期徒刑5年。入狱前他已经考取了武汉大学的博士生，专门研究中国哲学，主攻"中国传统文化及新儒家哲学"这一课题。在监狱中，他利用一年多的时间，开始继续学习，并撰写了十余万字的论文。2003年10月10日，他向监狱提出了举行博士论文答

辩的申请，监狱管理层与武汉大学协商后，武汉大学专门派人前来考察后同意了监狱的申请，为杨刚在监狱内举行一次特殊的博士论文答辩会，这在北京市监狱史上也是第一次出现。

答辩委员会成员中有6位都是博士生导师，除了武汉来的几位教授外，还有来自北师大的两位学术权威。武汉大学学位评定委员会办公室的艾路明老师介绍说，今天所请的专家都是国内哲学界的学术权威，委员会没有因为答辩人是罪犯而降低要求或是有所轻视。萧汉明教授手抚着杨刚的论文轻声说："尽管他成了罪犯，但作为一个人他没有自暴自弃，所以我尊重他。人都是会转变的，能在监狱里静下心来读书的人不多，既然不会在监狱里待一辈子，我们为什么不给他一次自新的机会呢？"上午11时50分，答辩委员会经过简短的磋商后，同意杨刚的论文答辩获得通过。

有30余名罪犯旁听了这场博士论文答辩会，尽管他们很难完全领会论文中深奥的哲学观点，但如此神圣的场面却使他们肃然起敬。监狱管理层正是希望通过这种方式激励他们求学上进。据介绍，北京市监狱局坚持鼓励罪犯参加文化知识的学习，并在全局设有8个高自考和2个全国英语等级考试的特殊考场，目前已累计有72名罪犯获得了高等教育自学考试的毕业证书，2003年监狱内高自考的及格率比全国平均水平还要高。在答辩会现场的门外监狱长轻声说："参加高自考的罪犯违纪率明显比其他罪犯低，我们不是在为罪犯搞特殊化，而是希望他们走出监狱时，不再是危害社会的人，而是对社会有用的人。"（记者王远　通信员许秀昌）

第三节　职业技术教育

在监狱这所特殊学校里，课程被分为"长线"课程和"短线"课程。"长线"课程就是文化教育，这样的课程重在打基础、上层次，能涵养人的性情，改变人的气质，让人受益终身。"短线"课程就是职业技术教育。职业技术教育就是以职业为定向、以技术为内容的教育，着眼于罪犯刑满释放后的就业需要。被称作"中国职业教育之父"的教育家黄炎培曾说过一句话，"使无业者有业，使有业者乐业。"这句话说得很好，开展职业技术教

育，可以让没有职业、没有事情做的人找到事情做，更可以让有职业、有事情做的人更愿意做事，能从做事中找到乐趣。

根据 2009 年某省对全省监狱关押的二次以上犯罪的罪犯的抽样调查显示，在导致刑满释放人员犯罪的原因中，74.8%的人员在刑满释放后因为没有谋生技能和一技之长选择了再次犯罪；52.5%的罪犯认为刑满后无法就业，是释放后面临的最大困难。根据司法部课题组 2006 年的调查显示，在 120 名干警中，有 101 人认为在"三课教育"中罪犯最感兴趣的是职业技术教育，占所调查干警的 84.61%。而在 550 名罪犯中，有 270 人将职业教育选为最感兴趣的教育内容，占 49.09%。这两组数据说明了以下几点问题：第一，学习职业技术可以解决释放后的后顾之忧，有利于罪犯重新做人，融入社会，成为对社会有用的人。第二，罪犯都已经意识到了职业技术教育的重要性。这些道理罪犯明白，监狱管理部门明白，党和政府也明白。因此，从 20 世纪 50 年代开始，在监狱法规和各种规划中多次提出职业技术教育的重要性和一些具体做法，"三课教育"传统也在那时形成。经过几十年的发展完善，监狱职业技术教育已经成为一项经常性的工作。

1994 年出台的《监狱法》第六十四条明确规定："监狱应当根据监狱生产和罪犯释放后就业的需要，对罪犯进行职业技术教育，经考核合格的，由劳动部门发给相应的技术等级证书。" 2003 年出台的《监狱教育改造工作规定》要求，监狱应当根据罪犯在狱内劳动的岗位技能要求和刑满释放后就业的需要，组织罪犯开展岗位技术培训和职业技能教育。年龄不满 50 周岁，没有一技之长，能够坚持正常学习的罪犯，应当参加技术教育；有一技之长的，可以

> **法律讲堂**
>
> 监狱应当根据监狱生产和罪犯释放后就业的需要，对罪犯进行职业技术教育，经考核合格的，由劳动部门发给相应的技术等级证书。
>
> ——《监狱法》第六十四条

按照监狱的安排,选择学习其他技能。从文件和法律法规来看,监狱对罪犯的职业技术教育经历了一个发展过程,从最初的劳动生产教育到技术教育再到职业技术教育;从强调培养罪犯的生产技能和劳动习惯,本着"做什么学什么"的原则,到"面向生产,着眼就业,服务社会",再到要根据监狱的生产需要安排,同时考虑罪犯刑满释放后的不同去向和社会需要,开设各种周期短、投资少、实用性强、见效快的综合职业技能培训班,并要求有条件的监狱可与地方学校联合举办职业学校或技工学校、职业培训中心。通过解读监狱主管部门的法律法规以及规章制度可以得知,随着社会发展,监狱管理部门对罪犯职业技术教育的重视程度在不断提升。从以监狱内部生产劳动为重点的"技术"教育,逐渐发展到以罪犯回归社会后就业为重点的"职业技术"教育。已经从强调监狱生产,逐步过渡到重视罪犯回归社会的需要。

目前监狱开展的职业技术教育,主要体现出了两种倾向:一种是按照监狱的生产项目设定职业教育的内容,一种是按照刑满释放后就业的需要开展的教育培训。实际情况更多的是前一种,也就是"干什么学什么。"应该说第二种选择可能更受罪犯的欢迎,但是限于师资、场地和教育组织等实际情况,监狱还不能完全满足每个罪犯的教育需求。其实监狱中的生产项目也都包含着不同层次的技术要素,只要肯下功夫钻研,"三百六十行,行行出状元"。例如,某监狱的罪犯周某,在监狱里负责养鸡,他刻苦学习养鸡技术,处处留心,刑满释放后自己在家乡开办了养鸡场,成为远近闻名的养鸡专业户,不但自己实现了脱贫,还帮助他人走上了致富道路。

监狱职业技术教育的另一个趋势是,监狱与社会力量共同在大墙内办学,为罪犯接受正规教育提供方便。1997年9月,潍坊监狱与国家级重点职业中专——潍坊市第一职业中专联合成立了面向罪犯的潍坊第一职业中专分校。首届职业中专共开设机械制造、机电一体化、焊接3个专业,5个教学班,共200名学员,真正做到了把学校办到了监狱里。2009年2月17日上午,江西省启明职业培训学校举行揭牌仪式,标志着继将未成年罪犯义务教育纳入国民教育行列后,该省再次在全国率先将未成年罪犯职业技术培训纳入省(市)职业培训总体规划。江西省未成年犯管教所的2000

余名失足少年,有机会在监狱里接受更加正规的职业技能培训。

现在,大学校园里兴起了考证热,包含英语四六级考试、司法考试、计算机等级证书等,有了这些证书,大学生就业就有了底气。如今在监狱里也一样可以考证,罪犯接受技术教育,经过劳动和社会保障部门考核合格,就可以获得相应的等级证书。自2009年至2019年10月,北京市

未成年犯管教所先后组织5000余名罪犯参加了面点、计算机、英语口语、花卉园艺、茶艺等培训项目,获证率高达99%,累计投入资金300余万元。国内许多监狱都把就业推介会开到监狱里,许多有一技之长的罪犯还没有出狱就被企业相中,签订了用工协议或者意向性合同。曾经有人总结下岗的人有六种类型:没有一技之长的"婴儿式"的人,缺乏团队精神的"鲨鱼式"的人,顽固不化的"贝壳式"的人,循规蹈矩的"机器式"的人,只说不做的"喇叭式"的人,效率低下的"乌龟式"的人。监狱职业技术教育就是让罪犯回归社会后避免成为这六种人,使大家都能在职场找到适合自己的位置。

为了解决部分罪犯家庭贫困没有培训资金的困境,市局成立了罪犯职业教育培训基金,为家庭困难的罪犯提供一次免费的职业培训机会。罪犯职业培训活动通过购买社会服务的方式实现,这样就保障了教育培训的专业性。监狱会根据社会就业形势和罪犯培训效果定期对培训项目进行调整,保障罪犯学习的专业技能贴合实际,符合社会用工需求。

● 延伸阅读

授人以鱼，不如授人以渔

刑释人员范某给监区打来电话时激动地说："我现在已经是中关村一家软件公司的项目开发经理了，我能从只具有高中文化水平的罪犯，发展到今天从事软件编程工作，都是得益于监区在电脑生产劳动中对我的技术培训，正是电脑劳动和技术培训为我学习计算机知识，掌握最新的实用技能打下了坚实的基础。可以说，没有电脑劳动和培养技能的这个大舞台，就没有我今天的幸福生活。"

七监区在电脑生产中，非常注重将罪犯劳动改造与提高其就业谋生能力的紧密结合。他们为了帮助罪犯克服脱离社会时间较长、与时代发展不能同步的弱点，打造其就业的"核心竞争力"，监区在电脑劳动中强化实用知识、技能的含量，注重对罪犯实际动手能力和就业竞争能力的培养与提高。

虽然电脑操作本身就具有一定的知识性和技巧性，但监区依然强调罪犯劳动中的技术培训，他们从零基础起步，从计算机基本知识及基本技能掌握开始，一步步地教授罪犯各种软件的使用方法和操作技巧。同时，监区采取多种有效措施，深化技能学习，一方面按照各自的特长把罪犯分成不同的小组，开展针对性强的技术训练；另一方面，对罪犯在生产中遇到的难题，或者组织大家共同攻关，或者请有经验的"技术高手"进行传帮带，及时予以解答，确保每一个人都学到扎实实用的电脑知识。

监区经过实践和探索，总结出的成功经验就是，"授人以鱼，不如授人以渔"，要确保罪犯回归社会后不再犯罪，最根本的措施就是

要让罪犯掌握真才实学，在就业竞争中占据有利地位。据不完全统计，四年来监区罪犯的综合素质和电脑操作能力逐年大幅提高，不仅在历次计算机考试及高自考中均有上佳表现，而且罪犯所从事的劳动项目，也从过去单一的文字录入，发展到今天拥有软件汉化、多媒体翻译、工程概预算、CAD制图、3D建模、电子商务网站设计、Flash设计和大型古建软件开发等多种复杂的、高科技含量的生产项目。

正是这些科学的管理举措和具有特色的改造手段，使监区自2003年至今的刑满释放人员不仅解决了就业谋生问题，而且很快适应了激烈的社会竞争，多名人员找到了与电脑相关的工作，并逐步成为所在公司的骨干力量。如范某原学历仅为高中，入监以前没有接触过电脑，但是通过参加电脑劳动，自学成才，成为车间的技术骨干，他目前在北京上地某IT公司从事程序开发；徐某也是如此，刑满释放后在某职业教育学校教授电脑开发课程，而陈某则成为某民营大型公司主管信息系统的副总经理。

监区领导在与范某通话的时候最后表示："从你们身上，我们看到了电脑劳动的广阔前景，也深切地体会到了'授人以鱼，不如授人以渔'的精髓，这更加坚定了我们沿着这条路子大胆走下去的信心和决心。"

教育改造分册

第十章

文体润心

周恩来同志曾经说过:"文艺的教育作用和娱乐作用是辩证的统一,群众看戏、看电影是从中得到娱乐和休息,你通过典型化的形象表演,教育寓于其中,寓于娱乐之中。"文化活动的教育作用不是教科书式的说教,它是通过鲜明的艺术形象和多样的文化形式,以喜闻乐见的形式,满足人的文化需求和精神需求,潜移默化的影响人的思想、情趣和观念。罪犯文化改造的内容蕴含丰富。它不仅包括运用中华优秀传统文化影响和改造罪犯,还包括运用法律规章普及、科普知识传播、生产技能培训、道德品行教育、基础知识教育、制度约束、文学创作、艺术活动,以及社会习俗、习惯养成等手段影响和改造罪犯。监狱文化活动传递的是社会主流价值观,满足的是罪犯精神文化需求。

第一节　文体活动有益身心健康

一、文化体育活动可以增强身体机能,延缓身体衰老

研究显示适度的文化体育活动可以调节人的内分泌系统,增强身体素质,延缓记忆衰退,改善心血管疾病、高血压、高血脂、肥胖和超重、吸烟、不良饮食习惯、体力活动不足

和身体素质低下等,适当的文化体育活动可以延缓衰老。首先人类衰老的特征性变化之一就是肌肉力量减退,骨质疏松,关节活动度变小,运动能力下降。休闲娱乐体育活动能够延缓衰老进程,因为它能够有效地保持肌力,增加和保持关节的灵活度,保持乃至增强骨密质。其次免疫功能标志着人体对疾病的抵抗力,因此是人体健康和体质的代表性指标。大量流行病学调研、动物实验和人体实验结果已经证实,长期的大强度、大运动量运动训练会导致明显的免疫抑制现象,使免疫功能降

低，对各种感染性疾病的抵抗力明显降低。而长期从事适中的体育锻炼则有益于促进免疫功能，增强抵抗力，各种感染性疾病的患病率明显降低。这些研究结果表明：休闲娱乐体育活动可明显改善参与者的免疫功能。

二、文化体育活动能够满足人的精神需求

娱乐活动有浓厚的趣味性、审美性，能给人的身心带来快感，引起人们的直接兴趣，吸引人们的注意力，使人自动趋向于这种活动，自觉、自愿地参与其中。而且，娱乐活动的运动方式新鲜、多样，有较强的刺激性。无论是身体运动还是精神运动，都有一定的强度，促使头脑中新的优势兴奋中心形成，从而使人从工作状态、"空白"状态或否定性情感状态中解脱出来。罪犯在服刑改造期间被采取军事化管理，生活场所相对固定，生活内容相对单一，文化娱乐活动较少。因此，罪犯对文化生活的需求更加强烈。

三、文化体育活动有助于调节情绪

长期的监狱生活，一成不变的生活模式，罪犯会产生紧张、焦虑、烦躁等不良情绪，从而降低和抑制人体免疫功能。积极参加文化体育活动能够调节情绪缓解心理压力，保持和促进身体机能。此外，文化体育活动能够激发人们的生活热情，陶冶情操，重塑人格，培养自尊、自爱、自强的道德品质。

四、文化体育活动有助于培养良好的人际关系

文化体育活动内容丰富，形式灵活，既可以一人独坐读书，也可以多人竞技比赛，它为大家提供了一个相互交流、彼此学习的平台，共同的兴趣爱好缩短了人与人之间的心理距离，加深了对彼此的了解，有助于社交网络的培养。文化体育活动不仅是休闲娱乐的载体，也是消除寂寞、拓展

交际、增进情感的文化手段。

第二节　健康有益的文娱活动

文化活动代表了监狱中的"浩然正气",是社会主流价值观和监狱改造思想的具现,它通过"随风潜入夜"的方式将美好的事物植根于罪犯内心,潜移默化地改变着罪犯的思想观念和行为模式。文化活动的建设以监狱为载体,从环境文化、制度文化、行为文化和精神文化等方面进行布局。从加强监区文化入手,创设绿色、整洁、美观、励志、育人的文化环境,充分发挥环境教育人、熏陶人、感染人的作用。文化体育活动服务于罪犯改造活动,它通过文艺演出、体育竞技、书法绘画等活动,宣传爱国主义、法治精神、人文关怀等社会主流价值观。通过渗透式的教育将罪犯转化为知廉耻、明是非、能自律的守法公民。

监狱文化活动主要围绕以下几个方面开展：

一是文化平台建设,建造"新生在线"网络平台。以打造"教育阵地",构建"轻松驿站",搭建"互通平台"为目标,及时更新新生在线教育栏目,丰富完善教育内容,保障教育时间,不断增强教育平台应用实效；建设狱内演播室和广播系统,通过搭建"监狱-监区-车间"的三级广播系统和"市局-监狱-监区-班组"四级有线电视网络,强化广播、电视的教育辐射功能。

二是培育社会主义核心价值观。开展中国特色社会主义理想信念教育,弘扬新时代中国特色社会主义先进文化,推进社会主义核心价值观教育入脑入心；开展中华优秀传统文化教育,以精品课程、经典诵读、礼仪熏陶和情境体验教育为主,辅之以知识竞赛、文艺表演等多种形式,增进罪犯对优秀传统文化的领会和认同；开展法治教育,宣传法律法规,树立法律权威,培养社会法治观念,让罪犯知法、守法、懂法,感受社会主义法治文明的公平和正义。

三是创新活动方式。宣扬改造文化主基调,提炼创作罪犯改造训词、誓词、队歌、口号等,鼓励罪犯创作各类艺术作品,让罪犯在文化活动中陶冶道德情操；广泛开展各类文化活动，以罪犯兴趣小组为依托，引导罪犯唱响改造歌曲，组织读书活动，讲好改造故事；探索建立文化处遇激励机制，开展文化节、运动会、改造微电影评比、改造歌曲创作大赛等，让监区文化动起来、活起来、亮起来。引入书画、音乐等艺术改造实践，培养罪犯自信自尊、理性平和心态。

四是监区文化建设。以开展争创监区文化示范单位为载体，从环境文化、制度文化、行为文化和精神文化等方面进行布局，进一步规范和加强监区文化建设。引导罪犯树立良好的规则意识，促进监区文化建设的规范化、常态化、科学化。用文化力量引导罪犯自律和转化，打造具有本单位特色的改造文化。积极开展具有思想先进性、形式创新性、时间持久性的文化活动，在寓教于乐中让罪犯做到知行合一。

五是时事政策教育。抓住关键节点，充分利用每年的"两会""七一""十一"以及抗战胜利纪念日、国家公祭日等重要契机，大力开展主题鲜明、主旨突出的专题教育，强化对罪犯的思想引导。通过开展知识竞赛、板报评比、演讲比赛、主题征文和写决心书做守纪承诺等形式，教育罪犯增强爱党爱国情感，点赞祖国发展，加速思想改造。

六是开展特色文化教育。结合"一区一品"、社会帮教、传统文化等特色活动，帮助罪犯自我养成，自我提升。通过文化的熏陶，最终养成习惯，在回归社会后能延续良好的道德修养。建立监区文化教育改造效果评比创优活动等制度，通过集中教育与自行学习等形式，让文化活动始终贯穿在罪犯服刑生活的方方面面。

◉ 延伸阅读

文化节点亮别样青春
——北京市未成年犯管教所"青春文化节"纪实

截至2019年，北京市未成年犯管教所的青春文化节已经连续举办了七届，作为罪犯感知社会关爱、促进身心成长、积极参与学习改造的重要活动，获得了社会各界的普遍关注和大力支持，同时参与罪犯也得到了成长和锻炼。2013年，未管所以"成长与励志"为主题举办了首届罪犯青春文化节，期间举办了光明行故事会、书画比赛、文化大讲堂等十项活动，全体罪犯踊跃参与，120余人获得各类奖项。2014年至2019年，又连续举办了6届"青春文化节"。每一届青春文化节都有一

个独特的主题，也都结合社会形势和实际情况举办有针对性的教育活动，不断打造具有未管所特色的文化品牌，并通过多种形式的教育活动提升罪犯的改造内驱力，从而实现"以文化人、以文育人、以文塑人"的目的。

"青春文化节"活动获得了社会爱心人士和企事业单位的大力支持。在第一届青春文化节上，北京市监狱管理局与北京团市委合作，在北京市未成年犯管教所成立了"未成年罪犯成长指导中心"，并下设了"社工工作站"和"志愿者服务站"，通过政府购买服务的形式，实现未成年罪犯的教育矫正与成长指导规划，完成狱内帮教、成长指导、刑释跟踪三大任务，开创了未成年罪犯教育改造工作的新模式，为社会化工作提供了有效的机制体制保障。目前，北京市未管所已经组建了一支由60人组成的志愿者队伍，成员包括著名歌唱家李元华、著名行为训练专家周士渊、著名小提琴演奏家盛中国等艺术家、老领导、知名专家学者，涵盖了文学、艺术、法律、心理等多个领域。中关工委、北京市文联、海淀区法院、西城区民建、爱心万里基金等多家单位走进大墙慰问监狱民警，帮教罪犯。北京市未管所还成立了青少年温暖基金、折翼天使创业基金、"五老基金会驻所帮教办公室"等。北京市未管所接受社会捐赠资金近200万元，图书10000余册，为罪犯教育质量的提升提供了最大限度地支持与帮助。

丰富的文化体育活动满足了罪犯的不同需求。在历届青春文化节上，北京市未管所还为年满18周岁的罪犯举办了成人仪式，这已经成为对罪犯开展教育改造的一项重要内容和优良传统。目前，已有35名未成年罪犯在"五四"文化节当天宣誓成人；未管所还坚持联系社会爱心企业走进大墙，

举办狱内招聘会,为即将刑满释放的罪犯提供工作岗位。在已经举办的四次招聘会上,社会企业数量和签约数量屡创新高,目前,共计已有68家社会企业走进大墙进行现场招聘,212名罪犯与社会企业签订了《劳动就业意向书》。在历届青春文化节中,北京未管所还十分注重对罪犯的文化教育、励志教育,例如,在首届青春文化节上开展了"文化大讲堂"活动,邀请社会知名学者讲授《论语》《弟子规》等文化经典,通过"讲、读、颂、写、背、践行"等方式,提升罪犯的文化素养;引进了教练式教学,邀请了全国道德模范、全国十大杰出学习青年等知名人士走进高墙,用他们的亲身经历去唤醒罪犯内心的良知,鼓励他们重塑新生。

第三节　抵制不健康的文化活动

健康向上的文化活动能有效调节人体生理机能,缓解服刑生活带来的紧张焦虑情绪。但是许多罪犯为了寻求强烈的感官刺激选择了一些不健康的娱乐活动,这些活动不仅损害了罪犯身心健康,而且破坏了监狱管理秩序,是监狱打击的重要内容。因此,罪犯在改造生活中要坚决抵制宣扬暴力色情书籍、赌博、邪教、封建迷信等不健康文化活动。

一、不健康书籍的危害

不健康书籍,泛指包含"淫秽""色情""暴力""凶杀"等内容的书籍刊物。原国家新闻出版总署于1989年和1998年先后出台了《关于部分取缔出版物认定标准的暂行规定》和《关于认定淫秽及色情出版物的暂行规定》,对淫秽出版物、色情出版物及夹杂淫秽内容的出版物分别明确了界限。淫秽出版物是指在整体上宣扬淫秽行为,足以导致普通人腐化堕落,没有艺术价值或科学价值的出版物;色情出版物是指整体上不淫秽,但其中一部分含有淫秽内容,对普通人特别是未成年人的身心健康有毒害,而缺乏艺术价值或者科学价值的出版物。阅读黄色刊物会潜移默化的影响阅读者的审美观点和生活情趣,长期阅读还会导致阅读者做出失当行为,造成终身悔恨。由于封闭的环境导致性压抑，罪犯在长期的服刑改造生活中对异性的吸引会明显增强，个别罪犯为了满足心理需求会藏匿一些穿着暴露的美女图片或者将书籍中描写性爱场面的内容剪切下来偷偷观看或阅读。这种"望梅止渴"的行为不仅不能化解心理压力反而会造成更加严重的性压抑，出现烦躁、焦躁等不良情绪。健康的改造心态要从良好的文化生活开始，要多参加监狱组织的文化体育活动，培养健康的兴趣爱好，用积极向上的文化生活陶冶情操，提升文化修养和身体素质，用中华传统文化和社会主义核心价值观树立爱国、守法、知耻、重德的品质，加强对伟大祖国、中华民族、中华文化、中国共产党和中国特色社会主义的认同。

二、赌博活动

赌博是将金钱、物品或者既得利益作为筹码赌输赢的类游戏活动。参与者有娱乐、盈利、竞赛、寻求刺激、逃避现实、人际交往等心理活动。赌博行为不仅影响个人工作、家庭关系、生活品质、身心健康，

严重的还会诱发群体间的矛盾冲突或刑事案件。在监狱服刑期间许多罪犯喜欢打牌"挂响""添彩头"，觉得这样玩起来更有意思、更刺激。有些罪犯还故意"做局"骗取新入监罪犯钱财，严重的甚至需要家人还债。监狱管理中这样的案例比比皆是，虽然肇事罪犯受到了监规纪律的处理，但赌博行为造成的伤害却是无法挽回的。赌博行为还容易触发罪犯矛盾，诱发打架斗殴，因为赌资发生口角者有之、大打出手者有之。罪犯在服刑改造期间不要相信"小赌怡情"的谎言，远离赌博活动。

三、封建迷信活动

封建迷信是新中国成立后约定俗成的一个专用名词，专指人们相信星

相、占卜、巫医、风水、命相、鬼神等的思想和行为。其成因是人在遇到不可抗拒的自然灾害和无法挣脱的生活困境时，会将解决问题的希望寄托在虚无缥缈的神秘力量上，寻求自我的安慰和解脱。罪犯在服刑改造期间也会遇到困惑和难题，这时经常会有一些"半仙"或者"高人"希望通过"钻研"风水和命相等迷信学说寻求解决办法，更有甚者还经常给其他罪犯"指点迷津"。这种不求踏实改造只求鬼神保佑的行为，不仅影响了自己的改造成绩，也会给其他罪犯带来困扰。笔者曾遇到过一名罪犯向身边的"半仙"占卜自己减刑假释情况，"半仙"说他没有减刑假释的命，这名罪犯信以为真，整日提心吊胆，精神紧张，最后在生产劳动时违规操作被扣分，马上呈报的奖励也险些作废。

四、 邪教的传播和习练

邪教是指那些打着宗教信仰旗号从事危害社会活动的有组织的邪恶势力。主要有两类：一是有悖于正统宗教及主流意识形态的异端教派或"旁门左道"；二是具有明显反政府、反社会性质，并具有一定社会危害性的信仰或组织。据统计，全球有1万多个邪教组织，控制着数亿的信徒。2014年，中国反邪教网发布了由公安部认定的在我国境内活动的22个邪教组织名单，"法轮功""全能神"等名列其中。目前北京监狱局也关押着部分邪教类罪犯，多数罪犯在改造过程中认识到了邪教组织反人类、反社会的本质和伪善面目，已经与邪教组织彻底决裂。也有一部分罪犯仍然痴迷于邪教的歪理邪说，生病不看病，在监舍内打坐练功，甚者有些邪教罪犯通过绝食抗拒改造。邪教思想使这些罪犯处在偏执与狂想的状态当中，对身心健康造成了极大的伤害。广大罪犯在服刑改造期间要做到不听信邪教言论的蛊惑，不参与邪教内容的习练，树立正确的人生观和世界观，培养健康的兴趣爱好，积极主动地参加监狱组织的各项文化体育活动，争取早日回归社会。

五、 以欺辱他犯为乐

2012年10月24日，浙江省温岭市发生一起幼儿园教师虐童事件。事发后不久，该教师虐待班上幼儿全过程的视频在网上被曝光，一时间众网友声讨不断。视频中被揪耳幼童双脚离地近20厘米，表情痛苦，号啕不止。相反，虐童教师神情愉悦，乐在其中。面对舆论压力，该教师回应称当时的虐童行为是出于"一时好玩"。这位老师的行为虽然受到了法律的制裁，但是留给这个儿童的创伤却长久无法得到修复。以欺辱他人为乐的现象不仅存在于幼儿园、学校，其他社会环境中也存在这种情况。欺辱行为是指施害者对被害者进行经常性的或者持续一段时间的恶意行为。这种恶意行为包括：肢体，言语或非言语性的伤害。经常表现为倚强凌弱、以多欺寡。诱因可能就是"我今天心情不好""看你不顺眼"或者"找乐子"。深层次心理因素是情绪压力释放方式错误和强弱人际关系的变态认知。目前北京监狱关押了大量的老弱残障罪犯，他们大部分被关押在老病残犯监狱或传染病犯监狱。还有一部分有辨识能力的老弱残障罪犯与普通健康犯混合关押在一起。这些罪犯因为智力缺陷或者身体羸弱，缺乏对自身的保护能力，经常成为其他罪犯调侃、取笑的娱乐对象。这种行为不仅违背了道德标准，而且也违反了监规纪律。北京市监狱管理局《监狱处罚罪犯工作规定》第二十条明确规定："欺凌他犯的，给予记过处分。"规章制度给每名罪犯都划出了红线，要求大家不能侮辱、谩骂甚者殴打其他罪犯，这既是监狱对每名罪犯的约束，也是监狱对每名罪犯的保护。此外，每名罪犯更应学会尊重他人，不以欺凌弱小为荣，不以取笑他人缺陷为乐。

● 延伸阅读

网络赌博危害大

近年来,借助网络这个虚拟空间,赌博活动也搭上了"快车道":"赌徒"们无须面对面博弈、给付现金,就能轻松下注、参赌,然后赢钱、输钱。而大量的赌资,在你还没回过神来的时候,就已经被汇至不法分子的

账号。近日,《南充晚报》记者通过调查得知:在南充,也有一些缺乏自我克制能力的"赌徒"深陷网络赌博的泥潭而不能自拔。因此,记者采访了网络赌博的受害者、相关部门、教育专家,希望一个个惨痛的案例能让正在参与网络赌博的"赌徒"们警醒。

网络赌博欠债 10 余万 小伙爬上楼顶欲轻生

"我在网上赌博输了钱,在网上贷款公司贷了款,目前被逼得走投无路。我现在在顺庆区一幢大楼的顶楼,见到记者倾诉心里话后,我就从这里跳下去,让贷款公司也'不好过'。"2017 年 12 月 6 日下午 2 时 50 分左右,南充市内一家媒体接到一名男子打来的电话。记者安慰他后,立即向领导汇报了这一突发情况。该媒体主要领导、分管领导快速做出反应,组织编采人员与其沟通,稳定其情绪,随后与派出所民警一起机智应对,成功化解了这起跳楼轻生事件,挽救了这名小伙的生命。

原来,这名男子叫牛小强(化名),24 岁。在工地上班的他每月有 4000 元左右的收入。然而,他却长期沉迷网络赌博,输掉全部积蓄后,还通过网络贷款公司贷款,欠债 10 余万元。因其无力还债,贷款公司步步紧逼,无奈之下,他躲到顺庆城区逃避赌债,贷款公司在找不到他的情况

下，多次以电话、短信等方式威胁恐吓其家人。当天下午，他从该幢大楼门窗防护栏爬上顶楼，两腿悬空地坐在外墙边沿，时刻都有跳下去的可能。该幢大楼工作人员来到楼顶后，立即拨打了110报警电话。接警后，公安民警、消防官兵、120救护人员火速赶往事发现场，并在该幢大楼一楼安全通道铺好消防救生气垫，做好地面救援准备工作。经过该幢大楼众多工作人员和民警近1个小时的劝导，该男子放弃了轻生念头。后来，该男子被警方带走。

"朋友"带他参与网络赌博　不到3个月输掉8万余元

家住南充市顺庆区文峰街某小区的市民刘豪豪（化名），今年23岁，刚刚大学毕业的他在一次同学聚会中被同学拉进一个网络赌博群，不到3个月时间，就输掉了8万余元。

"同学聚会的时候，一位大学同学拉我进群，我当时也并没在意，而且进群很久后，一直处于旁观状态。"刘豪豪告诉记者，在被拉进群很长一段时间后的一天凌晨2时左右，失眠的他突然接到一个同学的短信。

刘豪豪回短信后，这名同学迅速打电话告诉他，群里的游戏现在还差一人，才能开局，让刘豪豪加入进来。在同学的劝说下，刘豪豪进入了网络赌博游戏，并首战告捷：从当天凌晨2时左右到上午8时左右，他一共赢了近5000元。后来，他在网络赌博的深渊中难以自拔：不到3个月的时间里，刘豪豪共输掉8万余元。

"现在我的朋友圈很多人都玩这个游戏，其中有不少人都是一开始被朋友拉进来玩玩，结果却'栽跟头'。"刘豪豪告诉记者，因为存在侥幸心理，不少输了钱的玩家还继续玩这种游戏。在父母和朋友的劝说下，刘豪豪打断了要去"捞回来"的念头，戒掉了赌博游戏。

"我用这8万余元买个深刻的教训，以后一定要远离赌博。"刘豪豪说，他希望以自己的教训告诫所有人都要远离网络赌博，否则后果不堪设想。

嘉陵警方重拳出击　破获网络赌博案

日前，谈到"网络赌博"这个话题，南充市嘉陵区公安分局一位办案

民警就提到该局2015年破获的一起跨省网络赌博大案：此案涉案区域遍布全国，涉案金额达数千万元。重庆、成都、武汉、长沙、北京、上海等20多座城市，都留下了办案人员的足迹。被提起公诉的19人中，4人来自南充、5人来自湖南长沙、9人来自湖南常德、1人来自辽宁海城。令人扼腕叹息的是，将要面对法律审判的这一伙人中，居然有18名大学生。由于此案涉案人员众多、涉及赌资巨大，从而由公安部督办。据办案人员介绍，2013年，犯罪团伙通过3家平台进行网络推广，招揽赌客牟利，截至被抓获时，已发展下级代理140余人，涉及参赌人员10余万人，涉案金额数千万元。犯罪嫌疑人落网后，全盘交代其作案手法，即利用网络设局，聘请工作人员在游戏中与玩家对赌。

赌博二字，害人匪浅。拒绝赌博，首先要做到坚决向赌博游戏说不！可能有人会说，小赌怡情，我没事去玩儿两把，输个一两百元就不玩了，权当娱乐。可是你要知道，谁都不是天然生成的赌徒，大盗也都是从小偷小摸开端的。正由于很多人渐渐地放松和打破自己的心里底线，然后由小赌而变为嗜赌、豪赌。"勿以恶小而为之"，这句话虽然是句老话，但却是长鸣的警钟！

"君子爱财，取之有道。"在这个商业社会时代，追逐财富是无可厚非的。可是财富是我们经过兢兢业业的工作以及各种合法的财产性收入来获取的，而不是妄想通过赌博等违法行为来一夜暴富。更何况，十赌九输，早已是老"赌徒"们的经验之谈了。

教育改造分册

第十一章

心理常识

随着社会的飞速发展，人们的生活节奏日益加快，竞争越来越激烈，人际关系也变得越来越复杂，"人类进入了情绪负重年代"。许多罪犯或是担心遭到家人唾弃，对婚姻及家庭关系感到担忧焦虑，或是担心出狱后能否适应社会、该怎么生存、怎么去面对世人异样的目光，因此产生焦虑、紧张不安等一系列的心理问题。我们该如何避免和消除因心理压力而造成的心理应激、心理危机或心理障碍，增进心理健康，以积极、正常的心理状态去适应各种环境呢？我们先从认识心理健康开始。

第一节　心理健康

一、什么样的心理是健康的

世界卫生组织（WHO）对健康的定义是："不但没有身体的缺陷和疾病，还要有生理、心理和社会适应能力的完满状态。"个体的健康不仅是指躯体生理上的正常，而且还包括正常的心理和健康的人格。从这个定义我们可以看到，心理健康是健康的一个重要组成部分。

2012年中国心理卫生协会从自我、人际关系、环境适应三个层面提出了中国人心理健康六项标准：一是能够认识自我、接纳自我。能充分了解自己、恰当地评价自己，能够接受自己，有一定的自尊心和自信心，能体现自我存在的价值。二是能够自我学习、独立生活。能够独立处理日常生活中大部分的衣食住行活动，具有从经验中学习、获得知识与技能的能力，能够利用所获得的知识、能力或技能解决常见的问题。三是保持情绪稳定、有安全感。情绪基本稳定，能够调控自己情绪的变化，以积极情绪为主导，有基本的安全感。四是维护人际关系和谐。具有基本的社会交往能力，能够处理与保持基本的

人际关系，能够在人际互动中体验到正常的情绪情感，获得满足感，能够接纳他人及交往中的问题。五是角色功能协调统一。基本能够履行社会所要求的各种角色规定，心理与行为符合年龄等特征，心理与行为符合所处的环境，在社会规范许可范围内，实现个人需要的适当满足。六是适应环境、应对挫折。保持与现实环境接触，能够面对和接受现实，积极应对现实，能够正确面对并克服困难。

北京大学心理学系教授王登峰认为，心理健康的人有以下九种积极的品质。

这九种品质中，排在第一位的是幸福感。自我感觉良好、觉得幸福，是心理健康的一个很重要的品质。不一定每时每刻都觉得幸福，但是要感受到生活很充实、有滋味。

第二种品质是和谐，是内心的和谐。所谓的内心和谐就是指内心没有很多冲突，对事物的看法，对自己眼前的处境，对将来追求的目标，还有对现在所能做的各方面事情之间能够达到协调。

第三种品质是自尊感。所谓的自尊感，简单讲就是自己喜欢自己。作为一个心理健康的人，很重要的品质就是能够喜欢自己。喜欢自己是一种能力，也是一种积极的品质。那些不喜欢自己身上的缺点，不愿意接受自己的人就很难爱上自己。

第四种品质是个人的成长。人的一生要经过不同的阶段，从小到大担负的任务、需要承担的责任、所要完成的任务都是不一样的，到了某个年龄段，就应该能够达到这个年龄段的要求。而如果你过了这个年龄段，还停留在原来比较年轻的那个年龄段上，这个时候就表示你可能还比较幼稚，发展、成长不够顺利。

第五种品质是个人的成熟，是指在处理自己的问题、人际关系、环境的要求、工作的要求，处理家庭、同事、朋友之间的关系时能够做到非常得体。一个不能很好地适应周围环境的人，他的人际关系如果处理的不好，他在办事的时候会让人觉得不舒服，这样会给他的工作和生活带来很多的麻烦，这些麻烦积累起来也会影响到他的心理健康。

第六种品质是人格的完整。包括能够爱他人，和他人建立亲密关系，有稳定的情绪，有认知现实和解决问题的能力，有洞察力和幽默感的内容。

第七种品质是与环境保持良好的接触。

第八种品质是有效地适应环境。

第九种品质是在环境中保持独立。第八种品质和第九种品质之间看似是相互矛盾的，但它们是从两个不同的角度来看待环境的：一方面要适应环境的要求，同时还要保持独立。这个独立是指专属于自己的空间，一定的调整自己行为的空间。另一方面要顺从环境，但与此同时要保持个体独立性。

二、 心理健康不可忽视

心理健康对人有着十分重大的意义，因为心理和生理是相互影响不可分割的，而且心理状态和社会适应能力也是分不开的。心理健康对身体健康有一定的制约作用。心理健康状况不良，会影响生理状况，对人的躯体健康造成危害，甚至可能导致疾病。高血压、冠心病、溃疡等，就是心理因素在发病过程中会产生很大影响的心身疾病。不良情绪可以使人的免疫力下降，易于生病，生活中我们经常能看到郁郁寡欢的人积郁成疾。

心理健康状况不佳，人的社会适应能力会受到很大影响。一般有心理障碍的人，最常见的困难就是人际关系不如意，或者表现为过分退缩，不敢或不愿与人交往，或者是不善于处理人际冲突或纠纷，他人也因为其表现不适宜而不愿与之有过多的交往。患有抑郁症或焦虑症等心理障碍，也会对学习或工作效率产生很大影响。有严重的心理障碍甚至无法进行正常的家庭生活和社会生活，不仅给个人和家庭带来痛苦和不幸，而且可能会给社会造成损害。社会上发生的恶性事件中，有不少与当事人的心理健康状况不良有关。

心理健康是幸福、快乐的源泉，是人生成败的关键。一个人幸福快乐与否，并非取决于外在条件，如美貌、财富、处境等，而在于你用何种心态去接受人生的考验。只有拥有良好的心理素质和健康的心态，面临困难和挫折时才能及时地调整自己，合理地看待困难和挫折，保持乐观、自信的心态，才能最终战胜困难和挫折，从而拥有成功的人生。

三、 心理困惑很常见

任何人都有可能遇到生命的困惑，无论身居高位还是普通平民。我们

会遇到突如其来的打击，也可能陷于创伤后形成的病态性格中不能自拔。这种时候，如果不能掌握有效的心理常识自我疏导，也没有其他人的心理陪伴和支持，当无法强忍挺过痛苦的时候，我们会很容易失控、崩溃。

美国著名游泳选手迈克尔·菲尔普斯，他曾在4届奥运会夺得23块金牌，在2008年北京奥运会上就得了8块金牌。2012年还获得了国际泳联的颁发的"最伟大的奥林匹克运动员"特别奖。"实际上，在每次奥运之后，我都认为我陷入了一个严重的抑郁状态，"他说："基本上每天我都会自己自我治疗，试图解决我试图逃避的任何事情。"2012年奥运会之后，菲尔普斯在卧室里独自一人坐了好几天，不吃东西，几乎没有睡觉，最后他接受了心理治疗。许多人都好奇为什么如此成功的一个"国宝级"运动员会患上抑郁症。许多运动员在奥运会上拿一块金牌就已经很成功了，而

他拿了23块，这样的成功对很多运动员来说是望尘莫及的。但其实，从他的谈话中就能够看出一些端倪："我总是饿，饿，而且我想要更多。""我真想逼自己去看看我的最高水平。"当努力成为一种"病态"的时候，精神健康就容易出问题。中国古人的哲理"水满则盈，月满则缺""物极必反"，同样适用于心理健康问题。

许多人都知道著名喜剧演员"憨豆先生"患有抑郁症，同时都深深的感到意外和难以想象。要知道抑郁症的主要症状之一是"失去快乐和兴趣"，就是这样一位为我们带来许多快乐和欢笑的资深喜剧人却患有一种难以"体会快乐"的疾病，这令人大跌眼镜，同时也让我们对他的遭遇感到同情。

崔永元也曾是抑郁症患者，这已经是公开的秘密，做《实话实说》节目期间精神压力太大，造成了他情绪上的焦虑。得抑郁症时，他每晚吃安眠药也只能睡两三个小时，与嘉宾交流时，精神恍惚的他一句也听不懂。严重的抑郁症导致他最终离开《实话实说》栏目。他在书中写道，"抑郁症离我很近，近的像亲兄弟，医书上描绘的大部分病症我都具备了，还有即兴发挥的部分。差不多有四、五年的时间，我抑郁并活着。虽然国家

GDP每年都增加，可我就是高兴不起来，满脑子都是极限运动。"

任何人都有可能遇到内心的障碍和生命的困惑，这时候的人们会是什么样子呢？"空虚、孤独、无聊、焦虑、压抑……"当事人这样描述："感觉就像生活在地狱当中。"但是，当你遇到生命困惑的时候，告诉自己，这未必是一种生命的倒退，相反，这是生命需要提升而向你发出的信号——它在告诉你，生活出现了新的情况，需要现在的你变得更强大，之前的一些创伤经历和性格因素制约了你，你需要治愈创伤、成长，才能迈过这个坎儿。但是，很多人都听不到内心的这些声音，便默默地倒在这个坎儿下，或是永远纠缠在这个坎儿上。

多数人的心理是健康的，但是还是会有一些问题，如同大多数人的身体是健康的，但不时可能有点小恙一样。世界上不存在绝对的心理健康或心理不健康。

第一类是完全健康、良好的心理状态，在这种状态下，我们处于非常阳光的感觉中，无忧无虑，自己对未来充满信心，别人对自己的看法也是正面积极的。

第二类是由于现实生活中的压力产生了心理冲突和行为问题，譬如因为有事情想不开几天睡不好觉，受到别人言语刺激，总愤恨不平想冲动伤人，心灰意冷找不到方向和动力。这些状态如果是暂时性的，可以通过自己努力、别人帮助或随着时间流逝逐渐化解，就只能说是心理上的一次"感冒"，并不影响基本的健康状况，但还是要积极认真地对待，以免严重化。处于这种状态时，为了减轻其影响或更快地解决问题，可以进行心理咨询。

第三类是一定程度的心理障碍或心理疾病，比如焦虑症、抑郁症、人格障碍等，这就像身体方面得了某种慢性病，在一般情况下，还能适应社会生活，但是，受到刺激后可能症状加重，导致无法继续正常生活。在这种状态中，需要积极地关注、维护自己的心理状态，还要尽早地进行心理治疗，必要时需要辅以药物。

第四类是较为严重的精神病状态，比如精神分裂症，发病的时候社会功能严重受损，就像患了严重的躯体疾病。这时需要及时进行治疗，以药物治疗为主，心理治疗为辅。但即使是精神病人，疾病也可以得到缓解，逐渐地恢复社会适应能力。

我们常说的心理不健康是指第三类和第四类，就是有心理障碍和精神病的情况。通常，大多数人处于不同层次的第二类，有一定的生活压力，但能够进行自我调节与适应，属于正常的心理健康范畴。心理健康状态是一个动态过程，一般来说，在我们的日常生活中，如果80%的时间内我们能具有良好的生活适应或情绪状态，那我们的心理就是健康的。如果我们要求在100%的时间内都保持良好的情绪和适应状态，这是不现实，也是不可能的。因为在日常生活中我们难免遇到各种挫折和困难，因此产生一些情绪波动都是正常的，只要这些负面情绪的持续时间不过长，都可以算作正常范围。

第二节　常见心理问题

心理问题是指人们心理上出现的问题，如情绪消沉、心情不好、焦虑、恐惧、人格障碍、变态心理等消极的、不良的心理。一项针对罪犯心理问题现状的调查显示，超过70%的罪犯存在不同程度的心理问题、心理障碍或心理疾病，主要表现为压力较大、人际关系不好、适应性差，日常表现为失眠，记忆力减退，容易产生紧张、焦虑和抑郁等情绪。以下将介绍几种罪犯中常见的心理问题。

一、一般心理问题

如果生活中压力很大，或者受到某些刺激和打击，很长一段时间内情绪都比较糟糕，感觉到痛苦、忧伤、焦虑，或者愤怒和敌意，我们的心理就进入了一个低谷。如果能逐渐恢复，就不算心理问题，而且，这些不舒服的情绪未必都是垃圾，它是在发出信号让你休息或者保护自己，是人适应生存的一种能力。

但是，如果糟糕的情绪远远超出了遇到的问题，例如，亲人离去一年都缓不过来，或者对一次工种分配长期耿耿于怀，那就是过度了，就有可能导致一般心理问题了。

生活中的很多问题都是由对新状况的不适应引起的。适应是个体通过不断作出身心调整，在现实生活环境中维持一种良好、有效地生存状态的过程。而适应性心理问题则是由于个人与环境不能取得协调一致所带来的心理困扰。

有可能导致一般心理问题的适应问题包括：人际适应、环境适应和工作适应问题，在服刑期间，需要处理与民警的关系、家庭关系、与同班组罪犯的关系等，我们会面对入狱、调工等适应问题，谁都躲避不开人群，谁都会面对生活的变动，处理不好这些关系，会让我们内心背负很大压力，影响心情，影响生活质量。

由各种适应问题引起的负面情绪，相当于躯体疾病中一般的着凉感冒或热伤风，你可以自己处理，如读一两本比较好的心理自助手册等；也可以通过心理咨询的热线电话或面对面的心理咨询，通常就能有效地解决这类问题。除此之外，如果不属于隐私，还可以直接求助于我们的亲友，尤其是父辈、老师、兄长，以他们的人生经验，处理非隐私的一般心理问题，通常都是游刃有余的。

焦虑是一种情绪反应，任何人都可以体验到。比如我们在面对考试、面对棘手的问题时，通常会感受到压力、紧张，我们可以将其称为一种"危机感"。这种危机感激发个人的内在动力，积极寻求资源，做好准备，应对困难，解决困难。所以说，焦虑情绪是人们预感到不利情景的出现而产生的一种担忧、紧张、不安、恐惧、不愉快等的综合情绪体验。每一个人都会产生焦虑情绪，当我们处于心理压力较大的状态，受到刺激时，都会出现焦虑情绪。正常的焦虑情绪能够帮助我们面对突发的事件。

当前社会竞争日益激烈，几乎每个人都在超负荷运转，很容易产生不同程度的抑郁情绪，这是一种很常见的情感成分。当人们遇到精神压力、生活挫折、痛苦境遇、生老病死、天灾人祸等情况时，理所当然会产生抑郁情绪。几乎我们所有人都会在某个时候觉得情绪低落，这常常是因为生活中一些不如意的事情。在全世界，受某种形式的抑郁影响的人数占全部妇女的 25%，全部男性的 10%，以及全部青少年的 5%，可见，这是最常见的心理问题。

二、焦虑症与焦虑情绪

与前面提到的焦虑情绪不同，正常焦虑情绪随着起因的消失而消失，时间短，而焦虑症持续时间很长，如不进行积极有效的治疗，可能会持续几个月甚至数年，并且除了持续性或发作性惊恐状态外，同时伴有多种躯体症状。另外，正常的焦虑情绪是有积极意义的，从某种意义上来说对实现目标有推动作用。适度的焦虑，使大脑处于兴奋状态，思维敏捷，反应迅速，让机体保持充沛的体力。而焦虑症患者则表现为恐慌和紧张情绪，感到坏的事即将发生，常坐卧不安，缺乏安全感，整天提心吊胆，心烦意乱，对外界事物失去兴趣。

广泛性的焦虑症一般指持续性时间超过六个月（短时间的一般只称为一种焦虑现象），总是对可能性不高的事情无理由担忧，明明不可能也要过分担忧的现象。特征主要有：①思绪狭窄、紊乱；②长时间过分担忧；③情绪急切、过于激动紧张（有时候歇斯底里）；④往往伴随失眠、反复噩梦等。广泛性的焦虑症几乎是一切精神心理障碍问题的一般特征。恐怖症也是一种以焦虑为基础的心理障碍。如"创伤和应激障碍"，亲临车祸、凶杀、战争、地震等都容易产生类似的后遗症。

● 延伸阅读

测测你的焦虑程度

焦虑自评量表

下面有二十条文字（括号中为症状名称），请仔细阅读每一条，把意思弄明白，每一条文字后有四级评分，表示：没有或偶尔；有时；经常；总是如此。然后根据您最近一个星期的实际情况，在分数栏 1~4 分对应的分数下打"√"。

1. 我觉得比平时容易紧张和着急（焦虑）
      1   2   3   4

2. 我无缘无故地感到害怕（害怕）
      1   2   3   4

3. 我容易心里烦乱或觉得惊恐（惊恐）
      1   2   3   4

4. 我觉得我可能将要发疯（发疯感）
      1   2   3   4

5. 我觉得一切都很好，也不会发生什么不幸（不幸预感）
      4   3   2   1

6. 我手脚发抖打颤（手足颤抖）
      1   2   3   4

7. 我因为头痛、颈痛和背痛而苦恼（躯体疼痛）
      1   2   3   4

8. 我感觉容易衰弱和疲乏（乏力）
      1   2   3   4

9. 我觉得心平气和，并且容易安静坐着（静坐不能）
      4   3   2   1

10. 我觉得心跳快（心悸）

    1   2   3   4

11. 我因为一阵阵头晕而苦恼（头昏）

    1   2   3   4

12. 我有过晕倒发作，或觉得要晕倒似的（晕厥感）

    1   2   3   4

13. 我呼气吸气都感到很容易（呼吸困难）

    4   3   2   1

14. 我手脚麻木和刺痛（手足刺痛）

    1   2   3   4

15. 我因胃痛和消化不良而苦恼（胃痛或消化不良）

    1   2   3   4

16. 我常常要小便（尿意频数）

    1   2   3   4

17. 我的手常常是干燥温暖的（多汗）

    4   3   2   1

18. 我脸红发热（面部潮红）

    1   2   3   4

19. 我容易入睡并且一夜睡得很好（睡眠障碍）

    4   3   2   1

20. 我做恶梦（恶梦）

    1   2   3   4

计分：将20个项目的各个得分相加即得，再乘以1.25以后取得整数部分，就得到标准分。标准分越高，症状越严重。

50~59分为轻度焦虑

60~69分为中度焦虑

69分以上为重度焦虑

三、抑郁症与抑郁情绪

抑郁症与抑郁情绪不同，正常人的抑郁情绪基于一定的客观事物产生，事出有因。而抑郁症则是病理情绪抑郁，通常无缘无故地产生，缺乏客观精神应激的条件，或者虽有不良因素，但是"小题大做"，不足以真正解释病理性抑郁征象。

一般人情绪变化有一定时限性，通常是短期的，人们通过自我调适，充分发挥自我心理防卫功能，能恢复心理平稳。而抑郁症患者的抑郁症状常持续存在，甚至不经治疗难以自行缓解，症状还会逐渐恶化。精神医学规定一般抑郁不应超过两周，如果超过一个月，甚至持续数月或半年以上，则可以肯定是病理性抑郁症状。抑郁症程度严重，会影响患者的工作、学习和生活，影响其社会功能的发挥，使其无法适应社会，甚至产生严重的消极、自杀言行。当生活事件解决时正常人的抑郁情绪会自然得到缓解，而抑郁症则会反复发作，每次发作的基本症状大致相似。许多病人常说，每天清晨时心境特别恶劣，痛苦不堪，因而不少病人在此时常有自杀的念头。到下午3-4时以后，患者的心境逐渐好转，到了傍晚，似乎感到没有毛病了，次晨又再次陷入病态的难熬时光。抑郁症患者的家族中常有精神病史或类似的情感障碍发作史。有持续性顽固性失眠，多种心理行为同时受到阻滞抑制，生理功能低下，本能活动能力下降，体重、食欲和性欲下降，全身多处出现难以定位和定性的功能性不适，检查又无异常，这些均是抑郁症的常见征象。

抑郁症主要表现是情绪持续低落，郁郁寡欢，悲观厌世，心理功能下降，自我评价降低，不愿与人交往，情绪呆板，总以"灰色"的心情看待一切，对什么都不感兴趣，自罪自责，内心体验多不幸、苦闷、无助、无望，总感到活着没有意思。主要表现特征有：①对事物没有兴趣；②人际关系紧张，好像看哪个都不顺眼，缺乏亲情感；③自我评价降低，无自我价值感。

◉ 延伸阅读

测测你的抑郁程度

抑郁自评量表

下面有二十条文字（括号中为症状名称），请仔细阅读每一条，把意思弄明白，每一条文字后有四级评分，表示：没有或偶尔；有时；经常；总是如此。然后根据您最近一个星期的实际情况，在分数栏 1~4 分对应的分数下打"√"。

1. 我觉得闷闷不乐，情绪低沉（忧郁）
　　　1　　2　　3　　4

2. 我觉得一天中早晨最好（晨重夜轻）
　　　4　　3　　2　　1

3. 一阵阵哭出来或觉得想哭（易哭）
　　　1　　2　　3　　4

4. 我晚上睡眠不好（睡眠障碍）
　　　1　　2　　3　　4

5. 我吃得跟平常一样多（食欲减退）
　　　4　　3　　2　　1

6. 我与异性密切接触时和以往一样感到愉快（性兴趣减退）
　　　4　　3　　2　　1

7. 我发觉我的体重在下降（体重减轻）
　　　1　　2　　3　　4

8. 我有便秘的苦恼（便秘）
　　　1　　2　　3　　4

9. 心跳比平常快（心悸）
　　　1　　2　　3　　4

10. 我无缘无故地感到疲乏（易倦）

        1   2   3   4

11. 我的头脑和平常一样清楚（思考困难）

        4   3   2   1

12. 我觉得经常做的事情并没有困难（能力减退）

        4   3   2   1

13. 我觉得不安而平静不下来（不安）

        1   2   3   4

14. 我对未来抱有希望（绝望）

        4   3   2   1

15. 我比平常容易生气激动（易激惹）

        1   2   3   4

16. 我觉得做出决定是容易的（决断困难）

        4   3   2   1

17. 我觉得自己是个有用的人，有人需要我（无用感）

        4   3   2   1

18. 我的生活过得很有意思（生活空虚感）

        4   3   2   1

19. 我认为如果我死了，别人会生活得更好（无价值感）

        1   2   3   4

20. 平常感兴趣的事我仍然感兴趣（兴趣丧失）

        4   3   2   1

计分：将20个项目的各个得分相加即得，再乘以1.25以后取得整数部分，就得到标准分。标准分越高，症状越严重。

53~62分为轻度抑郁

63~72分为中度抑郁

73分以上为重度抑郁

● 延伸阅读

其他常见心理问题：强迫症、疑病症、心身疾病

1. 强迫症

做事反复思考，犹豫不决，自知不必想的事仍反复想，不该做的事仍反复做，因而感到紧张、痛苦。强迫性症状中常见的有：

（1）强迫观念，如强迫回忆、强迫怀疑等；

（2）强迫意向或强迫冲动等；

（3）强迫动作，如反复检查门锁等。

几乎每个人都曾出现过强迫症状，但只要不成为他们的精神负担，不妨碍正常的工作、生活，就不应算作强迫性障碍。

2. 疑病症

疑病症主要表现为对自己健康状态过分关注，深信自己患了某种疾病，经常诉述不适，顽固地怀疑、担心自己有病，经实验室检查和医生的多次解释后仍不能接受，反复就医，甚至影响其社会功能。这种对自身健康过度担忧的心理倾向就是疑病性障碍的表现。

3. 心身疾病

心身疾病是一组发生发展与心理社会因素密切相关，但以躯体症状表现为主的疾病，主要特点包括：心理社会因素在疾病的发生与发展过程中起重要作用；表现为躯体症状，有器质性病理改变或已知的病理生理过程；不属于躯体形式障碍。

根据美国心理生理障碍学会制定的心身疾病的分类如下：

皮肤系统的心身疾病有神经性皮炎、瘙痒症、斑秃、牛皮癣、慢性荨麻疹、慢性湿疹等。

骨骼肌肉系统的心身疾病有类风湿性关节炎、腰背疼、肌肉疼痛、痉挛性斜颈、书写痉挛。

呼吸系统的心身疾病有支气管哮喘、过度换气综合征、神经性咳嗽。

心血管系统的心身疾病有冠状动脉硬化性心脏病、阵发性心动过速、心律不齐、原发性高血压或低血压、偏头痛、雷诺病。

消化系统的心身疾病有胃溃疡、十二指肠溃疡、神经性呕吐、神经性厌食、溃疡性结肠炎、幽门痉挛、过敏性结肠炎。

泌尿生殖系统心身疾病有月经紊乱、经前期紧张症、功能性子宫出血、性功能障碍、原发性痛经、功能性不孕症。

内分泌系统心身疾病有甲状腺功能亢进症、糖尿病、低血糖、阿狄森病。

神经系统的心身疾病有痉挛性疾病、紧张性头痛、睡眠障碍、自主神经功能失调症。

耳鼻喉科的心身疾病有梅尼埃综合征、喉部异物感。

眼科的心身疾病有原发性青光眼、眼睑痉挛、弱视等。

口腔科的心身疾病有特发性舌痛症、口腔溃疡、咀嚼肌痉挛等。

其他与心理因素有关的疾病有癌症和肥胖症等。

以上各类疾病，均可在心理应激后起病、情绪影响下恶化，心理治疗有助于病情的康复。

四、 人格障碍

人格障碍表现为一些根深蒂固的偏常行为。患者一般从青春期开始就偏离于一般人的思维、情感、行为方式，并一直持续到成年乃至终生。这种人具有一定的人格缺陷，缺乏自知力，尽管经常同周围发生冲突，并处处碰壁，却很难从错误中吸取教训，总觉得自己是对的。人格障碍有很多种，如偏执型、反社会型、强迫型、焦虑型、表演型等。在罪犯中常见的人格障碍有偏执型、反社会型和冲动性。

人格障碍和神经症的诊断和治疗只能求助于心理医生。要消除心理障碍，通常需要以心理治疗为主，药物治疗为辅。

● **延伸阅读**

反社会型人格是天生的吗?

人格,在心理学上是指一个人拥有相对固定的认知、行为模式,也包括在不同情境、面对不同问题的时候有自己独特而稳定的认知和行为风格。

而一个人出现人格障碍,就是指他的人格失去了这种固定的认知行为模式,他会很容易受到外部环境的影响,甚至是被自己内心涌起的"没有来由"的冲动所支配。而反社会人格障碍,作为人格障碍的一种,则是指他们没有固定的行为标准,也不遵守社会约定俗成的秩序,他们心中没有社会规则,道德标准,甚至法律也不能约束他们的行为。

他们中的一些人,甚至可以花言巧语、巧舌如簧、颠倒黑白而没有一点心虚和羞愧,在犯罪过程中,他们没有怜悯,反而他们的快感正是从受害者的恐惧和绝望中产生。

出现反社会人格障碍的人,自身是找不到一个稳定、固定的自我概念的,他们破碎的内心无法给出指引,找不到自己的目标和方向。他们容易被环境中的刺激因素影响,而且不能约束自己的行为,更多时候,他们也没有想法要约束自己的行为,只是会想尽一切办法达到自己的目标,这其实就已经是具有"反社会人格障碍"的杀人犯了。

但值得注意的是,一个人会出现这样的人格障碍除了一部分遗传因素外,更多的是与其自身的社会文化因素有密切关系。无论是国内还是国外,出现了这么多的极端案件,其实凶手在犯罪之前,多多少少都表现出了与常人不一样的特征。在青少年时期他们的内心扭曲就初露端倪:他们缺乏同理心、性情残忍、虐待小动物、想法偏激且极端、对一些人表现出强烈的恨意、极度敏感、极强的控制欲……

我们并不认为有天生的杀人犯,也不认为反社会人格障碍是与生俱来的。在儿童、青少年甚至更早的时候,一定有可以察觉到的异样,这很重要。当然这要求家长们能够觉察自身行为对孩子的意义,能及时关照孩子的心理健康水平，而不是在破坏性的互动力中越走越远。

偏执型人格障碍

偏执型人格障碍的基本特征是对他人不信任和猜疑，以至于怀疑他人的动机具有恶意性。该模型起始不晚于成年早期，并出现在各种背景下。有这种障碍的个体假设他人会剥削、伤害或欺骗他们，因此会详细审查他人的行为以找到恶意的证据，担心与他人分享的信息会被利用来对付自己，不愿意原谅他们认为经受到的侮辱、伤害或轻视，他们感到愤怒时，会迅速做出反应或反击。有偏执人格障碍的个体一般难以相处，在亲近关系中存在问题。其患病率为 2.3%~4.4%，患有该障碍的人多数为男性患者。

此类偏离正常的人格一旦形成后即具有恒定和不易改变性。患者的智力并不低下，其人格的某些方面会非常突出并且会过分地发展，而且本人对自己人格缺陷缺乏正确的判断。表现固执，敏感多疑，过分警觉，心胸狭隘，好嫉妒；自我评价过高，体验到自己过分重要，倾向推诿责任，拒绝接受批评，对挫折和失败过分敏感，如受到质疑则出现争论、诡辩，甚至冲动攻击和好斗；常有某些超价值观念和不安全感、不愉快感、缺乏幽默感。这类人经常处于戒备和紧张状态之中，寻找怀疑偏见的根据，歪曲他人的中性或善意的动作而采取敌意和藐视的态度，对事态的前后关系缺乏正确评价；容易发生病理性嫉妒。

测测你的偏执度

现实生活中有许多固执的人，需要注意的是，固执不同于偏执。适当的固执，为人平添一份可爱的"原则美"，而偏执往往容易把人生打成死结，伤害自己，也伤害他人。下面是一个检查偏执程度的小测试，快来检查一下你的情绪是否"过了火"！

1. 你对别人是否求全责备？
2. 老是责怪别人制造麻烦？
3. 感到大多数人不可信？
4. 会有一些别人没有的想法和念头？
5. 自己不能控制发脾气？
6. 感到别人不理解你，不同情你？
7. 认为别人对你的成绩没有作出恰当的评价？
8. 老是感到别人想占你的便宜？

测试评分：没有（1分）；很轻（2分）；中等（3分）；偏重（4分）；严重（5分）。

结果：总分14分以下，不存在偏执情况，你是个心平气和的可爱的人。

15~24分，可能存在一定程度的偏执，如果总觉得环境不顺心，要注意警惕，原因可能是在自己哦！

25分以上，你有偏执的症状，要学会控制情绪，不要"走火"。另外，建议你向心理咨询师求助。

五、 重症精神病

重症精神病包括精神分裂症、情感性精神障碍、反应性精神病，等等。重症精神病患者缺乏自知力，不承认自己有病，需要别人说服甚至强制就医。必须要尽早治疗，通过药物控制大脑异常，好转后再辅助心理治疗。

常见的如精神分裂症，其社会功能明显受损或缺乏现实检验能力（自知力丧失——否认自己有精神病），另外，表现为下述至少两项症状。

（1）联想障碍：明显的思维松弛，逻辑倒错，或病理性象征思维，如讲话缺乏中心内容，对事物叙述不中肯，让人感到不易理解，将无关的几个词拼凑起来，赋予特殊意义，认为他人吐痰是指自己痰迷心窍等。

（2）妄想：原发性妄想的内容荒谬离奇，如认为自己的大脑受无线电波控制，房间里装有窃听器，被人跟踪，周围人都用异样的眼光看着自己，等等。

（3）情感障碍：不协调，淡漠或倒错，如自言自语、痴笑、喜怒无常等。

（4）幻听：听到有人评论自己的声音或命令、争论性幻听，感到自己的思维被大声地讲出来等。

（5）行为障碍：紧张症状群（木僵），或怪异的愚蠢行为。

（6）意志减退：孤独、退缩、生活懒散，不注意个人卫生，数日不理发、不洗澡等。

（7）被动体检：被控制感，思维被洞悉，思维被插入、被撤走或中断等。

六、心理危机

心理危机是指人们在遇到了突发事件或面临重大的挫折和困难时，当事人自己既不能回避又无法用自己的资源和应激方式来解决所出现的心理反应。

一般而言，危机有两个含义，一是指突发事件，出乎人们意料发生的，如地震、水灾、空难、疾病暴发、恐怖袭击、战争等；二是指人所处的紧急状态。当个体遭遇重大问题或变化使其感到难以解决、难以把握的情况时，平衡就会被打破，正常的生活就受到干扰，内心的紧张便不断积蓄，继而会出现无所适从甚至思维和行为的紊乱，进入一种失衡状态，这就是危机状态。

当面对危机时，人通常会产生一系列身心反应，一般危机反应会维持6~8周。危机反应主要表现在生理上、情绪上、认知上和行为上。

生理方面：肠胃不适、腹泻、食欲下降、头痛、疲乏、失眠、做噩梦、容易惊吓、感觉呼吸困难或窒息、哽塞感、肌肉紧张等。

情绪方面：常出现害怕、焦虑、恐惧、怀疑、不信任、沮丧、忧郁、悲伤、易怒、绝望、无助、麻木、否认、孤独、紧张、不安、愤怒、烦躁、自责、过分敏感或警觉、无法放松、持续担忧、担心家人安全，害怕死去等。

认知方面：常出现注意力不集中、缺乏自信、无法做决定，健忘、效能降低、不能把思想从危机事件上转移等。

行为方面：社交退缩、逃避与疏离，不敢出门、容易自责或怪罪他人、不易信任他人等。

七、识别心理异常

当一个人处在心理危机的状态时，他会有一些语言、情绪、行为的表现。

他会表露自己痛苦抑郁、无望或者没有价值感的感受，觉得人活着没有什么意思，为什么自己那么倒霉，觉得老天对自己不公平。

他会情绪不稳定，容易流泪、抑郁、注意力不集中。从人际交往方面来看，心理异常的人明显不愿意和别人交往，有点逃避别人，显得孤僻、孤单，无缘无故地生气、跟人作对，行为紊乱古怪。

他的睡眠可能会出现问题，早起或者入睡困难，或者虽然睡着了但梦很多，身心并没有得到放松。如果他一个星期以上翻来覆去睡不着觉，白天没有精神，就要引起特别注意了。

他会吃东西没有胃口，没有吃的欲望或者吃什么东西都味同嚼蜡，体重明显减轻，时常感觉疲劳、疲惫。他还会在日记或者聊天中透露出一些信息，比如感觉生活无望，活着太痛苦，不如死了算了，会有"我离开的话可能别人能过得更好"等想法，甚至会做出自伤、自虐行为。

当我们看到身边的人有这样的表现，或者自己表现出此类迹象时，就要提高警惕：这是陷入心理危机的信号，请立即向民警求助！

需要注意的是，一旦发现身边有疑似心理异常的罪犯，需要冷静，一是尽量稳定住他的情绪，不要刺激他；二是尽快告诉民警，让民警处置；

三是学会保护自己和他人。

第三节　狱内心理健康指导

一、什么人需要心理指导

任何人都有心理困惑,我们每个人都有许多资源,包括内在的与外在的。外在资源小到亲友、熟人、陌生人等,大到时间与空间。内在资源则包括诸如身体状况、外在长相、心智水平、各种身心调节机能以及生理和心理健康状况等。

一般来说,人的内在资源大于外在资源。而在所有的内在资源中,心理健康又是一个人可以依赖的最重要的内在资源。心理健康是个人内在资源的核心,有心理健康做基石,人的其他内在资源才有可能获得最高效的利用和提升。一个人实现心理健康的方法有很多,可以找朋友倾诉,可以观察心理健康的人,可以读心理健康的自助书籍,也可以到心理咨询师那里咨询、求教。

谈到心理咨询,并不是说心理有问题才需要做心理咨询和治疗。其实,心理咨询和治疗不仅可以帮助我们解决心理问题,更可以帮助我们发现并实现自身的潜能,使我们获得成长并提高我们的生活质量。而当我们自己掌握了心理知识,具备了心理调节的技巧,便会结束在黑暗中的摸索,学会自我成长和疗伤,充满幸福感地享受生活。因为没有一个心理治疗师能比我们更渴望了解我们自己,也没有一个心理治疗师能比我们更急切地想要实现我们自己。我们每个人的心理都如同躯体一样,存在着极为奇妙而又神奇的自我调节功能,只要你有心去寻找去体验,你就能得到它们的鼎力相助。

"哪里有愿望,哪里就有道路",我们每个人都有能力从困境中走出来,只要我们积极主动地寻找出路!只要我们有成长的意识和愿望!

二、心理咨询的帮助

监狱心理咨询工作起步比较早,发展迅速且普及率高。罪犯是心理问题和心理疾病高发、易发的群体,心理健康问题普遍存在于罪犯中,有的甚至比较严重。在一项对监狱男性罪犯的心理调查中显示,罪犯各类精神障碍患病率为10.93%,罪犯中反社会人格障碍占比为45.8%。此外各种神经症,如抑郁症、焦虑症、强迫症等也很常见。因此,在服刑期间接受必要的心理健康指导是非常重要的。

按照司法部的统一要求,全国监狱系统都按照不少于押犯1.5‰的比例配备了专职心理咨询师,同时在各监狱还有兼职心理咨询民警,目的就是解决和消除罪犯心理问题和情绪困扰,预防和治疗罪犯的心理疾病,维护罪犯的心理健康。

当你向心理咨询师求助时,你可能会得到以下帮助:

(1)个体心理咨询:可以帮助你认识当前的心理状况,帮助你认识自我、缓解不良情绪、学会处理各种关系等,告诉你怎样科学应对。

(2)团体训练:参加团体训练活动可以让你体验"大家帮助大家"的感受,在团队协作和互动中获得成长。

(3)放松减压:如果你害怕自己会暴力攻击他人,或者想大哭一场,又没有更好的自我调适方法,可以到心理放松室释放你的情绪。

(4)心理剧、艺术治疗:可以用戏剧或是艺术创作的方式表达你内心的感受,当你描绘出你的内心,能够直观地看到它时,甚至无须治疗师多说,你的问题便已化解了大半。

根据司法部的统一要求,各监狱除了有专业的心理咨询师以外,还建有标准化的"心理健康指导中心",配备了专业的场所和设施,帮助心理咨询师更加科学、规范地开展心理健康服务工作,更好地提升罪犯心理健康水平。

心理健康指导中心一般配备有以下功能室：

（1）心理测评室。

安装有专业的心理测试软件，包括 COPA-PI、16PF、SCL-90 等专业测试题库，可在这里对罪犯个体或群体开展心理测试。

（2）档案室。

存放罪犯心理档案，包括心理测试与评估、咨询记录、活动记录等。

（3）个体咨询室。

设置冷色调和暖色调个体咨询室各一间，针对不同罪犯群体开展个别访谈、个体咨询等。

（4）团体活动室。

开展各类团体辅导、拓展活动、改造项目和心理健康课等。

（5）艺术治疗室。

借助沙盘、音乐、绘画、陶艺等方法帮助罪犯洞察内心真实世界，提高心理矫治效果。

（6）心理放松室。

配备专业的音乐减压系统和音乐体感催眠系统，帮助罪犯缓解压力、改善情绪。

三、为什么要寻求心理帮助

很多人对心理咨询有顾虑，总觉得看心理医生是很丢面子的事，总怕因此而被人说成"有病"或"不正常"。事实上，世界上根本不存在百分之百没有心理困惑的人，就像没有人会一辈子不感冒一样，即便是心理医生或精神科医生也会遇到心理上的问题和困扰。而且，出现心理问题常常意味着一个人面临着成长的转折点，只要有效处理问题，心理危机就会成为心理转机。所以，我们不必有顾虑，如果总走不出困惑，就要尽快去向专业人员求助，那会让我们少走很多弯路。

心理咨询可以帮你很多，包括帮你度过心理难关，迅速成长，脱离负面情绪，但是心理咨询不是万能丹药，也有许多事情是心理咨询做不到的。

　　心理咨询不能改变现实，但能改变你的心态。心理咨询并不是事务调解中心，如果你向咨询师抱怨"她为什么跟我离婚""为什么给我换了劳动岗位""凭什么给我那么少的拆迁补偿"，心理咨询师既做不到让她跟你立即复婚，也不可能马上把你调回到原来的工作岗位。当然，如果你的心理问题比较严重，心理咨询民警得知后，有可能会从各方面帮你沟通，缓解你的压力；但是，他并不神通广大，他只能对你的心理健康负责。

　　事情本身不会引起我们痛苦，是我们看问题的心态和角度引起了我们痛苦的感受。咨询师会与你一起分析，你为什么这么在意这件事，是否认罪服法给你带来太多挫败的感受，或者被背叛勾起了你曾经痛苦的回忆，是否你放大了困难让回归社会看起来如此可怕，是否可以换个视角，成熟冷静地去面对它们。有时候，你受到启发，改变了视角，

从"我是一个被动的受害人"变成"原来是我把它变成了一个问题"，从此，很多问题就不再是问题。

　　也许每个人在自己一生中，都应该尝试心理学的学习和体验，因为它可以帮助我们活得更幸福。但很多人会说，我既不能选择自己的家庭，也不能选择生活的时代，因此注定要承受与之相关的苦痛和限制，任何高深的学问都不能改变我的命运。这个时候，你就是在扮演一个角色：受害者。一个人做受害者的时候，不会有温暖的表情、开心的笑容，他活在过去的阴影中，将那些本来可能走近的人推到远处。于是，生命就冻结在那里，变得更加孤独和悲惨。但是，真的没有选择吗？真的没有更多的可能性吗？家庭贫困只能让人叹息？父母离异只能让人怨恨？婚姻破碎只能哀怨流泪？失去工作只能无所事事？面对压力只能咬牙挺着？受到不公平对待只能忍辱负重？心理学家证明，即使是被关在奥斯维辛死亡集中营里，人仍然能够决定自己的态度。

教育改造分册

第十二章
积极自我调适

心理调适是使用心理科学的方法对认知、情绪、意志、意向等心理活动进行调整，以保持或恢复正常状态的实践活动。心理调适既可以自己进行，也可以通过他人帮助。心理调适又称"心理调节"，是指用心理技巧改变个体心理活动绝对强度，减低或加强心理力量，改变心理状态性质的过程。分自我调适与他人调适两种。其方法有认知结构调节、情绪调节、意志调节、个体调节以及注意记忆调节等。

第一节　学会适应环境

一、没有过不去的坎儿

人生没有固定的模式，但是，大部分人的人生却都有一些相同的基本情节。在人的一生中，谁都会有辉煌的时候，也会有落魄的时候。这些情节我们都会经历。

人的承受能力其实远远超过我们的想象，不到关键时刻，我们很少能认识到自己的潜力有多大。我们总是在遭遇重创之后才会幡然醒悟，重新认识自己的顽强和坚忍。人生没有过不去的坎儿，只有过不去的人。

挫折让我们沮丧、自卑乃至绝望。但是，挫折并不一定是因为我们无能，挫折有时候是命运给我们的一个提醒，要我们从原来的方向上停下来，抬起头，从另外一个视角重新审视一下自己曾经走的路，也审视一下自己的内心。也许我们会发现，我们曾经非常看重的事情并不是那么不可或缺的，我们曾经在年轻的狂热中迷失自己的内心，但尚未发现在我们认为唯一的道路之外，还有许多光明的选择。也许我们的人生会因此而发生重大转折，走向一个更有意义的阶段。于是我们拥有了勇气，尽管感觉害怕，仍能迎难而上；尽管感觉痛苦，仍能直面困难。当我们这样做的时候，会发现战胜挫折不仅使我们变得强大，而且还让我们向成熟迈进了一大步。

没有过不去的坎儿，这些坎儿只是人生中谁也逃不掉的基本情节。我们只需要让自己跨越的姿势美一点，坦然面对，在跨越中不断提升自己。

（1）转移自己的注意力。记住，任何时候感受到挫折感，第一时间转移注意力，去运动或是去干活，感受你身体的节奏，能够最有效地帮助你从挫折感中迅速抽离。

（2）放松自己的练习。在你因挫折感而感到紧张的时候，先试试这个练习。请你深吸一口气，在吸气之后不要屏住气息立即连续把气呼出。在呼气之后，闭气6秒，同时在心中数数，从1001数到1006。闭气之后请再次吸气，不停顿地立即呼气，然后再闭气6秒。请重复做这个呼吸练习2~3分钟，一直做到你明显感到放松为止。这种呼吸练习的好处是，练的时间不长，而见效快，它人为地减少了氧气的吸入量，从而使身体放松下来，通过数数又阻止了主观消极的想法。只要想放松，便随时都可以做这种呼吸练习。刚开始做时，可以坐着或躺着，闭上眼睛；然后即使站着，睁开眼睛也会很快产生效果。

（3）检讨自己的"坏想法"。很多时候，是消极的、自我贬低的、非理性的"坏想法"让我们沉浸在悲观、失望、愤怒的挫折感中。现在请检讨一下，你是不是有这样习惯性的"坏想法"：

第一，我是一个失败者。如果你是这样想的，你就是在蔑视自己，你还会觉得大家都看不起你，甚至今后做的每一件事都会困难重重。对你来说，应该这样考虑：这不符合实际情况，很多事情我都做得很好，但另一些事情没做好。每个人都有长处和短处。

第二，我无法改变我的生活。如果你这样想，你就是不幸的，你会觉得生活痛苦不堪。对你来说，非常有益的想法是：无论生活舒心也好，不怎么愉快也罢，我都能接受。我有决心改变我的生活。即使对现状不满意，我仍然不放弃改变我生活的主动性。定出一个计划，安排好今后每天做什么。这样你才能逃避挫折感，因为你有了一个近期的目标，清楚自己要做什么。很多时候人们正是因为没有生活的目标，无所事事，才会只看到消极的东西。这就好比眼睛上一直戴着一副墨镜，看什么都是暗淡无光

的。你要摘下这副墨镜,通过有目的的行动来关注身边发生的积极的事情,在任何时候都要去寻求有益于你自身的事物。你会变成一个积极主动的人,开始可能只是暂时的,后来就会成为持久的。

二、 心中有希望, 道路不漫长

思明(化名)是一名被判无期徒刑的罪犯,初入狱时,他对改造生活不抱任何希望,也没有任何的改造方向。警官找他谈话时,他言语中流露出极度的悲观消极情绪,甚至有厌世的想法。意志上的消沉和精神上的低迷,一度让他徘徊在自暴自弃的边缘。他拒绝任何活动,甚至老母亲一次次长途跋涉来看他,他都不愿意见面,他变得冷漠坚硬,失掉了基本的感情。

但入狱半年后,他在警官的劝说下第一次走入接见室,当看见自己白发苍苍的老母亲隔着玻璃喊叫他的乳名时,他那双似乎永远满不在乎的双眼中,霎时盈满了泪水。那一刻,印证了大家对他的猜测:他不是因为自私冷漠而不接见母亲,而是他无法面对入狱带来的对母亲的愧疚。拿起接见室的电话,他一次又一次重复着对母亲说:"对不起,妈妈,又让您失望了,我太不孝了!"

改造生活是艰辛的,它的艰辛不仅在于失去自由的痛苦,割裂亲情的伤怀,更在于参加劳动的辛劳和思想转变的阵痛。漫漫服刑路,目标在何方?思明在第一次与母亲的会见后,积极投身到日常的改造生活中,并逐渐表现出吃苦耐劳的品质和对自我的约束。可是他对改造依然十分被动,如同当一天和尚撞一天钟般地麻木重复。面对新的情况,警官引导他利用业余时间加强自身文化素质,加入到高自考的行列,还鼓励其报名加入监狱通信员队伍,积极向监狱报刊投稿。

业余生活的充实,知识品位的提升,创作热情的加剧,让思明每天的改造生活变得丰富多彩起来。通过一年的不懈努力,他的通信报道屡次见诸监狱报刊和北京市级报刊,由于在通信员中表现突出,他荣获了监狱优秀通信员称号,更可喜的是,因改造表现优异,思明当年被减刑为有期徒刑 19 年。手捧刑事裁定书的那一刻,他内心激动不已,既有丰收的喜悦,也有对往事的痛心疾首。此时此刻，他心潮澎湃，再次想起双鬓斑白的老母亲望眼欲穿的神情，想起亲友苦苦相劝的面容，想起警官真诚的挽救之情，更想起了母亲的忠告：不能自弃！

● 延伸阅读

为生命画一片树叶

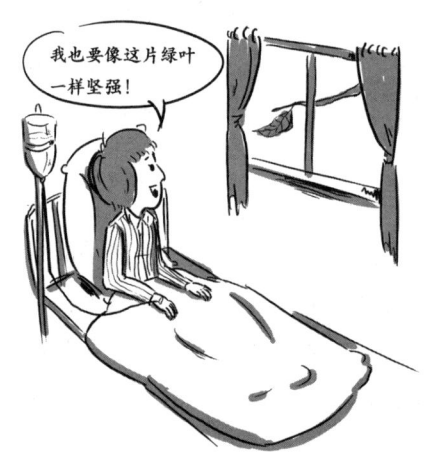

美国作家欧·亨利在他的小说《最后一片叶子》里讲了一个故事：病房里，一个生命垂危的小女孩儿透过房间的窗户望着窗外一棵大树，树叶在秋风中一片片地掉落下来。女孩儿的病情一天不如一天，她望着落叶失落地说："当树叶全部掉光时，我可能就会离开这个世界。"小女孩儿的邻居是一位老画家，他得知女孩儿的想法后，悄悄地用油彩画了一片叶脉青翠的树叶挂在了树枝上。秋尽冬来又入春，那片叶子始终没掉下来，小女孩儿日复一日地望着这片翠绿的树叶，紧紧地抱着对生命的希望，竟奇迹般地活了下来。

人生可以没有很多东西，却唯独不能没有希望。为生命点亮希望，只要有执着的心，总有奇迹发生，只要心不放弃，奇迹就会随着春天如约而至。

三、给心灵筑个"巢"

（一）构筑你的"心巢"

志立（化名）曾是充满梦想的莘莘学子中的一员，成绩优秀，还担任过班长。在初三那年，他因为一场车祸影响了中考成绩，进入了一所职

高。职高毕业后，他想和同学们一起建立一个小型的设计公司。因为筹资无门，他们一拍脑门冒出了通过盗窃积聚资金的想法。聪明的他们把本该用在创业上的头脑投入对盗窃的研究中，可想而知，盗窃"进展顺利"，可是等到被捕的那一刻，忘记了初衷的他们已是罪行累累。

服刑生活的起初，志立难以承受监狱环境，严格的军事化管理、集体生活，让他这个曾经只习惯于念书、被爸妈过分保护的"书生"几近感到窒息。那段时间里，他是队里有名的"捣蛋分子"，聪明的他会借各种机会"修理"别人，给人栽赃，对付警官，以此来发泄服刑生活的压抑感，通过施害于别人以得到稍许的心理平衡。当然，纸包不住火，他没少被人揭发举报，也因此吃尽了禁闭的苦头。

随着"延迟的青春期"的结束，伎俩都用过了，他已经不再有阴损别人的幼稚乐趣，此时志立有着强烈的成长的愿望。他不断质问自己，是否应该浑浑噩噩地度过余下的时间，答案是否定的。他意识到过去的岁月中自己的混乱与恣意，出监后自己将是过了而立之年的男人，想要在社会中立足，他需要思考和阅读，对自己进行一番梳理。但是，人多嘈杂的监舍、被安排和监控的生活，他如何能做到这些？——首先需要建一个不受干扰的"心巢"，这是他思忖很久之后的答案。起初，他会找空闲时间来读书，并且在笔记本上记下书摘和笔记。但有好事者会翻出他的笔记本撕坏，这种时候，志立就会不作声地继续记笔记，重新找个地方把笔记本放好。有时队长会来检查监舍，要求审阅他的笔记，他就老实上交。这些时候，他都会在心里默默地告诉自己：这个笔记本是自己的"心巢"，每一个记下的字都刻在了自己的心里，任何人都取不走它。这些笔记和书摘，成了志立服刑生活的心灵归属，无数个夜深人静的时刻，他都会偷偷地拿出书和笔记本，在可能找到的灯光下静静地感受心灵的跃动。他不断地扩充着自己阅读的领域，也在阅读的过程中摸索着适合自己深究的方向，他爱上了心理学和哲学，摩挲着书本里荣格的面颊和尼采的胡须，他踩在思想巨人的肩膀上反思着自己曾经的生活，也逐渐接受这段服刑的生活，将这段生活当作自己重新面对社会前的休养和储备。

还有一年他就会离开这片高墙回归社会，在他的心中，未来生活的轮廓似乎越来越清晰。他感激书本给予自己的智慧和力量，更感激自己有谋略地筑起这个看不见的"心巢",让自己的心灵得以休养生息。

志立的例子虽然只是个例,并不是每个人都有夜间值班的机会,可以构造一个不被打扰的空间。但是,未必每一个人建的"心巢"都需要和志立的一样。或许对你来讲,拥有几个可以谈心的狱内好友,让他们成为你的温暖港湾,闲暇时刻写封家书慰藉心灵,研磨一项技艺,譬如象棋、书法、园艺,让自己忘记烦恼,挥洒汗水,爆发肌肉的力量让自己内心振奋。总之,我们每个人都可以有至少一个可以让自己忘记一切烦忧的心灵归属。

尝试、探索、研习,然后构筑你的"心巢",让你的服刑生活不再单调、被动,让这段生活成为你人生的加油站!

(二) 真正的自由只在于内心

在监狱内,全方位的监控使罪犯没有了自我的秘密空间,使大家感到自己成了一个透明的人。每个人当被剥夺了生活的自由,往往会感到自己失去了所有的自由。实际上,人可以失去许多的自由,但有一种自由是无法失去的,那就是心灵的自由。

给自己第一句反问:我真的没有私密空间吗?

回答:是的。

第二句反问:能百分之百肯定那是真的吗?真的没有个人的私密空间吗?真的心里无法有张有弛吗?

你开始有点迟疑:也不一定。

第三句反问:当你觉得自己没有私密空间,无法让自己的心灵得到空间休息时,你会怎么反应?

你或许说:我感觉自己是透明的,心里总是紧张,无法松弛,心里总是空虚的。

第四句反问:如果你实际上有私密空间,你的私密空间就是你的心灵,而这个私密空间或为你的心灵归宿,你的心里可以张弛有度么?

你也许说：如果是这样，我的心灵是我的私密空间，这倒能让我豁然开朗。因为我的心灵由我自己掌握，我就有了归宿感。我可以将我不愿示人的东西藏在这里，我可以暂时在这里慰劳疲惫的心灵，平复心灵的伤痛，让紧张的心灵得到一刻宁静与松弛。

你能从中得到启示吗？通过这四句反问你也许可以找到自己的私密空间，有机会建立和维护好自己的私密空间，让紧张的心灵有个放松的机会，慰藉情绪低落的心灵。

(三) 学会沉默

有时候，你被人误解，你不想争辩，所以选择沉默。本来就不是所有的人都得了解你，因此你不必对全世界喊话。生命中往往有让每个人都无言以对的时刻，毕竟不是所有的是非都能被分辨清楚，甚至可能根本没有真正的是与非。那么，不想说话，就不说吧，在多说无益的时候，也许沉默就是最好的解释。

(四) 不要想如果

当初你说，人生是一条有无限多岔口的长路，永远在不停地做选择。如果只是选择明天的事情，我们还有选择权，但选择哪次决定该不该做、哪句话该不该说出口、哪个朋友该不该交这些已经发生了的事情，我们就是在跟老天爷较劲了。你说，生命中不可承受之重，就在于人生没有重来的机会啊。如果当初如何如何，现在就不会怎样怎样……这种充满怅然的喃喃自语，还是别再多说了。每一个岔口的选择其实没有真正的好与坏，只要把人生看成是自己独一无二的创作，就不会频频回首后悔如果当初做了不一样的选择。

第二节 认知重建

认知重建法是指行为治疗概念中发展出来的一组治疗方法。目标是通过改变认知、思想和意象活动，矫正不合理行为。包括合理情绪疗法、自

我指导训练和认知行为疗法、认知疗法和个人建构疗法。此外，认知重建法与应付技巧干预及问题解决干预等也有密切的联系。

一、态度决定一切

（一）人生取决于我们怎样看待自己

态度是一件奇妙的东西，它会产生神奇的力量。当认定自己是怎样的人时，我们很难改变自己的想法。当我们习惯于被别人看作懒惰、消极、惹是生非、一无是处的人，尤其是幼年时曾经被父母这样看待的时候，即使我们不喜欢这样的自己，也惧怕改变这样的自我形象。因为我们惧怕所有未知的事情，我们不知道自己还可以做怎样的自己，我们不知道放弃现在的自己是否还有机会找到自己。我们对世间所有事物的态度都源于对自己的态度，而我们对自己的态度很大程度上取决于幼年时父母对我们的态度。

26岁的姜，是一个帅气的小伙子，却因为故意伤害罪被判刑入狱。他夏天不愿意穿短袖上衣，经过民警私下了解才知道，原来，他的胳膊上留下了很多伤痕，穿短袖上衣会暴露它们。

这些伤痕是怎样来的呢？是他自己用刀割的。特别伤心的时候，特别麻木的时候，甚至特别开心的时候，他都会有一种强烈的冲动，忍不住想割自己的胳膊，尤其是手腕处。

姜之所以这样自我伤害，源于他从小的生活经历。姜的父亲曾因故意伤害罪入狱，母亲充满愤怒，就把怨气都撒在姜身上。从小就对姜说："你就像你爸一样是个疯子，惹是生非……"其实在这方面姜和父亲根本不像。但是，母亲对他的看法深深地烙在姜的内心，他几乎认同了自己就是这样发疯的人，常常会抑制不住冲动。但是，每次冲动之后，他都会深深地痛苦，觉得这本不是他应有的样子，每当这时，他就会用刀子在胳膊上割下伤痕，用身体的疼痛掩盖内心的痛苦。

姜是在用极端的方式否认母亲对自己的认同，但很多时候人们是在延续着父母对自己的认同。人们会把事情搞砸，不断地表现出愚蠢，然后内心得意地说，看，我多聪明，我早预料到，我就是这样一无是处，我就是什么都做不成，瞧，事情不都是像我预料的那样吗？

但是，一个人成熟的标志就是，他开始学做自己的父母，爱自己，教导自己，发现自己人生该有的模样，自己去修正。我们习惯了的自我形象可能充满消极能量，但这可能并不是真正的自己，父母可能影响我们形成了这样的自我形象，但是向父母追责并不是我们该做的，因为每个人的生命都承载了太多我们自己都决定不了的东西。但是，我们可以决定的是，从觉醒那一天开始，积极地做一个我们应该成为的人。

● 延伸阅读

合理情绪疗法

合理情绪疗法又称合理情结疗法，它的基本理论主要是 ABC 理论，在 ABC 理论模式中，A 是指诱发性事件；B 是指个体在遇到诱发事件之后相应而生的信念，即他对这一事件的看法、解释和评价；C 是指特定情景下，个体的情绪及行为结果。通常人们认为，人的情绪的行为反应是直接由诱发性事件 A 引起的，即 A 引起了 C。ABC 理论指出，诱发性事件 A 只是引起情绪及行为反应的间接原因，而人们对诱发性事件所持的信念、看法、理解 B 才是引起人的情绪及行为反应的更直接的原因。人们的情绪及行为反应与人们对事物的想法、看法有关。合理的信念会引起人们对事物的适当、适度的情绪反应；而不合理的信念则相反，会导致不适当的情绪和行为反应。当人们坚持某些不合理的信念，长期处于不良的情绪状态之中时，最终将会导致情绪障碍的产生。

因为情绪是由人的思维、人的信念所引起的，所以美国著名心理学家埃利斯认为每个人都要对自己的情绪负责。他认为当人们陷入情绪障碍之中时，是他们使自己感到不快的，是他们自己选择了这样的情绪取向的。不过有一点需要强调的是，合理情绪治疗并非一般性地反对人们具有负面性的情绪。比如因为一件事失败了而感到懊恼，有受挫感是适当的情绪反应。而抑郁不堪、一蹶不振则是所谓不适当的情绪反应了。

例如，两个同事一起上街，碰到他们的总经理，但对方没有与他们打招呼，径直走过去了。这两个同事中的一个人认为："他可能正在想别的事情，没有注意到我们。即使是看到我们而没理睬，也可能有什么特殊的原因。"而另一个人却可能有不同的想法："是不是上次顶撞了老总一句，他就故意不理我了，下一步可能就要故意找我的岔子了。"两种不同的想法就会导致两种不同的情绪和行为反应。前者可能觉得无所谓；而后者可能忧心忡忡，以致无法平静下来干好自己的工作。从这个简单的例子中可以看出，人的情绪及行为反应与人们对事物的想法、看法有直接的关系。在这些想法和看法背后，有着人们对一类事物的共同看法，这就是信念，前者在合理情绪疗法中称之为合理的信念，而后者则被称之为不合理的信念。合理的信念会引起人们对事物适当、适度的情绪和行为反应；而不合理的信念则相反，往往会导致不适当的情绪和行为反应。人们坚持某些不合理的信念，长期处于不良的情绪状态之中，最终将导致情绪障碍也就是 C 的产生。

默兹比提出的 5 条区分合理与不合理信念的标准：

（1）合理的信念大都是基于一些已知的客观事实；而不合理的信念则包含更多的主观臆测成分；

（2）合理的信念能使人们保护自己，努力使自己愉快地生活，不合理的信念则会产生情绪困扰；

（3）合理的信念使人更快地达到自己的目标；不合理的信念则使人因难以达到现实的目标而苦恼；

（4）合理的信念可使人不介入他人的麻烦；不合理的信念则难以做到这一点；

（5）合理的信念使人阻止或很快消除情绪冲突；不合理的信念则会使

情绪困扰持续相当长的时间而造成不适当的反应。

(二) 接受生命的现实

1919年,在美国一个农场,一场凶猛的脊髓灰质炎(俗称小儿麻痹症)袭击了一个17岁少年,令他全身陷入瘫痪,除说话和动眼外不能做任何事情。

医生说,没有指望了,你的儿子活不到明天。

对一个孩子的母亲说出这句话,未免有些残忍,然而这个男孩对自己说,他一定不能让医生们的断言实现。

于是,第二天当医生们到来时,他不仅活着,而且精神更好了。他们对此感到惊讶,但他们接着又对男孩的妈妈做了一个残忍的断言:你的儿子就算能活下来,也永远站不起来了,他会终生瘫痪。

同样,男孩再次下定决心不让医生们的可怕断言实现,果不其然他又成功了。数年后,他不仅站了起来,还在一个夏天,靠一艘独木舟、简单的粮食和露营设备以及一点点钱,独自一人畅游了密西西比河。

这个男孩的名字叫米尔顿·艾里克森,他后来成为全球享有盛誉的催眠治疗大师。

艾里克森是色盲,他的视觉只能对紫色有感觉;他还是一个罕见的音盲,听不到音调的变化,没有办法欣赏正常人称之为"音乐"的东西;他有严重的阅读障碍,16岁前完全不懂字母的排序。

既然只对紫色敏感,那么他就坦然享受一个"紫色主义者"的生活,穿紫色衣服,用紫色杯子,在紫色的办公室里工作,在紫色的家中居住。6岁时,他走过一个教堂,因是音盲,他感受不到他们合唱的音乐,但他看到这些人那么快乐,就跟着他们的节奏一起呼吸,找到了一种奇特的和谐,这竟然成了他日后催眠技术的启发。因不知道字典的排序,他会每天花好几个小时趴在字典上,同学们都以为他喜欢看字典,其实不知道他不过是查每个字都要从第一页开始,逐字去找单词。

相比起艾里克森来,一般人拥有的命运馈赠要多很多,然而,或许是拥有的东西太多了,我们反而喜欢抱怨,为什么我拥有的还不够多呢?为什么命运对我如此不公呢?艾里克森恰恰相反,他对所拥有的一切总是心

存感激,他永远是在享受已拥有的资源,而不是将注意力放在自己没有的东西上。

很多人都将一些"问题"视为敌人,消极抵抗。但艾里克森反而会建议他们接纳"问题",同时用更优雅的方式去和"问题"共舞。如果痛恨自己的遭遇,想要脱离周围的环境,可以尝试用艾里克森的方式,将自己想象成一只鸟,缓慢地、优雅地穿越高墙离开这里,感受离开的那种自在宁静,等到睁开眼睛,就会明白当下应该做些什么。艾里克森说,生活就像是弹钢琴,你可以选择猛敲键盘,但当你是带着优雅去敲时,出来的就是一首曲子,而不是噪声了。

二、心情是一种选择

杰里是美国一家餐厅的经理,他总是有好心情。当别人问他最近过得如何,他总是有好消息可以说。他经常回答说:"如果我再过得好一些,我就是最幸运的人了!"

当他换工作的时候,许多服务生都跟着他从这家餐厅换到另一家,为什么呢?因为杰里是一个天生的激励者,如果有某位员工今天运气不好,杰里总是适时地告诉那位员工往好的方面想。

这让一位记者感到好奇,所以有一天,记者问杰里:"我不懂,没有人能够老是那样的积极乐观,你是怎么办到的?"

杰里回答:"每天早上我起来告诉自己,我今天有两种选择,可以选择好心情,或者我可以选择坏心情,我总是选择好心情,即使有不好的事发生,我可以选择做个受害者,或是选择从中学习。每当有人跑来跟我抱怨,我可以选择接受抱怨或者指出生命的光明面,我总是选择指出生命的光明面。"

"但并不是每件事都那么容易啊!"记者试探着说。

"的确如此。"杰里说,"生命就是一连串的选择,每个状况都是一个选择,你选择如何响应,你选择人们如何影响你的心情,你选择处于好心情或是坏心情,你选择如何过你的生活。"

一年后,杰里意外遭遇了一件不寻常的事:有一天他忘记关上餐厅的后门,结果早上三个武装歹徒闯入抢劫,开枪射击杰里。幸运的是,杰里很快被邻居发现,紧急送到医院抢救,经过18个小时的外科手术,以及精心的照顾,杰里终于出院了,尽管还有块子弹留在他身上。

事件发生的6个月之后,那位记者遇到杰里,问他最近怎么样。

他回答:"如果我再过得好一些,我就是最幸运的人了。要看看我的伤痕吗?"

记者婉拒了,但又问到当抢匪闯入的时候,他的心路历程。

杰里答道:"当他们击中我之后,我躺在地板上,只想着我有两个选择:我可以选择生,或选择死。于是我选择活下去。"

"你不害怕吗?"记者问他。

杰里继续说:"当他们将我推入紧急手术室的路上,我看到医生跟护士脸上忧虑的神情,我真的被吓到了,他们的眼睛好像写着:他已经是个死人了。我知道我需要采取行动了。"

"当时你做了什么?"记者问。

杰里说:"嗯!当时有个护士用吼叫的音量问我一个问题,她问我是否会对什么东西过敏。我回答:'有!'这时医生跟护士都停下来等待我的回答。我深深地吸了一口气喊着:'子弹!'听他们笑完之后,我告诉他们:'我选择活下去,请把我当作一个活生生的人来开刀,而不是一个活死人。'"

杰里能活下来当然要归功于医生的精湛医术,但同时也是因为他令人惊异的积极态度。这启示我们:我们无法让每天都有一个好天气,但我们可以选择每天都给自己一份好心情,以积极的心态面对生活,无论前途多么坎坷,你总会看到隐在路旁的鲜花在风中摇曳。把握美好的日子,享受

每一时刻，扼住倒霉的日子，使它变得美妙。

三、不要钻牛角尖

钻牛角尖是指一些人对事物的看法固执、盲目坚持而不懂变通与接受，好入死胡同，不能释放自己。

香港大学香港赛马会防止自杀研究中心临床心理学家黄蔚澄指出，有10种思维习惯会形成钻牛角尖的困局，让人没有考虑过其他解决问题的方法，在情绪中越陷越深。

第一，灰色眼镜。把事件的严重性放大。只看事情的坏处，忽略了美好一面，便容易感到沮丧。

第二，非黑即白。认为凡事只有两个可能性：对或错，好或坏，没有灰色地带。这种思想令人把事情过分简化，并影响对自己及对别人的评价，不断责怪自己或别人。

第三，以偏概全。看到一件事就认为所有的事情都会如此，过分肯定对事情的判断。

第四，小题大做。无论发生什么事，总往坏处想，并把后果想得"能有多糟就有多糟"，认为最坏的事情必会发生，这只会为自己带来不必要的沉重压力。

第五，独自承担。把所有糟糕的事都扯到自己身上，认为都是"我的错"。这种过度敏感自责的态度，让人觉得自己一无是处，产生不必要的痛苦。

第六，感情用事。认为自己的感觉得到的结论都是正确的，例如，怀疑别人陷害自己就认为一定如此。然而，感觉不一定正确。

第七，阅读别人。还没有充分理据时，当事人就以为能完全掌握别人的想法，只凭直觉妄下结论，结果往往使当事人不能再用心聆听别人，造成人际关系疏离，增加情绪困扰。

第八，固执己见。心里想着太多"应该怎样"或"不应该怎样"，任

何与这些想法不同的，都是错的，于是为人处事欠缺弹性，令他人难以忍受。如此固执的思想，也会倒过来责备当事人自己，使他们痛苦不堪。

第九，执着控制。执着于控制的人，总觉得一切要完全在控制之内才安心。但这却使自己身心疲累，神经紧张，容易产生人际冲突。

第十，执着公平。总觉得自己处于不公平的处境，只会增加不满和愤恨。

黄蔚澄指出，每个人或多或少有1~2项以上的"牛角尖"思想，并不足怪。但"牛角尖"思想越多，只会令自己愈加感到痛苦和困扰，患上抑郁症、焦虑症及人格障碍的机会也越大。

我们不妨检视自己有没有这些"牛角尖"思想，有的话，应尝试改变，如不要将事事都想的"能有多糟就有多糟"，多思考事情的其他角度；或者抛开"应该怎样"或"不应该怎样"的想法，为自己为人处事留些弹性。改变的过程并不容易，因为我们已习惯固有的思维模式，担心改变会否带来更坏的后果。不过，既然原有的思考方式带来困扰与不快，何不给自己一个改变的机会？

每个人对事情的看法都受个人经历的影响，从而形成一定的思维模式，如果个人的想法走了极端化，就可能进入钻牛角尖的误区，那么，如何避免钻牛角尖呢？

第一招：换个角度看世界。我们之所以沉浸在某一特殊时刻所发生的事情中，原因就在于过多地关注一些利益攸关的事物，而忽略了发现和欣赏许多美好的东西。例如，赶积分，我们会为自己的减刑尽最大的努力，但当一些事情不在自己的掌控之中时，与其为几个积分忧心忡忡，伤心劳肺，倒不如把心思倾注于生活的细节之中，也许一阵清脆的鸟鸣声就能让你心情愉快，对待一切尽力而为即可，切忌偏执追求某个结果。

第二招：寻觅一两个知己。其实，人在烦恼时，并不需要别人讲太多的大道理，更多的是希望能将心里的烦恼一吐为快，最合适的办法就是找朋友倾诉。

第三招：让生活多一些变换。生活变得丰富多彩一些，就会转移自己的注意力，如培养一些兴趣，尝试着做一些没做过的有趣的事情，邀几个朋友一起下下棋听听音乐。甚至"胡思乱想"都会有助于消除生活中的紧张疲劳，想象着自己今后生活的美景，思绪可以四处遨游。

四、换位思考天地宽

我们都爱自己的家人，并想用好的方式对待我们的家人，但同时也希望家人用"我们认为好的方式"来对待我们。并且，这个人越重要，我们越要求他按照我们的方式来对待我们，不然我们就会觉得"他不爱我""她不在乎我"，甚至生出怨恨的念头。

然而，我们这个所谓的"好的方式"常常是有问题的。因为，在我们使用我们认为"好的方式"时，隐藏着这样一个逻辑：我对你这么好，你应当给予我同等的回报。如果我们的爱人或者孩子不仅给了回报，而且还恰恰用的是我们渴望的方式，如我们的爱人苦苦守候我们，帮助我们赡养老人；我们的孩子完全听从我们的教导甚至训斥，完全没有自己的想法，我们就觉得，他们真的爱自己。否则，我们就会失望，乃至愤怒，就会觉得他们对自己不够好，甚至有再也不想见到他们的念头。

你渴望控制，对方希望顺从以得到你的认可。当两方的渴望相契合时，所谓和谐的关系出现了。然而，此时的和谐，却不是真的夫妻间的相爱或是父子之爱，只是一种控制和服从，我们在意的，只是我们自己的控制得到了实现，我们并没有看到对方的真实存在和真正想法。

更多情况下，完全的契合是不可能的，你的爱人和孩子都是一个独立的个体，有自己的想法和意愿，并不一定能完全契合你的期望。即便知道了你的渴望，也未必一定愿意以你所渴望的方式回报你。你看似在乎他，但其实你在乎的是投射到他身上的你的渴望，你会诱导甚至强迫他以你所渴望的方式对待你，而他作为一个独立的人，你会视而不见，你既不关心他的想法，也拒绝真正了解他。

与这样的你做伴侣或者做父子，他们会觉得特别受压制，因为他们只有按照你所渴望的方式对你，你才会满足，除此以外的任何方式，你都不会满意。作为家人，他们会清晰地感受到这种威胁，感觉自己没有选择权，必须按照你的意愿对你，否则你会不满意，他们也可能会为此付出代价。我们都渴望家人无条件的爱，我们骨子里歇斯底里地想控制他们。于是，失望和要命的孤独纠缠着这个世界上的绝大多数人。

我们之所以会形成顽固地渴望控制家人的想法，源于我们传统文化中的家庭模式和我们目前的心理状态。在家庭关系中，父母普遍将听话视为孩子的一大优点，父母莫名地认为自己对孩子具有掌控权：我对你好，但你必须听我的，否则你就是坏孩子。于是，孩子形成一种依赖、没有主见的性格，或是叛逆、反抗的性格。在某一天他做父母后，再变本加厉地控制自己的孩子。

我们都执着在自己的逻辑上。并且，绝大多数人所拥有的只是一套逻辑。我们会自动认为，越危险的时候，我们就越需要执着在这一套逻辑上，只有这样做才能拯救自己。于是，当我们处境不顺，有心理压力的时候，尤其容易发泄自己的控制欲。

我们常幻想，爱就该是这样的境界——我不说他都应该知道我在想什么，并很高兴地实现我的想法。我们也常说，我不会为了一个人改变自己，但如果有人爱我，他就得为我改变。如此一来，爱我们的人的独立性就被抹杀了，早已沦为了"我"实现自己想法的一个工具。于是，心灵的距离越来越远，我们便会觉得"他人即地狱"。如实地看到我们所爱的人的真实存在，爱爱人和孩子本来的样子，而不是自己头脑中建构出来的形象，这是我们活着的每个人应该努力做到的一点。

当我们执着于自己的逻辑时，我们永远看不懂别人，而我们又如此渴望理解与被理解。其实，理解并不太难，只需要你站在对方的角度，认真地尊重对方的想法就可以了。

五、 做弱者是大智慧

在生活中，有人常常为了一句话、一件鸡毛蒜皮的小事而吵吵闹闹，我们说这样的人脾气暴躁。但如果情况严重，出现不正常的过激反应，动不动就又打又骂，甚至不顾后果，不受控制，可要注意了，如果符合以下三

项以上的描述，极有可能患有冲动型人格障碍。

（1）情绪爆发从不考虑后果；

（2）行为爆发不能控制；

（3）行为受阻或受批评时，易与他人发生争吵或冲突；

（4）发怒情绪和暴力行为变化反复无常，不可预测；

（5）生活无目的，做事缺乏坚持性；

（6）强烈而不稳定的人际关系，要么与人关系极好，要么极坏，几乎没有持久的朋友；

（7）有自伤行为。

冲动型人格障碍又称爆发型或攻击型人格障碍。往往在童年时就有所表现，因微小的事情和精神刺激，就突然爆发强烈的暴力行为，自己控制不住自己，会有破坏行为和伤害别人。

如果我们身上有这些影子，我们需要学会丰富自己的生活内容，在生活中多些尝试，为内在能量寻找一个正常的释放渠道，同时超越自己，提高自己的承受力；积极成长，培养生活的涵养，懂得大事化小，小事化了，适度容忍宽以待人；了解自己容易受挫的情结，解开它，而不是一遇挫折就采取攻击行为；升华感受，即使受挫，也要尽量把攻击的能量转移到学习、工作上来；补偿受挫，用另一种可能成功的目标来补偿受挫，让自己因此取得更高的成就。这样，即使有冲动的个性，它也不再是生活道路上的阻拦，反而会成为我们人生的财富。

美国心理学家做过这样的调查，一个彪形大汉，在拥堵的马路上横穿而过，愿意给他让路的车辆不到50%，车祸率很高。而一个老弱病残者横穿马路，却是万人相让，大家还觉得自己是做了善事，车祸率为零。弱与强，在某种时候，收到的效果截然相反。弱，反而处于强势；强，反而处于弱势。

从心理学的角度讲，如果一个人总是处于强者的位置，表现出强者的风范，往往会碰得头破血流。放下架子，做个弱者，会免受许多心理上的创伤。强者是一面墙，无形中拒绝着许多东西；而弱者却没有遮蔽，谁都可以亲近。以弱者的姿态行事，是人生在世心态平和的出发点，弱里面，包含了谦虚、自知、接纳和成长，会使一切顺畅。

延伸阅读

做弱者的智慧

海滩上蓝甲蟹分为两种,一种是较凶猛的,不知躲避危险,跟谁都敢开战;一种是温和的,不善抵抗,遇有敌人,便翻过身子,四脚朝天,任你怎么叼它,踩它,它都不理不动,一味装死。

经过千百年的演变,出现了一种有趣的现象,强悍凶猛的蓝甲蟹越来越少,成为了濒危动物。而较弱的蓝甲蟹,反而繁衍昌盛,遍布世界许多海滩。

动物学家研究发现,强悍的蓝甲蟹一是因为好斗,在相互残杀中首先灭绝了一半,其次是因为强悍而不知躲避,被天敌吃掉了一半。而软弱的、会装死的蓝甲蟹,则因为善于保护自己,反而扩大了自身。

最早的时候,世界上并没有家狗,只是由于某类狗的性情较为温顺,或干脆说是处于弱势的位置,被人因为同情而领回家去养。经过驯养,温顺的狗一代一代地成为了宠物。而那些狂躁厉害的野狗,实际上都已经灭亡了。

在澳洲,强悍的烈马,生命反而短暂,一般是被杀掉吃肉,而温顺的马,往往却能被利用,驯服后在赛场上很有可能成为一匹夺冠的快马。快马得势,反而是建立在最初的懦弱上。

第三节 正确处理人际交往

人际交往也称人际沟通,是指个体通过一定的语言、文字或肢体动作、表情等表达手段将某种信息传递给其他个体的过程。社会学将人际关系定义为人们在生产或生活活动过程中所建立的一种社会关系。心理学将人际关系定义为人与人在交往中建立的直接的心理上的联系。中文常指人与人交往关系的总称,也被称为"人际交往",包括亲属关系、朋友关系、

学友（同学）关系、师生关系、雇佣关系、战友关系、同事及领导与被领导关系等。人是社会性动物，每个个体均有其独特的思想、背景、态度、个性、行为模式及价值观，然而人际关系对每个人的情绪、生活、工作有很大的影响，甚至对组织气氛、组织沟通、组织运作、组织效率及个人与组织之关系均有极大的影响。

一、 好人缘的秘密

拥有良好的人际关系，不在于你是"叱咤风云"的明星，也不在于你是否懂很多人际交往的"技巧"，而在于你了解人与人的关系，以及摆正自己的位置。这其中的秘密，有三条规则。

第一条规则我们称为"黄金规则"，就是用希望别人对待你的方式去对待别人。你希望同班组罪犯和警官怎么对待你，你就用这种方式去对待他。我们每个人都是一个独立的个体，都渴望别人的欣赏、关心、重视和体谅，你是这样，其他人也一样。当你把目光和关心投注到一个人身上时，他的欣悦和感激会让他把同样的温暖回报给你，于是你在付出热情的那一刻就已经播撒了收获的种子。

第二个重要规则是"主动交往""主动找话说"。人际障碍里面最多的就是被动交往，你不招呼我，我也不会招呼你。我们要打破这种局面，就是主动交往。其实点头就有很大威力，有时候陌生人间互相点一个头，都会让彼此成为朋友。所以大家可以在平时主动点头，互送微笑，一声问候，这些都会成为一瞬间打破僵局的钥匙。而且平常聊天不一定要有一个固定的内容，天南地北，要主动找话说，只要聊得下去。

第三个规则就是经常检查自己在交往中是否以自我为中心。很多人的表现是，我说了大家都附和了我，我就和别人交往，别人批评我，我就再

不想理他们了,这里面的问题就是自我中心主义。在人生的大多数时间里,我们都扮演着配角的角色,当好配角是人际交往的一个重点,你听别人讲,只需要频频点头,微笑就好了。但我们很多人都以自我为中心,这样别人就没有发挥的舞台,时间长了可能就不接纳你了。

这三个秘密是用希望别人对待你的方式对待别人、主动交往、不以自己为中心。能做到这三点,你就会发现所谓的很多人际交往的技巧你一下子都能做到了,因为你的内心已经懂得该怎样和别人相处了。

二、 倾听—— 一门艺术

一只好耳朵胜过十张好嘴巴,人与人的交流中最缺乏的不是演说家,而是好听众。生活中常见到这样的交流:

老张:"唉,我儿子二十多岁人了,天天在外面胡闹,他爷爷奶奶那么大年纪了还替他操心,真想逮住揍他一顿,可是我现在一年都见不着他一回……"

老王:"唉,孩子都是这样啦,昨天报纸上说有个明星醉酒驾车被关进去了,看了没有?"

老马:"醉酒驾车活该被关啦!哎,我看这两年物价上涨这么厉害,等我出去跑运输肯定很赚钱……"

然后,这几个同班组罪犯可能去上工、打球,一天很充实地下来,老张晚上回到监舍仍然感到空虚无聊。因为老王、老马根本没听进去他的话,可能最近孩子的事情让老张很忧愁,他不知道该如何面对不能赡养老人又对孩子很无奈的现状,他需要朋友的倾听和理解,需要别人为他出主意化解忧虑,但每个人都没有认真倾听他的话。

实际上生活中这样的交流比比皆是,每个人都在交流中力图表现自己,到处都是口若悬河的嘴巴,滔滔不绝地重复报纸、杂志、书籍、电视上的陈词滥调,朋友聊天成了新闻发布会。这样的交流怎么可能疏解心理压力呢?一位朋友说,每次他心情郁闷,找朋友之后,反而更难受,原来,朋友们每次凑在一起都吹牛吃喝,只关心自己的事,看到人们表现自己,在喧闹中他只感到无比孤独,既疲惫又厌倦。

每个人都有调节情绪、自我成长的能力，只要创造一个理解、关注、尊重的环境，人们就可以自己解决自己的心理问题，而这种环境的营造主要是靠倾听。倾听并不是简单的等别人的声音传达到自己的耳膜，然后随便的哼哼哈哈就行了。而是真的在乎他的感受，把自己当作他，听出他话语背后的情感，他的痛苦、焦虑、悲哀、忧愁、欢乐、愉悦，听出他对人生所抱有的希望。比如听到老张那句话："唉，我儿子二十多岁人了，天天在外面胡闹，他爷爷奶奶那么大年纪了还替他操心，真想逮住揍他一顿，可是我现在一年都见不着他一回……"一个善于倾听的人会说："是啊，你儿子不省心，你又管不了他，肯定着急，你父母替你带孩子，俩老人家也不容易……不过，孩子肯定会慢慢懂事的，老人家也会理解孩子

的。"当一个人听到这样善解人意的话时，心里的烦躁也就消散了。但是千万别指责或者乱出主意，下面一句话就分辨出你是帮人分忧还是给人挑事儿的："就你那小子，也就那德行！""等你出去了好好揍他！"这样估计会激起对方更大的情绪。

让自己的心开阔起来，营造成一个可以吸纳的容器，用耳朵、用心去倾听；也为自己找一只能够倾听的耳朵，让心在疲惫的时候可以得到抚慰。

● 延伸阅读

你的人缘好吗

你的人缘好吗，从下面的测试可以一探究竟，而且，从每道题的高分选项中你会悟出赢得好人缘的道理。

1. 你最近一次交朋友，是因为：

A. 你认为不得不交

B. 他们喜欢你

C. 你发现有些朋友令人愉快高兴

2. 当你度假时，你：

A. 希望交到朋友，可是往往很难做到

B. 喜欢独自一个人消磨时间

C. 通常很容易就交到了朋友

3. 一个朋友向你吐露了一件极有趣的个人问题，你常常：

A. 连考虑都没考虑就把这件事告诉别人

B. 根据情况决定是否告诉别人

C. 为朋友考虑，不把这件事告诉别人

4. 你已经定下了一个约会，可到时你却疲惫不堪，你会：

A. 不赴约了，希望对方会谅解

B. 去赴约，但问对方如果你早些回家的话，他是否会介意

C. 去赴约，并且尽量显得很高兴

5. 当你的朋友有困难时，你发现：

A. 他不愿来麻烦你

B. 只有少数与你关系密切的朋友才来向你求助

C. 他们愿意来找你寻求帮助

6. 对朋友的优缺点，你的处置方法是：

A. 我喜欢赞扬别人的优点，缺点则尽量回避

B. 我相信真诚，所以对于我看不惯的缺点，我不得不指出

C. 我既不吹捧奉承，也不求全苛同他们

7. 在你选择朋友时，你发现：

A. 你只能同与你趣味相同的人友好相处

B. 兴趣、爱好不同的人偶尔也能谈谈

C. 一般说来，你能和任何人谈得来

8. 对于朋友的恶作剧，你会：

A. 感到生气并发怒

B. 看你的心境和环境如何，也许和他们一起大笑，也许生气并发怒

C. 和他们一起大笑

9. 对于朋友间的矛盾，你喜欢：

A. 打听、传播　　　B. 不介入　　　C. 设法缓和。

10. 和朋友一起值日时对于扫地打水一类琐事，你的态度是：

A. 想不到做　　　　　B. 轮流做　　　　　C. 主动做

记分办法：选 A 计 1 分，选 B 计 3 分，选 C 计 5 分。

分析说明：

15 分以下：你是一个不大合群的人，如果你确实想提升自己的人缘，你就需要改善一下同你周围人们的关系了。

15～25 分：你的人缘还算可以。

25 分以上：祝贺你，你的人缘很好。

三、绕过个性的暗礁

下面是两个不同个性的罪犯写下的自述，从他们的故事中可以看到个性对一个人悔过自新的重要性。

冲动的凯强（化名）：

我是一名因犯抢劫罪被判以重刑的罪犯。犯罪本身就是因为冲动不计后果造成的，在狱内服刑期间我也常因生活琐事与其他罪犯发生争吵，尤其是最近发生的事情，差点因为冲动使自己刚刚挣到手的积分化为乌有。由于自己的性格因素，再加上刑期很长，我不太愿意和别人聊天，或听别人说外面如何，我会有一种深深被刺痛的感觉。终于有一天我因类似的事情与值班人员发生了口角，同时我做出了一个可怕的举动——我随手抓住了对方领口，大声喊道："你再说一遍！"就在我即将做出也许会让自己后悔一生的举动的时候，值班警官发现了我的举动并立即出手制止，我松开了对方。事后在值班警官的批评教育下，我向对方道了歉，现在回想起来真是后怕。

偏执的秦力（化名）：

我因为故意伤害罪被判入狱。刚入监的时候，我对自己没有一点期望，内心充满莫名的气愤，看什么都不顺眼。同班组罪犯在警官的指导下写个人年度计划时，我在一旁嘲笑他假惺惺；同班组罪犯每天学习，还搞什么学习交流会，我认为他们净搞些没用的东西，真是可笑；有一天我本来想打个盹儿，舍友打扫卫生叮咣作响吵得我睡不着，我就跟他们大发雷霆；我就想着睡大觉，把这日子慢慢熬过去，同班组罪犯偏偏每天非得让我去干活，烦死人了！不过，有人最近考过了高自考的科目，还有人竟然减刑了。

凯强是一个个性容易冲动的人，秦力则是异常偏执的人，在他们的故事里，我们看到个性缺陷已经深深地影响了他们的人际关系。他们对周围的人充满了冷漠和敌意，用一道无形的墙将自己和周围隔开，这种隔阂不但会有损他们自己的心态，也会让周围的人很不舒服。

人天生就有与别人共处的需要，这种共处让我们觉得被接纳、被喜爱，从而让我们觉得安全，有归属感。所有人都希望建立起和谐的关系，正如我们常说的"家和万事兴"，环境中的人际和谐是影响我们心态健康的重要因素。可是，只有那些个性坦诚、乐观、幽默、善解人意的人才容易建立良好的人际关系，而那些自傲、自私、斤斤计较、偏执、猜疑的人往往无法与人和谐交往。

自傲的人只在乎自己，对别人没有同情心，他们不高兴时就会不顾场合地乱发脾气，丝毫不会考虑别人的感受，而且不愿意和认为不如自己的人交往。过高估计和别人的亲密程度，说些不该说的话，会引起别人的反感。自傲的人一受打击，往往会变成自卑者。

容易冲动的人往往出于自卑，缺乏稳定的自信和自尊，很容易受到来自外界环境和事件的影响。偶有小成就时容易洋洋自得；一旦遭遇一点挫折，或遇到批评和指责，就表现得十分强硬，口出恶语或出手伤人。

猜疑的人整天疑心重重，看到别人议论什么就认为别人是在讲自己的坏话。一旦出了问题，他就会敌意地认为是有人害他成了这样；嫉妒的人总是幻想自己是完美的，别人的优秀如果让他感到自己的渺小，就会让他痛恨万分；还有一种过分自我的人，看起来十分温顺，是因为他认为不会有人伤害他，于是没有任何的自我保护意识，而当受到伤害的时候，他便有可能表现出被动攻击。

以上种种个性的缺陷，都源于一个人只活在自我的世界中，很少能关注到别人的感受，而且遇到问题也会把责任推卸给外界。于是，个性中处处是暗礁，人际关系就会屡屡在个性的暗礁中触礁。所以说，过度自我，是一切个性缺陷和糟糕的人际关系的源头。

过度自我，会很容易让我们在遇到问题、遭遇困境时对别人有愤怒的情绪。这里，我们可以尝试一种非暴力的表达方式，优雅地表达我们的想法，而不是让愤怒脱口而出。

感受内心，闭上嘴，深呼吸数到八。八秒之后，理智可能重归大脑。然后问问自己，如果现在发怒，结果会不会更糟？大多数情况，你冷静下来，并且找到答案。

表达真正的需要，问问自己，在愤怒背后，自己真正想表达的是什么，是委屈，不满，痛苦，还是没有受到尊重。表达自己的合理需要，不要让爆发的怒火掩盖你的真实感受。比如说："你的话让我很失望""我很希望你能理解我"，而不只是指责、挑错。任何人听到你的表达，都比看到一张愤怒扭曲的脸，更懂得该做些什么。

生活中，并不一定随时有人能读懂我们，更多时候需要我们能够读懂自己的情绪。在可能爆发的时候，留意自己的情绪，跟自己的感受合拍，尽快停止愤怒，否则，愤怒带来激烈的情绪反应，会让你听不到自己内心真正的声音。

四、人际过敏要不得

罪犯小齐觉得自己在班里的人际关系不好，自己也想跟其他人搞好关系，可总是做不好，很苦恼。

碰到不熟的人，尤其单独在一起的时候，小齐就会不知所措。聊天时，眼睛跟人对视几秒他马上就会避开，想要聊天时找话题对小齐来说是一件很困难的事情。除此以外，小齐克制不住自己用怀疑的眼光看待周围的人和事，一旦看到别人议论什么，就认为别人在讲自己坏话；别人有意无意看他一眼，他就觉得别人可能不怀好意或是在讥讽鄙视他。小齐还总是怀疑自己长得难看，觉得别人会认为自己看起来傻，怕别人瞧不起自己。而且碰到这些事,小齐往往要长时间的分析:"到底是不是在说我呢?"这件事情。这样痛苦的分析往往耗费几个小时,甚至更长,如果不想清楚就干不了其他事,让他没法正常的生活。

服刑生活空间狭小,容易困住我们的思维,使我们比常人更加敏感。我们之间的关系有别于正常人群,又不得不时刻提醒自己处处留心,时时警惕,不敢有人际交往中的信心与主动性。这时,如果我们性格偏内向,不擅长主动与人交流,对和谐的人际关系失望,或者不知所措,我们就有可能将自己困住,走入过度敏感的人际境地。

过敏很常见,如有的人吃海鲜过敏,有人对花粉和油漆过敏,轻者恶心、胸闷,重者会休克甚至死亡。但是,你知道吗?人际关系过敏也会使人精神受损,不堪重负。

日常交往中,尤其是与不是很熟悉的人相处时,你往往很注重自己的形象,注意自己的言行举止是否得当,接人待物是否恰当,这本是极正常的事情,但如果过度专注于此,就有可能导致人际关系过敏了。

人际关系过敏的你会活得很累,你会太在意别人的评价,既要对付那些夸大了的矛盾,又要抚慰自己无中生有的痛苦,身心疲惫,于是你退缩到自己的世界里,封闭自己、很少与人交流谈心,条件反射似的用愤怒和敌意抵抗别人的评价,使自己的人际关系变得更加敏感。

我们在一个特定的环境中,非常需要拥有良好的人际关系,这就如同我们如果天天在家,家庭的和睦对我们的身心健康有至关重要的决定作用。关系和睦的关键之一在于,你别把对方塑造成一个小人。人际交往中我们常常容易被"暗示",因为

每个人都有阳光的一面和阴暗的一面,当你认为对方阴暗的时候,他就会顺着你的想法,变本加厉的阴暗;当你坦坦荡荡地看待对方,放下猜疑和抵触,对方便会呈现出平和的一面。关系和睦的关键之二在于,停止对对方评价和推断,别老猜他又怎么损你了。人类的思维最爱编故事,他使了一个招,你的故事会为他编造出十几个招,然后彼此开始"冤冤相报何时了"。抛弃互相之间的成见,不以自己的想法度量他人,你还有正事要忙,要考虑自己的未来、生活和家庭,别和几年后可能就再也见不着的人较劲。关系和睦的关键之三在于,多与人交流接触,一切要以事实说话,只有接触方能相识,也可能因为不打不相识,发现对方是个真爷们。因为缘分大家才能相遇在人生道路上,大家都路途艰难,能在坎坷中做个伴儿是一件温暖的事,如果能彼此加加油,鼓把劲,会是特别难得的人生经历。

相信你会是一个爱自己的人,放下伤害自己的疑虑,踏踏实实走完这段历程。

五、 内向不是自我封闭的借口

扬子有一段一年时间不怎么讲话的经历。那段时间,为了避免见到太多的人,扬子宁可饿着肚子也不去吃饭。和人沟通的能力似乎变差了很多,警官问话他会觉得一下子找不到词语应答,与家人打亲情电话也话很少。就算简单的活儿,只要和一群人在一起,扬子就会心烦意乱,缝了半天发现两块布还没对到一起,仔细一看,才发现针没穿线。

很普通的人际交往,但扬子就无法驱逐"做错了别人会讨厌我"或"别人对我好,客观上等于我利用了别人,那别人被利用了应该会讨厌我"的念头。那段时间,扬子不能用自然的眼神和坦荡的表情面对别人,只要看到别人,他的眼神就显得尴尬。没人的时候扬子会突然想哭。开着电视看超女跟着唱《浏阳河》都会唱得泣不成声。

很显然,扬子是个偏内向的人,并且他那段时间有些自闭。可能有人会讲,哎,扬子的情况我也曾经有过,但我不内向啊。事实上,除了那一年的其他时候,扬子也是个看起来比较开朗健谈的家伙。事实上,很多人根本都不知道自己性格的倾向。

在我们的生活中，性格内向与外向的人在数量上大约是1：3。性格外向的人很有魅力，他们主动而健谈，得到了大多数的赞赏，而性格内向的人总是承受很大的压力，他们显得被动，似乎总在顺从外界的要求。

现在，应该是我们的文化对内向性格加以认可的时候了。事实上，性格内向从本质上说是一种非常有价值的个性，性格内向和外向被简单分类为好或不好，这是很不正确的。每一个人都是多面的，不同侧面的性格会展现出不同的才能，我们的社会将从所有人的所有方面获益。

我们常会听到对性格内向人的两种指责：他们是自我封闭的、孤僻而不爱交际的。但事实上，性格内向与害羞和孤僻的性格特征不同，为什么性格内向的人会表现得自我封闭？那是因为性格内向的人关注内心世界，不像性格外向的人到处社交以得到刺激和满足。他们的感觉很细微灵敏，会发现很多其他人发现不了的细节，一件小事就会给他们带来足够的信息刺激，于是他们会关闭信息通道，充分地感受和思考这件事情。性格内向的人不是自我封闭的人，由于他们习惯反思自己的感受，反而能更好地切身理解他人。

另外，性格内向的人并不是不爱交际，他们只是以不同的方式进行社会交往而已。因为与其他人交往会花费大量的精力，所以性格内向的人不愿意花费太多的精力进行社交和无所事事的闲谈。他们只需要很少的亲密朋友，更喜欢内容丰富、充实的交谈，有时候为了节省精力更喜欢观察他人的谈话而不加入其中。

但我们会看到，有一些性格偏内向的人在某段时间会走入自我封闭。生活中我们免不了遇到一些挫折，性格内向的人缺乏与他人充分的交流以获得解决之道，容易累积焦虑。但不是所有内向的人在焦虑中都会走入自我封闭，区别是：

一部分人会用一些积极的方法来补偿，让自己锻炼出应对能力；但是抗挫折能力较弱的人，会以自我封闭的方式来回避焦虑，便会形成习惯性自我封闭。

一部分人在苦不堪言的时候会突然顿悟，找到人倾诉或求助，于是豁然开朗；而一部分人热衷于"痛并享受的"沉浸于苦难中，让挫折信息充斥着大脑，于是与外界脱离。

　　一部分人在受到别人的打击和否定后会静下来反省自己，从而获得成长；而一部分人不能接受自己"错了"的现实，宁愿把自己封闭起来，认为和他持相悖观点的人都不对，在幻想中开始具有充分优越感的生活。

　　所以，性格内向并不是不好的事情，他们高度集中注意力的能力，细致的感受力，作出不寻常决定的意志力，都是非常优秀的品质。但性格内向的人需要很好地了解和利用自己的性格，积极不逃避、更加开放地交流、敢于接纳自己的不足，才会很好地发挥性格的价值，避免走入自我封闭。

教育改造分册

第十三章

科学助矫

自我调适是保持心理健康的重要途径，大部分心理问题可以通过自我调适得到缓解或消除，但是，有些心理困扰通过自身调节效果不明显或难以得到修复，这时候你可能就需要寻求专业、科学的心理帮助了，参加改造项目就是很好的途径。

改造项目是教育改造罪犯的一种新型手段和有效载体，是创新教育改造的一种新思路。所谓改造项目是监狱系统专门用来实现罪犯某个具体改造目标的系统化、程序化、规范化、具有可操作性的干预措施或课程。本章将介绍几类目前狱内开展得比较完善的改造项目。

第一节　内视观想

一、什么是内视观想

内视观想也称"观察自我法"或"洞察自我法"，是源于中国传统文化，由日本学者吉本伊信在1953年提出，于20世纪60年代在世界范围内得到广泛发展的一种具有东方文化色彩的心理疗法。我国著名国学大师南怀瑾先生在对其进行研究后，结合中国传统文化将其命名为"内视观想"（以下简称"内观"）。

内观即为"了解自己，凝视内心的自我"，在内观的过程中，内观者在导引师的指导下，于独立密闭的空间内对自己过往经历进行系统的回忆和反思，在细致回顾人生的过程中获得对自己的心理、性格、人际等多方面的洞察，经由这种深入的自我观察，进而调整心境，唤起"省"与"悟"的念头，最终以自觉的意识来净化内心。

凝视内心的自我，体会他人之恩

二、 内观的目的、方法

内观的目的是消除内观者"自我本位"的思想,将以自我为中心转变到学会换位思考,促使内观者以感恩的心面对生活,该方法的基本出发点,即让内观者从周围亲友的付出中觉醒,体会"他人之恩"。

内观持续时间为一周,在这段时间内,内观者完全与外界隔离,不能与导引师之外的任何人进行言语、眼神和手势的交流,除去洗漱、如厕外,其余时间都要在屏风内静坐回顾,即使吃饭睡觉也在屏风内进行。

经过七天的内观,内观者会在内心中对自身的成长过程以及自己与周围人的关系有一个系统梳理,通过从不同的角度重新客观审视、观察自己,继而充分觉察和感受到他人所给予自己的爱与支持,改变对他人的付出熟视无睹、漠不关心、理所应当等偏执的观念,从而使内心充满生机、自信和力量。

同时,内观者通过对事实的回顾,也会发现自己不但为身边重要的人付出不多,而且还造成了很多麻烦,进而会改变之前自以为是的认知,产生反省、反思和愧疚,进一步产生责任感和行动力。

在内观中,内观者所有的改变均由自己思考所得,由此带来的内观者态度转变,不是因为内观导引师说教而形成的,而是内观者本身在已有经验上的再生和反省而领悟产生的,这些变化促使内观者重新建构自己与外部世界的连接,修正从前错误的情感和认知。

三、 哪些罪犯适合内观

(一) 参加内观的基本条件

1. 主动申请

内观者需要自愿参加内观,一般在内观开始前,内观中心会在狱内进行公开招募,通过发放宣传海报至各押犯监区,由愿意自省的罪犯在阅读宣传海报后自愿报名。

2. 身体适宜

内观者的身体条件适宜参加一周的内观,无重大身体以及精神疾病。

(二) 要求

(1) 内观者能够接受内观设置的内容和环节,在一周的时间内不打扰其他人,积极配合导引师保证内观的顺利进行。

(2) 为保证内观效果,内观全程需要对内观者的一些行为进行规定和约束,例如不能读书、不能与外界联系、不能大声喧哗等。

(3) 内观过程中需遵守两个原则,一是安静,所有的行为均需保证内观室氛围的安静;二是静默,请保证在内观中不与导引师之外的任何人产生言语、手势以及眼神上的交流。

第二节　正念训练

一、什么是正念

正念是对自己当下的身心状况及其一切变化保持如实观察与接纳。它是不加评判地、有意识地对当下的觉醒,其中,"正"并非正确、正向的意思,把正念理解为积极思考并不恰当,因为在正念的实践中,无论正向或负向都可以被观察、认识与接纳。至于"念",讲的是念头、思想、意念,泛指我们的情绪、感受、认知等内心运作。因此,正念是对此时此刻的身心状态如实地关照和接纳,正念训练则主要是

运用一系列技术,教会人们如何更好地照顾自己,从失衡的情绪中解放出来,并活得更加健康以及更好地适应压力重重的生活。

正念是人类的一种潜在品质,也是一种观察和了解内在与外在生命的修习方法。借助不断地亲身体验和探索,正念可以帮助人们培养清晰而完

整的洞察力与理解力，重新认识自我，在悦纳的基础上不断实现自我生命的蜕变和超越。另外，正念可以让每个人更多地与自己身体和内心相联结，了解身心运作和互动模式，从而开启自己内在对于生命的应对、成长、疗愈的能量。

正念训练是改善情绪、提升生活品质和心理幸福感的有效方法之一。学术界业已发表的数以千计的研究文献证实，正念训练是一套有效的课程，被广泛地运用于各个层面，例如，焦虑症、睡眠障碍、慢性疼痛、饮食疾患、强迫症、忧郁症、上瘾行为、高血压、头痛、癌症处境等。需说明的是，正念训练作为辅助方法，并不能代替一般医疗手段，但是它让参与者了解如何面对疾病，接纳自己，并提升与自己与疾病和平共处的能力。

二、正念训练的内容与方法

（一）适宜人群

正念训练面向所有对正念训练感兴趣的人员，采取自愿报名的方式招募参与者。同时，如果患有不同程度的生理和心理疾病，包括头痛、高血压、背痛、睡眠失调、焦虑、抑郁等，也可以考虑报名参加。注意：本训练课程的意义在于辅助而非取代一般的医疗行为。

（二）训练内容

正念训练主要是通过静心观照、身体扫描、躯体拉伸、正念行走等练习，引领参加者回到当下，与自己身心重新连接，了解造成自己身心困扰和情绪烦恼的旧有习性模式，调动自我调整和自我疗愈的潜在力量，为自己在困境中更好地生活打开一扇大门。

练习方法主要包括正式练习和非正式练习，正式练习方法包括：身体扫描、简单的身体瑜伽（立式和卧式）、坐式练习（观呼吸、身体感受、观察声音、想法、无拣择觉知）、正念行走。非正式练习方法包括：正念进食、三分钟呼吸空间、愉快和不愉快事件日记、压力事件觉察、人际关系中的正念、日常生活中的正念觉察和反思等。

三、 参加正念的基本条件

正念训练改造项目要求参与人员有主动参与的意愿，认知和表达能力健全，没有特别严重的身体疾病和心理问题，能完成简单的身体伸展运动。

同时，正念训练也适合患有不同生理和心理疾病的罪犯参加，如有焦虑、抑郁等一般情绪问题的人，又如头痛、高血压、背痛、睡眠失调等心身性疾病患者，也可以考虑报名参加。但值得注意的是，正念训练课程的意义在于辅助而非取代一般的医疗行为。

但是，仍然有一些人员不适合参加正念训练，如患有严重的身体疾患，无法正常参加每周一次课程的罪犯。注意，这里并非指身体残疾不能参加，身体残疾并非排除标准；严重的心理障碍或疑似精神问题才是，如重度抑郁症发作期、精神分裂症、创伤后应激障碍（PTSD）等。

第三节 暴力预防

暴力预防项目是一个专门用来矫正成年罪犯暴力心理和行为倾向的矫正项目，是对有暴力行为的成年罪犯进行的群体性预防矫正的标准化流程。

暴力预防项目依据的是人本主义理论、团体动力学理论、社会学习理论、认知信息加工、个案矫正模式等理论，通过对罪犯的暴力行为进行测查和综合评估，运用个别干预与团体干预形式，从暴力信念、暴力认知、暴力行为、情绪控制、共情训练、问题解决等多角度，全方位地对罪犯实施矫正，使罪犯提高对暴力的认知，充分认

识到暴力行为的后果，把握暴力行为的影响因素，学会愤怒控制和冲突解决技能，提高自我控制能力，有效减少和降低暴力性行为的发生。

暴力预防项目的适用对象不仅包括暴力犯罪史的暴力型罪犯，也同样适用于无暴力犯罪史但具有较强暴力倾向的罪犯。

暴力预防项目主要有个别干预与团体干预两大类，其中个别干预包括访谈、咨询、治疗、作业等。团体干预主要有讲解、示范观看录像、案例分析、角色扮演、游戏活动等。

第四节　亲情修复

亲情修复改造项目以家庭治疗理论和团体心理理论为理论背景，采取团体讨论、角色扮演、心理剧、游戏等技术，旨在通过对罪犯进行不同阶段的心理辅导，采用多种形式的团体心理课程，帮助他们增进对自我的认识，提升对亲情的感受和认知，了解处理亲情关系问题的策略，学习有效的沟通方式，改善不良的沟通模式，从而逐渐修复与亲人之间的关系，以达到激发他们对未来的希望和憧憬，提升改造积极性和主动性的目的。

在罪犯中开展亲情修复，最直接的意义是帮助罪犯了解自己，并且在了解自己的基础上，获悉自己的亲情关系存在哪些问题，以及这些问题给他带来的影响，同时帮助他寻找一些资源来处理和应对这些问题，学习一些处理亲情关系的策略和方法。1972年Charles博士和他的同事们共同研究了团体心理治疗对257名接受矫治的人格障碍的囚犯的影响。基于假释结果表明，在一年随访期间接受心理治疗的罪犯明显优于对照组。这表明，对假释者进行危机干预，可以帮助他们成功完成假释的第一年。在开展亲情修复过程中，当罪犯可以理解自己并找出自己与亲人之间所存在的潜在问题时，心理老师将激发罪犯对于自己的觉察和反思。通过对亲情关系的讨论，帮助罪犯进行自我梳理，探索理解自己的行为和情绪，理解自己某些失控行为可能的原因，并且找到一些资源和方法积极地应对。同时，在改善亲情关系的过程中，也能够帮助罪犯更加相信自己，更有动力和信心找到资源去应对未来生活中的挑战。

第五节 表达性艺术治疗

艺术治疗是结合艺术和辅导、咨询与治疗的一种心理治疗或辅导方法，它以各种艺术的媒介来表达人们内心的思绪、感受及经验。这些媒介可能是游戏、声音、身体、故事文本、书写、绘画、舞蹈、音乐等，而所表达的内容可能是意识层面也可能是潜意识层面的想法，其基本信念为相信每个团体成员均有与生俱来的能力，可以进行自我引导。在一个支持的环境中，通过外在的创作形式来表达内在的情感，借以发现自身深层的情绪，提供给自己更多的力量。

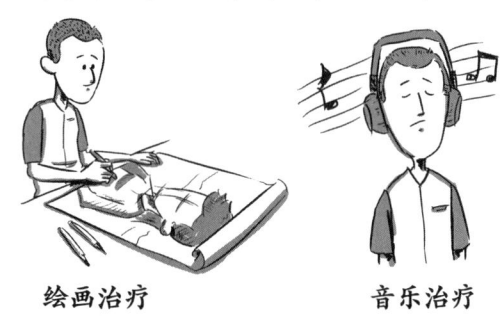

绘画治疗　　　　音乐治疗

一、绘画治疗

绘画治疗是心理健康疏导和治疗的方法之一，绘画者在绘画创作过程中，通过绘画工具，将潜意识内压抑的感情与冲突呈现出来，同时，在绘画的过程中，绘画者在心灵上、情感上、思想上，将获得负能量的释放，可以解压，宣泄情绪，调整情绪和心态，修复心灵上的创伤，填补内心世界的空白，获得满足感、成就感、自信心，从而达到诊断与治疗的良好效果。绘画艺术是一种神奇的语言，心理咨询师可以通过绘画解读受访者的心灵密码，透析深度困扰人们的"症结"，从而对症解题，让受访者在一定的时间内得到帮助和缓解。

二、音乐治疗

音乐治疗是一门集音乐学、心理学、教育学、社会学、医学和生物学等多种学科于一体的交叉学科。在实施治疗的过程中,它把多学科的知识、技能融合为一体,并借助特定的音乐活动,在音乐治疗师和患者的共同参与下,通过音乐活动对引发参与者的生理、心理、情绪、认知和行为体验,来达到保持、恢复、改善和促进患者身心健康的目的。[1]

三、箱庭治疗

箱庭治疗也称沙盘治疗,这是一种心理临床技法,让来访者在有细沙的特制箱子里随意摆放组合玩具来再现其多维的现实生活,将来访者的无意识整合到意识中,是一种从人的心理层面来促进人格变化的心理治疗方法。[2]

箱庭疗法一方面可用于心理诊断与综合性心理评估,缓解心理压力、紧张与焦虑以及各种心身疾病的专业治疗。另一方面,箱庭疗法作为一种综合性的心理教育技术,对于心理健康的维护与人格发展、艺术表现与创造力的培养和生活质量的提高以及以个性化为目标的心性发展与完善等方面都有积极意义。

箱庭疗法可以作为正常人心理活动投射的体验。通过摆放沙箱内的沙具,塑造一个与他(她)内在状态相对应的心理世界,展现出一个人美妙的心灵花园。

四、心理剧

心理剧能帮助参与者通过音乐、绘画、游戏等活动热身,进而在演出中重新体验自己的思想、情绪、梦境及人际关系,伴随剧情的发展,在安

---

〔1〕 张勇:"音乐治疗概念的中西方界定",载《音乐传播》2018年12月。
〔2〕 张勇:"心理咨询室专用设备",载《大众心理学》2008年12月。

全的氛围中，探索、释放、觉察和分享内在自我，是一种可以使患者的感情得以发泄从而达到治疗效果的戏剧。

　　心理剧的目标是诱发患者的自发行为，以便直接观察他的病情。它是通过特殊的戏剧形式，让参加者扮演某种角色，以某种心理冲突情景下的自发表演为主，将心理冲突和情绪问题逐渐呈现在舞台上，以宣泄情绪、消除内心压力和自卑感，增强当事人适应环境和克服危机的能力。

教育改造分册

第十四章
准备回归

为了做好罪犯的出监教育工作，临近释放罪犯较多的省市专门成立了出监教育监狱，如湖南省星城监狱。临近释放罪犯较少的省市一般选定某个监狱，设立几个监区即出监教育监区，如北京市监狱管理局目前就是在北京市未成年犯管教所成立了出监教育监区。出监教育监区作为罪犯刑满释放前的最后一站，主要任务是通过开展社会常识知识讲座、职业技能培训、社会帮教等系列教育活动，帮助罪犯了解社会、适应社会、融入社会。换言之，罪犯出监教育作为罪犯教育改造工作的最后一个环节，主要任务是提高罪犯释放后适应社会的能力，降低重新违法犯罪率。

第一节 认真对待出监生活

出监教育作为罪犯整个改造过程中的最后一个环节，其效果的好坏，直接决定了能否巩固改造成果、尽快适应现实社会、真正走进新生活。作为一名罪犯，应当怎样对待出监生活呢？

一、正确认识出监教育的重大意义

罪犯参加出监教育，具有非常重要的意义。具体而言，主要体现在以下几个方面。

（一）通过出监教育，可以使罪犯增强信心、迎接新的生活

前途和出路，几乎是每名罪犯自入监之日起就非常关心的事，特别是临近释放这个阶段。有的罪犯甚至因为前途和出路问题吃不下饭，睡不好觉，这是十分正常的。焦虑的问题归纳起来有三个方面：一是就业问题，即回到社会后靠什么生活；二是家庭生活问题，即家人是否会接纳自己；三是疑惧社会歧视，即害怕他人总认为自己是坏人，进而用异样的眼光与方式对待自己。这三个问题的核心是前途与出路，即罪犯未来工作的前途与出路、未来家庭生活的前途与出路、未来人际关系与社会地位的前途与出路。不少罪犯在监狱内服刑改造多年，虽然通过报纸杂志、电影电视等

传媒了解到高墙以外的一些情况，但对整个国家当前的政治、经济和改革的发展形势，还不是十分清楚。尤其是与自己切身利益相关的工作前景、家庭生活、社会环境等因素，如果自己不去实践则是根本不可能了解到的。由此产生一些担心、顾虑乃至偏见，都是很正常的。当然，如果在出监前不能很好地了解这些问题，那么出监后的第一步就会踩不踏实、走不顺心、出现偏误，进而就会失去信心，甚至一蹶不振。大多数罪犯在改造中取得了一些成绩，也有重新做人的决心。回归社会后，许多罪犯也会得到他人热心的帮助，但同时，也不能排除部分人的不理解和不信任。因为罪犯以前危害过社会、伤害过他人、造成过他人的痛苦。所以，在出监前，大家要做好心理准备，遇到这样的问题时首先应冷静对待，然后要依靠自己的努力，用实际行动和劳动成果，去改变别人的看法。也就是说，要想改变别人的看法，要想取得社会的信任，首先要改变自己的形象。这其中之关键，还在于自己有没有信心，有没有勇气走好回归社会后的新生路。

（二）通过出监教育，可以进一步强化罪犯的法制观念

罪犯服刑改造期间，首先要解决的是认罪服法问题，法制教育又贯穿整个改造过程，罪犯对"法"这个字眼有着特殊的感受。它伴随着罪犯度过了整个改造生活，而且还将要伴随罪犯踏上人生新的前程。所以，尊法、学法、守法、用法，对罪犯有着更重要的意义。经过监内改造教育，大多数人都能从过去的违法犯罪中接受教训，并且认识到了自己犯罪的原因虽然是多方面的，但缺乏法制观念则是一个重要因素。服刑期间，多数罪犯树立了守法的决心，并且取得了较好的改造成绩。但还有少数罪犯，嘴上说的和心里想的不一样，甚至有少数罪犯到刑满释放时也不认罪服法，甚至企图报复、重新犯罪，那么这些罪犯一旦回归社会，其结果必然是重蹈覆辙，会再次受到法律的严肃处理。

（三）通过出监教育，可以检验、总结改造成绩，巩固改造成果

通过出监教育，可以使罪犯进一步吸取过去犯罪的教训，总结改造成绩，明确今后应该做什么人，走什么路。由此可见，出监教育对罪犯有着

极为重要的现实意义。因此，罪犯应充分珍惜出监教育这段时间。在学习过程中，要求紧密联系罪犯的思想实际，侧重解决好思想认识问题，包括认罪服法、人生观的转变、争取光明前途的信心等问题。以此来检验自身的改造成绩，即在改造犯罪思想上都解决了哪些认识问题？收获有多大？为什么同在一个环境中进行改造，有的罪犯在改造中立功受奖和受到减刑的奖励，而有的罪犯却受到延长刑期等处罚？这些都需要罪犯结合自己的改造实际，回过头来认真地进行自我反省，从主观上、客观上系统地总结正反两方面的教训，明确今后如何做人，如何做一个能够适应社会变化的新人。

（四）通过出监教育可以提高罪犯就业技能，舒缓服刑期间的心理压力

出监教育期间，对符合参加职业技能培训的罪犯进行相应的职业技能培训和心理健康教育，使其初步掌握一技之长，心理状态趋于逐渐稳定，为其回归社会后，在政府相关部门的帮助下，实现顺利就业和生活打下基础。

二、参加出监教育要克服不正常的心态

由于离出监的时间越来越近，罪犯的思想由原来的相对稳定状态会变得动荡不安，想法也比较多，大体可分为以下两种类型。

（一）"翘尾巴"型

少数罪犯思想改造不彻底，罪犯意识较差，临近出监放松了对自己的要求，表现在行动上：一是对民警没有礼貌，说话粗鲁，行为野蛮，虽然没有脱下囚服，但好像自己已经不是囚犯了；二是逃避劳动；三是作风散漫，不起床，不参加学习，不搞个人卫生，视监规纪律而不顾。

"翘尾巴"型

"愁眉不展"型

(二)"愁眉不展"型

在罪犯中间,有的因为判刑丢了工作,对出监后如何谋生心里没谱;有的因为判刑离了婚,认为出去后无所投奔;有的二十几岁就入狱且刑期较长,出监时已过而立之年,生活、婚姻没有着落。这些罪犯在出监之前顾虑较多,压力较大,故而更加容易产生悲观失望的情绪。

如不及时解决这些心态,势必使罪犯背着思想包袱或带着疑虑走向社会,对重新开始的人生之路缺乏信心,甚至成为重新犯罪的隐患。

三、参加出监教育期间要切实做到的要点

出监教育虽然是监狱教育改造罪犯的最后一个环节,但它仍然属于罪犯的服刑改造生活。面对新形势、新要求,罪犯在出监教育期间应当做到以下几点。

(一)一如既往,严格遵规守纪

"无规矩不成方圆。"为确保出监教育的正常进行,监狱会制定《出监监区一日生活管理规定》《出监监区反思学习制度》等有针对性的管理制度,强化行为养成教育,巩固前期、中期教育改造成果,对这些规定,罪犯要严格遵守,逐步提高罪犯"自我管理,自我约束"的能力。此外在出监教育期间,监狱会坚持文化育人,组织罪犯每天诵读一篇文化经典,每周举办一次传统文化讲座,每月教唱一首感恩向善的歌曲,把看、听、唱、学等形式有机结合起来,促进罪犯正心修身、改恶向善。作为一名即将出狱的罪犯,必须要配合政府工作,积极参加,认真执行,确切得到素质提升。

(二)克服不良情绪,保持平和的心态

针对临释罪犯易产生的紧张、焦虑、自卑等不良情绪,出监监区常态化开展心理辅导、个别咨询、团体咨询和互动训练等活动,帮助罪犯克服刑释前的烦躁情绪和矛盾心理,增强自我调控情绪的能力。同时,监狱还

会在临释罪犯中开展心理状况、性格特征、刑罚体验等方面的心理测试，根据"客观与主观"结合、"定性与定量"结合、"分析与综合"结合的原则，对临释罪犯进行出监综合评估。对于监狱组织的这些心理健康教育活动，是专门针对即将出监的罪犯而开展，所以大家要积极参与、主动配合。此外，监狱还会组织即将出监的罪犯，通过征文、演讲、讨论等形式，以服刑改造感悟为主线，引导大家反思自己在服刑改造中的得失，表达即将重新回归社会的感恩与展望，或者通过组织大家向受害人和亲属书写、邮递悔过书的活动，让大家表达对自身犯罪危害性的深刻认识，促进大家与旧我决裂，树立起积极面对新生活的信心和决心。

（三）以回归需求为着力点，继续加强学习和改造

在出监教育中，监狱会优化出监教育课程设置，在教育内容上突出"三新三结合"，即把新的法律法规、新的社会形势、新的社会潮流向罪犯作详细介绍，使出监教育与监狱实际结合，与罪犯本人情况结合，与社会形势结合。监狱会邀请司法、公安、税务、民政、工商、人力资源等地方政府职能部门来监狱为临释罪犯进行各类讲座，介绍就业、安置、社会保障等方面的法律法规和形势政策，在教育内网、《新生家园报》、狱内广播开辟"社会形势"专栏，让临释罪犯了解社会发展形势，增强回归社会后的信心。有的监狱还设置模拟社会生活场景的训练活动，设立模拟行政服务中心、人才市场、超市、银行等项目，让罪犯在模拟体验中掌握立足社会的基本知识和技能，提高罪犯的社会适应能力。也有监狱会自主编写以回归教育为主题的教育读本，应用于日常出监教育教学工作，不断增强罪犯自律自省意识，树立法纪观念，传递向上的正能量。所有这些继续学习措施，都是围绕罪犯回归社会的实际需求来进行的，所以每名即将回归社会的罪犯都必须高度重视、积极参加、认真学习，准确理解把握。

第二节　做好回顾与反思

反省是一面镜子，它能将我们的错误清清楚楚地照出来，使我们有改

正的机会。当你准备迎接新生，面对记忆深处这段无法抹去的服刑经历，不要只想忘记它，而要深刻反省，因为每段经历都值得被提炼，而这种反省和提炼会让你走向成熟。

一、回顾反思的意义

能否珍惜改造成绩和正确认识得与失，代表一个人对自己认识的程度和对过去的态度。其实在把握得与失之间，表现出的是人的睿智与愚昧。在恢复冷静时，大家会看到，吸毒者凭借他的聪明获得毒品，而吸食毒品却损害着他的身心健康。贪财者，以巧妙的手段获得不义之财，却在镣铐声中断送了自己的前程。在追求犯罪所带来的刺激与满足时，同样要承受它所带来的惩罚与痛苦。回顾以往犯罪经历，反思先前的挫败人生和改造过程，主要有如下意义。

（一）有利于巩固改造成果

刑罚的直接目的，就是要通过一定时间的政治思想、文化、法制教育，同时结合开展的生产劳动，帮助犯罪的人改正错误，重新回归社会。一个人的犯罪行为，所侵害的不仅是受害者本身，更多的是对社会整体秩序的危害和影响。因此，通过回顾反思，可以使绝大部分罪犯，认清自己犯罪行为的严重性，明白什么是可以做的，什么是不可以做的，以增强认真学习、努力劳动的积极性。同时用获奖减刑来表明自己思想上的进步，法律意识上的强化和悔过自新的决心。这样才能巩固改造成绩，才能让自己今后的路越走越宽。

（二）有利于正确自我定位

释放前，监狱为罪犯安排了3个月的出监教育时间，这样进行重新自我定位的时间更为充裕。临释人员可以利用这段时间进行回顾反思，仔细判断自己的得到与失去，优势与不足。如果回到社会上要想有所作为，能够正确自我定位,是迈向成功的第一步。不要过低的评价自己,也不要高估自己,这样才能找准位置,更好地融入社会。

(三) 有利于实现人生理想

出监教育期间,监狱安排了许多教育内容,涉及社会形势、技能培训、就业指导等方面,这些在促使罪犯回顾反思的同时,也为释放后适应社会提供了基本的条件,而这些条件正是实现人生理想和走向成功的桥梁。要知道那些成功人士之所以成功,多半是因为他们懂得从失败教训中总结自己的得失,懂得从一切可以提高和丰富自己的机会中汲取有利于实现人生理想的养分。因此,届临出监的罪犯要充分利用这三个月的时间,对自己的过去进行回顾反思,对自己的现在进行梳理,对自己的未来进行展望与设计。

二、 珍惜付出与拥有

监狱生活对大多数罪犯来说,都会产生一定的影响,这种影响不会因为人的好恶而改变。但是作为一个想要掌控自己命运的人来说,他必须要好好珍惜辛辛苦苦取得的改造成绩,能清晰和清醒的认识到自己的得与失,并在此基础上客观地面对未来的生活。

作为刑罚执行的最后一个环节和服刑生活的最后一站,从罪犯来到出监队的心理特点和释放后的实际需要出发,出监教育为罪犯安排了反思交流、适应性训练、拓展性训练、社会化教育等活动,希望这些活动将在指导罪犯回归社会、适应社会、融入社会方面有所帮助。反思教育,就是让参加出监教育的罪犯在民警的指导下,对自己的改造生活进行回顾,从而更好地珍惜改造成绩,总结服刑的得与失。

服刑生活对很多罪犯来说,都是一次痛苦的经历和回忆,更是人生中一次对自我的考验、磨炼和调适。当你为了自己心中的改造目标而积极参加劳动改造的时候,当你期待着的奖励兑现的时候,当你接到减刑、假释裁定的时候,当你步入出监监区大门的时候,你的心里是否还能平静如水,是否还能玩世不恭,是否还能真的无所谓?其实,不用去追问你们各

自获得改造成绩的努力过程，只希望你们能认真地回味一下，你们在服刑过程中所做过的所有努力，也许那份滋味是辛酸的、痛苦的、刻骨铭心的，但正是由于它的来之不易才更应该被珍惜。

(一) 珍惜改造成绩

无论何种原因导致了犯罪，都应该对自己违反法律、触犯刑律、危害他人的行为负起责任，情愿也好、不情愿也罢，在经历了诸多的法律程序后，最终来到监狱，接受了几年甚至十几年的改造，从当初的不适应到后来的基本适应，直至融入改造生活，不仅走过了起伏跌宕的心路历程，更走过了身体行为再规范的强化过程。在或长或短的服刑生活里，获奖减刑并不是服刑生活的唯一目标，教育改造最终还是为了洗心革面、重新融入社会。大部分罪犯在时间允许的情况下，通过努力都获得了适当的减刑。但是有的罪犯在因为违纪而被撤销奖励和减刑的时候，出现了悔恨和沮丧的情绪。所以，请珍惜改造成绩，这不是为了迎合出监监区的管理，而是为了不让因一时的冲动而后悔。既然都是带着多年的改造成果来到了出监队，那说明在某种程度上，是具备了回归社会的素质的，在心理上应该做到"不以物喜，不以己悲"，面对减刑、假释坦然处之，面对出监释放潜心受之。

(二) 珍惜出监教育的机会

一般情况下，监狱会对罪犯进行形势政策、前途教育、遵纪守法教育和必要的就业指导，开展各种类型的职业技术培训，以增强罪犯回归社会后适应社会、就业谋生的能力。有些监狱还会邀请当地公安、劳动和社会保障、民政、工商和税务等部门向罪犯介绍有关治安、就业、安置和社会保障等方面的政策和情况，帮助罪犯作好释放后应对各方面问题的思想准备。

在出监监区，这样的出监教育机会是十分宝贵的，因为监狱在组织技能培训和就业指导等工作时都是根据临释人员的特征及实际需求来进行的，并且通常只要符合条件，临释人员就可以参加这些培训项目。当罪犯刑满释放后，真正走入这个纷繁的现实世界，要想再去参加这样的培训或指导，往往需要付出很多时间和费用。

三、总结得到与失去

珍惜所有的来之不易，要有一颗平常心，在面对得与失的时候客观分析有利形势和不利因素。人只有很好的总结过去才能对未来有明确的认识。准确把握自己的得失，才能产生对自己的正确评价。那么，我们来计算一下这些年的"得失账"。

（一）于个人，自由重要还是金钱重要

"生命诚可贵，黄金价更高。若为自由故，二者皆可抛。"这简短的四句话曾经被很多人所流传，它反映了人们对自由、生命和金钱的思考。的确，很多人都认为自由是无价的，是至高无上的。但是有些人被财富所迷惑，宁愿牺牲自己的自由或者是冒着失去自由的风险去铤而走险。曾经有一个罪犯，为了两万元，而不惜服刑一年半。当有人和他聊起此事时，他总是认为自己占了便宜，"一年半换两万元，值了，要不然，一年多也挣不了这么多钱啊。"这种观点太荒唐，一年半的时间，就拿他个人的得失来计算，也不是两万元可以弥补的。18个月的监狱生活，不仅失去了自由，还要负担每个月在监狱内采买日常生活用品的费用，而且家人每次来探视都要花费一定的费用，往返奔波几百里。从另一面分析，假如他不为了那两万元去犯罪服刑，而是自己努力去赚钱，就算他一个月挣1000元，18个月也有18000元。总的算起来，也会超过那不该拿的两万元。再加上这失去自由的两年，给本应多姿多彩的生活留下了一段阴影。在出狱的时刻，他失去的不仅是两万元，更多的是失去了人生的发展机会。因此，你们应该懂得自由永远比金钱更可贵。一个人如果不珍惜自己的自由和生命，一味地追求金钱而放纵自己违背良知与法律，那么终将成为金钱的奴隶，甚至永远被囚于牢笼中。

（二）于家庭，亲情重要还是私利重要

很多罪犯走上犯罪的道路有一个重要原因是追逐一己私利，忘记了父母的谆谆告诫，家人的殷殷期盼。这样不仅伤害了亲人倾注在其身上的亲情，也给亲人造成了消极的社会舆论。父母苦心把你们抚养大，不希望看到你们在监狱里服刑，而他们却在外面苦苦等待。父母并不奢望你们多么有地位、多么富有，他们需要的是儿女能够守在身边，看着自己的儿女平平安安地生活。妻儿和你们一起，不希望看到一道围墙、一张电网，将彼此分隔得很远很远，而是希望能与你们日日相伴，夜夜相随。在你们服刑期间，这些最亲的人，不知道要为你们操多少心，流多少泪，本该是其乐融融的团圆生活，却因你的缺席而黯然失色。高墙之外的世界，机遇与挑战全都被你的犯罪给抹杀了。高墙电网，圈住的不仅是人的身体，圈住的还有那无尽的亲情与期盼，那渴望实现自我价值的理想，隔断的是那与社会千丝万缕的联系与被社会认可的追求。其实，真正的得失账，只有你们自己才能算得清楚。经历服刑生活，应该明白在社会上犯罪绝不是解决问题的途径，反而是害人害己的行为。采取最恰当的方法，做到解决问题又不违法，才是明智的选择。正如英国著名诗人丁尼生所说："自重、自觉、自制，此三者可以将你引致生命的崇高境界。"

● 延伸阅读

家住北京西南一个小山村的8岁女孩文文，这两天特别高兴，因为她明天就要走进高墙，与三年前被判刑的爸爸相聚了。为了这次特殊的相见，妈妈特意向单位请了两天假，赶到城里给文文买了一套新衣服。文文也早早地为爸爸6月26日的生日画好了贺卡。她说，要在见面那天亲手送给爸爸，并让他听到"生日快乐"的祝福。

见面的前一天晚上，文文一遍遍地问爷

爷,还有什么话要跟爸爸说;一遍遍地在镜子前试穿新衣服;一遍遍地问妈妈,她准备送给爸爸的生日卡装好了没有……

探视开始了,就在爸爸刚走进探视室时,文文就迫不及待地从妈妈的手里挣脱出去,一下子扑到了爸爸怀里。爸爸半蹲着搂住女儿,足足有两分钟的时间,父女俩如雕塑般一动不动地"凝固"在那里,探视室里安静得出奇。突然,文文"哇"的一声,撕心裂肺地大喊"爸爸,爸爸!"爸爸则把头默默地贴在女儿的肩上,再抬起头时,文文的衬衫已经被他的泪水浸湿。

几十分钟的探视时间很快就要结束了,文文拿出了送给爸爸的生日贺卡,爸爸也拿出了两张画,作为送给文文的"六一"儿童节礼物。最后,文文和爸爸又一次相拥在了一起,屋内静静地响起了文文那稚嫩的生日祝福歌声……

(三) 于社会,不该忘却的关怀

违法犯罪行为不仅伤害自己,伤害亲情,而且对社会也会造成一定程度的伤害。严重的犯罪可能还会危及公共秩序、公共安全甚至国家安全,让普通民众感到惶恐不安,危害正常的社会经济生活和人民生活的和谐稳定。这些伤害,社会都在默默地承受着。她就像一颗硕大的树,总是会遇见一些不安分的人不断地伤害她,她静静地流泪,靠着自己顽强的意志愈合着一个个的伤疤。但她却始终没有记恨那些伤害过她的人,反而是日复一日地为人们供给着氧气,为人们遮阳避雨,为人们带来怡人的绿色世界。其实,这个社会从来没有放弃过任何一个罪犯,她总是在不断地为罪犯送去关怀与支持,努力地接受每一个刑释人员。我们的社会总是在为罪犯创造更好地服刑条件,为刑释人员提供更多的就业机会。社会上有很多好心人在为罪犯、刑释人员的合法权益奔走呐喊,为罪犯、刑释人员提供各种各样的精神上或物质上的

支持与帮助。所有这些都不该被忘却，在你们进行回顾反思时，你们应该明白，这个世界上没有谁必须对你们好，所以要学会去珍惜对你们好的人，学会去铭记，学会去感恩。

● 延伸阅读

一封特殊的感谢信

尊敬的监区领导及监区民警：

　　我是六监区罪犯杨某某，2017年2月20日，是我一生难忘的日子，监区领导与监区民警的关怀与帮助，深深感动了我，令我这几日心潮澎湃，难以入眠，特此提笔表达内心的感激之情。

　　首先感谢监区领导及杨某华队长给予我亲人般的关心及帮助，自我入监服刑以来，就与家人失去了联系，尤其牵挂并担忧我的女儿，她只有11岁，没有亲人的照管，我担心她的日常生活起居、惦记她的读书学习，等等。可是由于我失去自由，从此高墙相隔，一直没有她的消息，每晚只能枕着思念与愧疚，辗转难眠。监区领导及监区杨队长知道了我的情况，特意为了我，与我居住地派出所、司法所联系，找到我的大姐，找到我的女儿，并接她们到监狱与我会见，让我太意外了，很惊喜！亲人永远是我内心最柔软的痛，是我最大的精神支柱。不仅如此，杨队长了解到我的家境状况后，当时就拿出身上的300元钱给我的女儿，并叮嘱她要坚强，要好好学习的时候，我眼睛瞬间湿润了，男儿有泪不轻弹，只是未到伤痛时。我也是有血有情的男人，身陷绝地，早已习惯没有亲人的孤独。而这一天，这迟来的亲情和浓浓的爱，对于我是多么的重要。而这一切，是在监区领导和监区民警的关怀和真诚帮助下才拥有的，我诚挚地向你们说一声"谢谢！"

　　其次，我曾经错上加错，但刚被"禁闭"处罚结束，身边的民警们仍对我不放弃，并给予如此帮助与关怀，你们身体力行，教诲我，在我最阴暗、最无助之际，给予我阳光与温暖，你们的教导与帮助我铭记在心，再次说一声"谢谢！"

　　身为一位身穿囚服的罪犯，本身罪孽深重，众叛亲离，家庭破裂，身心俱伤。在孤独、沉默中仍难改自身浮躁冲动、疏于自律的恶习，而你们一次次的教诲及帮扶，深深触动了我的内心，你们的拯救与关怀，感动了我。除了表达内心真诚地感激，我将在以后的改造中严格律己，遵规守纪，努力改造，用自己的实际行动来回报你们的恩情与期待。

谢谢你们，让我明白了"黑暗周围包围着阳光"，知羞感恩善改的人，依然是有希望的。

罪犯：杨某某

四、回顾反思之法

（一）回顾反思之知错能改

失去自由，人生的一切幸福与美好都无从谈起。很多罪犯在刚入狱时，往往沉溺于过去美好的回忆中，而不愿面对现实，把自己的负面经历归因于他人、社会以及命运的捉弄，认为自己受到刑罚是因为自己倒霉，而忘了反思自身的错误。大多数罪犯在经过一段时间的服刑生活，可能会对法律、社会及自身形成新的认识。生活中我们也常常见到许多由违法、犯法到守法、护法的人。

法律是公平的，它不会因人们身份的差异和地位的高低而进行区别对待；法律是无上的，谁践踏了法律都必将受到法律的严惩。所以回顾反思可以帮助你们正视自我，剖析自我，最终重塑新的自我。"知错能改，善莫大焉"，能从过去的阴影中走出来是人生成功的表现。

（二）回顾反思之挥别过去

许多罪犯也曾怀有远大的理想与抱负，也曾做过有益于社会和他人的事，也曾经是父母眼中的好儿女，是子女眼中的好爸妈，面对金钱、权势、欲望的诱惑，从一个遵纪守法的公民沦落成为受人非议的罪犯，面临着道德和法律的双重审判，昔日的风光荡然无存，本该拥有的幸福与自由也离自己远去。知耻而后勇，知错而后进，应当以永远不再犯罪的决心和踏实做人的态度面对新生活，挥别过去，面对未来。

● 延伸阅读

曾经的罪犯，如今的公益达人

"大家好，再次回到这个让我获得新生的地方，非常激动！"握着话筒，梅芳（化名）哽咽地说。她聊起了自己曾经的高墙经历和回归社会后所做的种种努力，"大家一定要好好改造，相信你们也能和我一样，重新站起来！"

2003年，梅芳因挪用公款罪被判处有期徒刑4年，并进入女子监狱服刑。从一名会计到罪犯，巨大的身份落差让梅芳万念俱灰，入监第三天就病倒了。"民警很快就来跟我谈心了。"梅芳说。民警安慰她要好好养病，并连续几天跟她谈话，让她放下包袱，正视自己的改造生活。一次检查中，梅芳因为一张纸巾被扣分。当她委屈地找到徐民警时，徐民警语重心长的一番话让她醒悟："梅芳，你被扣分就那么着急。可你更应该着急的，不是自己被毁掉的前程吗？"徐民警说，只有踏踏实实地过好每一天，人生才有补救的希望。民警的帮助，让梅芳萌生出新生的渴望。她用文字记录下了当时的感受："我是个落败的旅人，经历了事业崩塌、名誉扫地，但我渴望时光能让我重来一次。"

在高墙里，梅芳遇见了许多引领她走向新生的民警：方民警鼓励她参加法律专业自学考试；陈民警鼓励她多写稿投稿，用笔开启心门，走出自卑，找回自信；董民警得知梅芳的母亲身患重病后，替她前去看望；方指导员和徐民警知道梅芳体弱多病后，鼓励她加强锻炼。"原以为犯了罪的人没有了希望，是监狱让我重拾信心。"梅芳说，民警的话语和举动，成为激发她改造的动力，更成为她走出监狱、回归社会后面对困难毫不气馁的勇气来源。

重生之路也是感恩之路，再次踏入社会，梅芳立刻投入工作，从营业员到各类服务咨询师，职业转换间，梅芳收获了许多来自身边人和陌生人的善意。例如，过年期间，为了不伤梅芳的自尊心，她的同学、老师、朋友把钱以孩子红包的形式交到她手上。"帮助我的人很多，我想回报他们。"

梅芳有了做公益的想法。2015年,她和一群志同道合的伙伴开始做公益,为孤寡老人送餐,为贫困人员寄去爱心冬衣。志愿活动越来越多,梅芳内心的归属感也越来越强。2016年,梅芳集结身边热心公益的伙伴,发起设立了义工协会。2018年,梅芳又自发设立了志愿服务中心。如今,梅芳已是家乡小有名气的爱心公益人士,她发起设立的义工协会和志愿服务中心总人数已有400多人。他们的身影,常常出现在社区、环保活动、援助项目的现场……

"我的重生之路,也是我的感恩之路。我希望能把这份感恩回馈给更多的人。"梅芳说,因此她才想来到高墙内,跟大家分享自己的故事,同时希望自己的志愿服务团队能成为罪犯重返社会的中转站,让她们在公益活动中找到自我价值。

不仅仅是梅芳,有不少走出大墙的人也以另一种身份重回监狱。新生十月的骆某给女子监狱寄来了一封信,告诉民警她凭借在监狱学到的服装技能,找到了一份不错的工作,自食其力。之后,在监狱的邀请下,骆某作为励志典型回到监区,用她的经历鼓励迷途中的罪犯早日走向新生。

罪犯的改过自新,就是对监狱工作最好的回馈。

(三) 回顾反思之具体步骤

(1) 撰写回顾反思材料。回顾反思材料的体裁可以多种多样,记叙、散文、随笔均不限。这些材料可以是对自己一段服刑生活的记录或感想,可以是对自己读过的一本好书、经历过的一个事件的看法或观点,可以是对自己得与失的理解,可以是对自己未来生活的畅想与憧憬,等等。

(2) 民警指导修改。写好的回顾反思材料自己先仔细读一读、看一看,然后交由各自的主管民警进行指导,主管民警提出修改意见后,临释人员再进一步补充和完善。

(3) 班组讨论集体交流。主管民警组织临释人员,以班组为单位对各自的回顾反思材料进行班组内的交流讨论。由班组内推荐优秀的回顾反思材料在监区"回顾反思交流会"上进行集体交流。

第三节　调整释放前的心态

要实现从监狱人到社会人这样一个大的跨越,维护自身心理健康、保持平和的心态十分重要。要用积极的心态武装自己,积极思维、积极行动,将命运真正掌握在自己手中。因为,健康的心态和明确的人生目标是走向一切成就的起点。

(一) 克服迷茫和彷徨

迷茫是一种心中虚无、拿捏不定、消极颓废,对未来产生无边的恐惧和担心的情绪。迷茫会让人感觉到未来没有方向,就像断了线的风筝,不知道会飘向何方。于是,陷入迷茫中的人总是会不停的问:出路到底在哪里?

走出迷茫需要冷静和正确地看待自己的处境。马云曾经说过,人一定要想清楚三个问题:你有什么?你要什么?你能放弃什么?想清楚了这三个问题,才能走出迷茫。在即将服完刑期,重返社会和家庭时,有很多罪犯因为对未来的不可预测和无法掌控而陷入了深深的迷茫之中。于是不停地问自己,我能适应这个全新的社会吗?我应该如何开始新的生活呢?

乐观是一种积极的心态,是一种无论在什么情况下都能够保持微笑,相信坏事情终将过去而阳光终将再次照耀自己的人生态度。体育运动可以让人的身体得到锻炼从而保持健康,而心理健康的保持却是要用乐观的情绪来支撑。对于刑期即将结束的罪犯来说,乐观的去面对生活更为重要。当重新回到这个社会时,将面临大大小小的挑战,如果没有一个乐观的心态去应对挑战,可能会被这些挑战所打败,甚至对生活和未来失去信心。因而,乐观的面对生活中的种种困难,才能克服心中的恐惧与迷茫,走出

心中的彷徨。

美国著名作家马克·吐温与作家朋友郝威尔参加教会聚会时出门便碰到天降大雨。郝威尔不禁悲从中来，他喃喃地问马克·吐温："这雨会停么？"马克·吐温回答："所有的雨都会停的。"是的，人生也会有雨天，但人生不会永远都是雨天。我们要相信雨后的天空会更加晴朗，雨后的空气会更加清新。当面临人生选择的时候，迷失了方向的人会说前途迷茫，对生活失去信心的人会说世态炎凉，这都是因为他们不够勇敢，所以才会认为生活中的挑战是一只只的拦路虎。岁月的流逝固然是无可奈何，而人的逐渐蜕变，却又让芸芸众生感受到了时光的力量。每个人都曾经跌倒过，迷失过，痛苦过。人之可贵，恰恰在于能够因为环境的改变，而不断地调整、提升自己。对于临释人员来讲，我们首先要相信自己可以走出迷茫和彷徨，乐观地去面对生活。

每个人都有自己的优势，要根据自己的实际情况，合理清晰地规划自己的人生，确定一个自己能够凭借努力实现的目标和梦想。当朝着目标努力的时候，不知不觉中就会发现迷茫早已被充实的生活代替。

(二) 找准方向和目标

目标对于人来说具有关键性的指引作用。在人生的发展过程中有目标与没有目标会有截然不同的结果。没有目标的人就像是没有根的"浮萍"，飘忽不定，飘到哪儿算哪儿，最终化作一摊"烂泥"。而有目标的人则不同，他们就如同"夸父追日"中的"夸父"一般，坚持不懈地朝着自己的目标"太阳"前行，而最终追逐目标的人在这个追逐的过程中得到了锻炼与发展，甚至收获让人羡慕的成功果实。即将刑满释放的罪犯也是如此，只有在回归社会以后有明确的目标，才能够在社会上生根发芽，最终品尝到自己劳动得来的"果实"的甘甜。

当然目标和方向不会凭空产生，也不存在所谓的仙人指路。方向和目标需要自己去寻找。对此，可以从以下几个方面着手：

1. 多思考

有些人遇到困难时就去问别人，习惯了让别人决定自己的人生，而不去思考什么才是自己真正想要的。对于即将出狱的罪犯来说，面对未来，

多给自己一点时间，好好利用在出监队这几个月的时间，想一下自己到底需要什么。

2. 多谈论

可以多和亲人朋友谈论自己的迷茫。谈论本身就是对自己想法、思路整理的过程。不但能让迷茫具体化，而且可以通过谈论，让别人帮助分析自己的困惑，这样可以从别人那里获得帮助和建议。俗话说"三个臭皮匠顶个诸葛亮。"另外，谈论本身也可以排解迷茫带给自己的负面情绪，缓解压力。

3. 写下来

把自己迷茫、彷徨的事情写下来，这样会让迷茫更加具体化。分析自己想要做的事情的利弊，并拿出一张纸把它写出来，利在左，弊在右，一目了然，这样更有利于做出正确的选择。

4. 做事情

当在脑中有一个方向和目标的时候，还要用实际行动去实践它。在实践中，不断地总结和修正，只有这样才能最终找到一个准确的方向。

● 延伸阅读

宋某，重点大学毕业，曾经是公司财务主管，前途无量。后因挪用单位公款入狱。刚入监时，漫长的刑期像一座大山压得他喘不过气，使他情绪极其低落，对生活心灰意冷。痛苦、悔恨、失落以及监狱生活的种种不适应让他天天夜不能寐。改造中，他根本不去参加集体活动，在生产中，他也消极怠工。服刑心态就是四个字："消、磨、混、泡"。长期的颓废，使他迷失了方向，并放弃了努力。主管民警和监区领导敏锐地发现了他的消极情绪。主动找他谈话，开导他、鼓励他，并请其家属协助做好帮教工作。

这个曾经说过"眼前无路想回头"的人最终在家人和民警的共同努力下，开始渐渐走出迷茫，拨开云雾看到了前面的路，一条利用狱内时间不断给自己充电的道路。虽然这条路上的困难还是很多，但他坚信，带着民警们的亲切关怀、家人的大力支持和自己的不断努力上路，自己一定能够走出迷茫和困境，迈向光明。

最后，宋某在参加自考的五年间，又先后研读了心理学、经济学和法律3个专业的课程，39门考试课程均是一次性通过，且平均成绩都达到80分以上，2005年年底，宋某被评为"自考之星"。出狱后他利用监狱内学习的知识和对市场变化的正确判断，抓住了国际金融危机后国内扩大内需，金融、地产有了大发展的好机遇，使所在公司的业务翻了几倍，现在其公司的业务已经扩展到了全国各地。

(三) 走出浮躁和急躁

浮躁表现为一种急不可耐的心情和盲目的行为。浮躁的人充满了功利主义和情绪化色彩。这种人做事往往"三分钟热度"，半途而废，最终在浮躁中迷失方向，被迷茫与彷徨混淆了视线，害了自己。

● 延伸阅读

在澳洲有一位动物学家从亚马孙河流域带回两只猴子，一只壮硕无比，一只瘦小羸弱。他把它们分别关在两只笼子里，每日精心喂养，观察它们的生活习性。一年后，大猴子死了，小猴子还活得好好的。为了不中断研究，他又逮了一只壮硕的猴子。可是不久，这只壮硕的猴子也死了。数年后，他又重返亚马孙河流域，对猴群进行了认真的观察和研究，结果发现体格壮硕的猴子很少能安静下来，它们很容易急躁，总是处在不停的追逐嬉闹中。而那些小猴子则不同，它们做事很平和，总是不紧不慢，按部就班，喜欢晒太阳和闭目养神，这也正是它们能在牢笼中活下来的原因。

> **文化讲堂**
> 缺乏交往的生活是一种缺陷，而缺乏平和做事的态度则是一种灾难。

最后教授得出一个结论：缺乏交往的生活是一种缺陷，而缺乏平和做事的态度则是一种灾难。动物如此，人往往也是如此，罪犯出狱后不必急于想做出成绩，而应让自己的心慢慢沉静下来，树立正确的目标、制订出合理的计划并有步骤地执行才是取得成功的正确途径。

1. 急躁和浮躁形成的原因及危害

人为什么会急躁呢？主要是因为浮躁心态在作怪。我们往往容易在自己比较在意的事情上急躁，急于求成，心生浮躁。有些人听风就是雨，看到别人做什么，不顾自己的客观情况，盲目跟风，对可能遇到的困难也没有足够的预见，一旦碰到困难就容易产生急躁心理，缺乏耐心去解决问题。这个世界是复杂的，它不会按照任何一个人的意志运转。我们做任何一件事，哪怕最不起眼的小事，都可能会遇到这样那样的困难，总要受到这种那种因素的制约。刑释人员要做的就是在做任何决定的时候，保持清醒的头脑，深思熟虑，创造条件，等待时机，在选择之后就脚踏实地，一步一个脚印坚定地走下去。

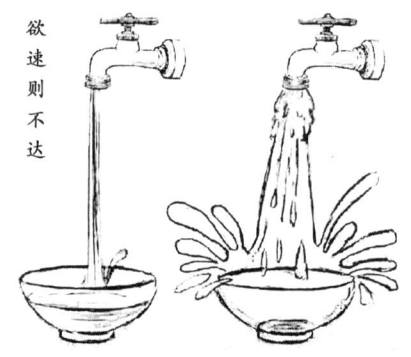

急功近利即急于求成，贪图眼前的利益。俗话说"欲速则不达"，过于急功近利往往会让人迷失了前进的方向，会让人越发的产生焦虑感，从而使人原有的思绪也不清楚，最终与成功擦肩而过。而浮躁是急功近利思想支配的后果，人们总是在寻找一夜成名，一夜暴富，因此学术界、演艺界、体育界等到处都弥漫着浮躁的气息。为了迅速成名，为了快点挣钱，不惜去做背良心，违法乱纪的事情，这是万万不可取的。

● 延伸阅读

古时候宋国有个农夫，种了稻苗后，便希望能早早收成。每天他到稻田时，总觉得那些稻苗长得非常慢。他等得不耐烦，心想："怎么样才能使稻苗长得高，长很快呢？"想了又想，他终于想到一个"最佳方法"，就是将稻苗拔高几

分。经过一番辛劳后,他满意地扛锄头回家休息。回到家后跟家人说:"今天可把我累坏了,我帮助庄稼苗长高了一大截!"过几天,他儿子跑到田里去看,禾苗全都枯死了。

罪犯在教育改造以及出监以后最忌因急功近利与准备不足而产生急躁与浮躁的情绪。首先,急躁的人容易跟人发生冲突,一言不合,火气就上来了。甚至为芝麻大点的小事就大打出手,容易与同事、朋友、邻里关系紧张,使自己陷入众叛亲离的生活境地。脾气急躁的人总是一厢情愿的以为自己一发火别人就会顺从他的意愿。但是他却不知道,有些人表面上看起来顺从,其实是害怕他发怒而装出来顺从,这并不代表其内心赞成他的看法。也就是说,急躁易怒解决不了问题,发怒并不会让别人改变想法,反而可能会让别人远离自己。其次,俗话说"火气攻心",经常发火的人很有可能因为自己的火气"烧"到自己,对自己的心理乃至生理造成损伤。最后,就像前文中所说,浮躁的人做事情容易半途而废,他们往往是刚开始的时候满腔热血,对未来无限憧憬,但一遇到挫折就退缩,在浮躁心态的影响下,不断地消耗着斗志,时间就在不停地放弃中慢慢地流逝,最后一事无成。

一味追求目的的实现,可能会让事情的发展与自己最终的目标背道而驰。事业成于坚韧,而毁于急躁,无论是工作还是创业都是如此,英国哲学家、文学家弗朗西斯·培根也曾经说过:"急于求成是做事最大的危险之一。"我们要时刻警惕,让浮躁的心冷静下来,时刻保持清醒的头脑和美好、平和的心灵。

> 文化讲堂
> 急于求成是做事最大的危险之一。
> ——弗朗西斯·培根

2. 如何克服急躁和浮躁

人生中最令人感到挫败的,不是想做的事情太多而自己没有足够的时间去做,而是自己有足够的时间与精力去做,但却因为事情的烦琐而中途放弃,以致一事无成。在这个日新月异、快速发展的社会中充满着太多的诱惑,想要完整的做好一件事着实不易,但如果坚持做一件事,将这件事做到极致,那么便会成功。

● 延伸阅读

有这样一幅漫画,描绘的是两个挖井的人,其中一个人性情急躁,他总是挖几下没有掘到水就换个地方,不停地换的结果就是他挖了很多的坑却没有找到水源。而另一个人不紧不慢,找准一个地方一直挖下去,最终找到了水源。其实,第一个人有好几次都在接近水源的地方停了下来。如果他没有那么急躁,一直挖下去,早就找到水了。

中国文化一向推崇以静制动,稍安勿躁。早在2000多年前,荀子在《劝学》中就曾经写道:"蚓无爪牙之利,筋骨之强,上食埃土,下饮黄泉,用心一也。蟹六跪而二螯,非蛇鳝之穴无可寄托者,用心躁也。"这句话的意思是:蚯蚓没有锋利的牙齿和强健的筋骨,但是可以向上吃到泥土,向下喝到黄泉,这是因为它用心专一的缘故啊。螃蟹有六只脚和两个大钳子,但是它没有蛇鳝的洞穴就没有办法生存,那是因为它内心浮躁啊。这篇文章虽然是劝人学习的,但在做事上更是如此,生活中不管是做大事还是做小事都要学蚯蚓锲而不舍的精神,不能学螃蟹的心浮气躁。只有像古文中所写的蚯蚓一般持之以恒,才能克服浮躁,走向辉煌。

急躁不仅使人容易在做事上半途而废,也容易因为小事与人发生冲突。当因为一件事而感到急躁不安时,可以通过转移注意力,让自己冷静下来,想想美好的事物,逐渐地控制自己的情绪。人们在发怒的初期往往是比较容易控制自己情绪的,熬过了最初的三分钟,就会冷静下来了。

● 延伸阅读

富有长者的长寿诀窍

在古老的西藏有个叫爱地巴的富有长者，人们纷纷向他询问致富和长寿的秘诀。他说，在他年轻的时候，只要与人争论生气，他就绕着自己的土地和房子跑三圈，边跑边想："我的田地这么小，房子这么小，但每天都有那么多做不完的事情，我哪有时间和精力去跟别人生气呢？"这就是他致富的诀窍。到他老了之后，只要与人争论生气，他还绕着他自家的土地和房子跑三圈，边跑边想："我的土地这么多，房子这么大，又何必与人计较呢？"一想到这里，气就消了，心情就好了，这就是他长寿的诀窍。每个人都应该找到适合自己的克服浮躁心态、急躁情绪的独特方法。

（四）好心态，新自我

"求人不如求己，求己不如求心。"向他人求助不如求助自己，向自己求助不如问问自己的内心。心就如同一池湖水，只有清且静的湖面才能倒映出岸边的姹紫嫣红。我国著名学者梁漱溟也说过，人一辈子首先要解决人与物的关系，再解决人与人的关系，最后解决人与自己的关系，只是最后一条最难。痛苦往往不是生活强加给人的，对自我、他人和社会的认知不够而产生的不良心态才是痛苦的根源。罪犯即将出狱融入社会，调整心态轻装上阵，塑造新的自我，幸福就会一路相随。

1. 心态决定一切

丹麦著名哲学家克尔凯郭尔有一句名言："要么你去驾驭生命，要么是生命驾驭你。你的心态决定谁是坐骑，谁是骑师。"在这个日新月异的时代里，每一个人都希望自己能够攀爬到那个金字塔的顶端，但真的每一个人都能爬到那样的高度吗？答案是显而易见的"不能"。或许在这个世

> **文化讲堂**
>
> 要么你去驾驭生命，要么是生命驾驭你。你的心态决定谁是坐骑，谁是骑师。
>
> ——克尔凯郭尔

界上有许许多多拥有同样超越常人才华的天才，但也并不是每一个天才都成功了，有很多人都可以去做他想做的事情，或许还能做得更好，但真真正正能够做到的却少之又少，更多的人因为他们自己的原因倒在了成功的门槛外，而这个原因便是心态。成功像是黑暗里的一束光，你不知道它什么时候到来，很多人走着走着便失去了耐心和信心，最终一蹶不振，那些坚信光芒会到来的人坚持走着，而他们终将被成功的光芒所照耀。

◉ 延伸阅读

书生赶考

曾经有两个书生进京赶考，路上碰见一户人家办丧事，抬着个棺材，一个书生异常郁闷，非常气愤地想："我出门赶考就遇见死人。真是倒霉，这次考试肯定没戏了。"第二个书生看见了非常高兴，心想："我一赶考就遇上别人抬棺材，棺材棺材，升官发财，真是好兆头。"于是他心情愉快、自信昂扬地奔赴考场，两人的结果可想而知。心态不同，看待问题的角度就不同，自然事情的成败也不同。

> **文化讲堂**
> 人不能左右天气，但可以改变心情；不能改变容貌，但可以展现笑容。

人不能左右天气，但可以改变心情；不能改变容貌，但可以展现笑容。心随境转是凡夫，境随心转是圣贤。佛家有一句话说："事物会随着人的心而转变，而人所处的境遇是从人的内心想法所造成的，烦恼都是从人的内心之中生发出来的。"想要幸福，首先要从内心中产生幸福与快乐。

最使人疲惫的往往不是道路的遥远，而是心中的郁闷；最使人颓废的往往不是前途的坎坷，而是自信的丧失；最使人痛苦的往往不是生活的不幸，而是希望的破灭；最使人绝望的往往不是挫折的打击，而是心灵的死亡。当心中的天平失去了平衡，那么也将因为天平的失衡而频生烦恼，也将因此与幸福失之交臂，与向往的生活擦肩而过。

◉ 延伸阅读

1997年12月，英国报纸刊登了一张英皇室查尔斯王子与一位街头游民合影的照片。这位蓬头垢面的街头游民是王子以前的校友克鲁伯·哈鲁多。

克鲁伯·哈鲁多出身于金融世家，与查尔斯王子曾就读于同一所贵族学校，后来他成为一名小有名气的作家，是英国成功者俱乐部的会员。应该说显赫的家世与高等学历他都拥有了，但是，在两度婚姻失败后，克鲁伯开始酗酒，最后由一名作家变成了街头游民。

打败克鲁伯的不是两度失败的婚姻，而是他面对挫折的态度。从他开始酗酒的那一天起，他就已经输掉了自己的一生，也丧失了重新获得幸福的机会。生活就像一面镜子，你对它微笑它就回报你微笑，对它哭泣它也会回报以哭泣。

2. 塑造新自我

世界人道主义者威特·波库指出："在每个人的内心深处都有一种灵性，凭借这一灵性，人们得以完成许多丰功伟业。这种灵性是潜在于每个人内心深处的一股力量，即维持个性，对抗外来侵犯的力量。它就是人的'尊严'和'人格'。"人们为了维护自己的尊严和人格，就要求战胜自我。因此，令人难堪的种种因素往往可以成为发展自己的跳板。一个人的真正价值，最终取决于能否从自我设置的陷阱里跳跃出来，只有靠自己才能得到解救，即所谓"上帝只帮助那些能够自救的人"。

◉ 延伸阅读

亨利是一个移民，从小在福利院长大，因为身材矮小，其貌不扬，讲话又带着浓重的乡下口音，所以他感到深深的自卑，后来连最低级的工作都不敢去应聘。30岁的时候，他还没有出去工作，也没有成家，他甚至想过自己是否有必要活下去。就在亨利徘徊在生死之间的时候，他的好朋友约翰兴冲冲地对他说："亨利，告诉你一个好消息，我刚从收音机里听说拿破仑曾经丢失过一个孙子，播音员描述的相貌特征与你很相像。"亨利一下子精神大振："真的吗？我竟然是拿破仑的孙子？"联想到爷爷曾经以矮小的身材指挥千军万马，用带着浓厚乡音的法语发出威严的命令时，他顿时觉得自己的身体里充满了力量，法语口音也突然有了几分威严。第二天一早，亨利满怀信心地到一家大公司应聘。20年过去了，已经成为大公司总裁的亨利查证到自己并非拿破仑的孙子，但这已经不重要了。

心态的改变让许多人对生活重新焕发希望，塑造全新的自我，也让人生释放出不一样的光彩。

在人生的路上跋涉久了，心灵的负荷就会越来越沉重，只有学会丢下沉重的包袱，轻装上阵，才会有更加美好的未来。罪犯即将出狱之际，要学会对自己的人生进行整理，正确看待过去的失败、挫折、痛苦、烦恼、困难和不公平，不能因噎废食、畏惧、退缩，甚至半途而废。要相信，事在人为，这个世界，没有过不去的坎儿。要善于进行权衡，该总结的总结，该淡忘的淡忘，别让心中堆满负能量。像电脑中的垃圾文件一样，只有及时清理，系统才能高效顺畅地运行。

● 延伸阅读

球王贝利的故事

一代"球王"贝利初到巴西最有名气的桑托斯足球队时，他害怕那些大球星瞧不起自己，竟紧张得一夜未眠，他本是球场上的佼佼者，但却无端地怀疑自己，恐惧他人。后来，他做了一个自我暗示，在每一次进场踢球时都告诉自己："我不是贝利，我只是一个球员。"他在球场上忘却自我，轻装上阵，专注踢球，保持一种泰然自若的心态，从此便以锐不可当之势，踢进了一千多个球。球王贝利的心路历程告诉我们：不要给自己太多的心理负担，勇往直前，付诸行动。

人的一生中，肯定会遇到许许多多的人和事，产生许多不同的感受和情绪，这些情绪有的就像是柴米油盐般是生活必需品，但有些比如贪欲、虚荣、嫉妒、仇恨等却是不需要的，这些都应当果断地被删除，如若不然，这些情绪必然成为人生前进道路上的绊脚石。人活在世上，就像一叶扁舟在海上行进。海是不会平静的，未来不会一帆风顺，惊涛骇浪总会有。纠正自己种种消极的生活态度，生命才会更加精彩。人生就是一步一步走，一步一步扔，只有轻装上阵，脚下的路才能越走越长，越走越平稳。

强大的思维定式，不仅逐渐成为思维习惯，甚至深入到潜意识，成为不自觉的类似于本能的反应。思维定式确实对人们在现实生活中解决问题具有较大的负面影响。当一个问题的条件发生质的变化时，思维定式会使解题者墨守成规，难以涌出新思维，做出新决策，造成知识和经验的负迁移。

人一生中需要改变的东西固然很多，但最难改变，也最能从根本上改变一个人的是性格中的思维定式，只有这一点得到改变，才能突破常规，塑造一个全新的自我，完成自己的目标。生活工作中的坎坷和磨难既是机会也是挑战，换个角度看问题，往往就会豁然开朗。

● 延伸阅读

在德国，有一个造纸工人在生产纸张时，不小心弄错了配方，生产出了一批不能书写的废纸。因此，他被老板解雇。正当他灰心丧气、愁眉不展时，他的一位朋友劝他："任何事情都有两面性，你不妨变换一种思路看看，也许能从错误中找到有用的东西来。"结果他发现，这批纸的吸水性能相当好，可以吸干家庭器具上的水分。接着，他把纸切成小份，取名"吸水纸"，拿到市场上去卖，竟然十分畅销。后来，他申请了专利，独家生产吸水纸并获得了巨大的成功。

3. 迎接新生活

面对即将到来的新生活，罪犯往往一方面会觉得前边的路突然宽阔起来，很多道路可以选择；另一方面又感觉前路渺茫，不知道自己该走向何方。心是行为的主导，不要为曾经的服刑经历而自卑，人生的价值并不是通过人生的某个阶段体现的。谁都免不了选错道路，不可避免地要经受这样那样的挫折，无论曾经遭遇了多么大的不幸，失去了多么重要的东西，重整旗鼓，从头开始都是必须的。

苦了才懂得满足，痛了才享受生活，伤了才明白坚强。总有起风的清晨，绚烂的黄昏，流星的夜晚。对于一些流言蜚语，其实可以不必在意，只要把自己的事情做好，对于一些异样的目光，怀疑的眼神，也可以不必放在心上，只要走好自己的路。对于命运的劫难，生活的坎坷，无须有太多的抱怨，那样只会让自己的心更累。对待生活有一个豁达的态度，这样才会让自己生活得更加轻松。不论在何处，不论在何种环境，都不要迷失自己，每天给自己一个小小的希望，每天都给自己一个微笑，满怀希望微笑着去生活。被人误解的时候能微微一笑，这是一种素养；受委屈的时候能坦然一笑，这是一种大度；吃亏的时候能开心一笑，这是一种豁达；处窘境的时候能自嘲一笑，这是一种智慧；无奈的时候能达观一笑，这是一种境界；危难的时候能泰然一笑，这是一种大气；被轻蔑的时候能平静一笑，这是一种自信；失恋的时候能轻轻一笑，这是一种洒脱……不管是有什么事情，为了什么原因，每天都要开心一笑。

人生是一张有去无回的单程车票，没有彩排，每一场都是现场直播。出狱后的社会评价取决于你的实际行动。只要能以实际行动证明自己是对社会有用的人，是不会有人看不起的。要相信自己，珍惜和把握出狱后的日子，鼓起勇气迎接即将到来的磨炼和挑战，以健康的心态和良好的精神面貌面对新生活。

教育改造分册

第十五章

返航适训

许多罪犯在出狱后，往往会遇到这样或那样的问题，其中就包括夫妻闹离婚、家庭关系不和睦、无固定收入、无居住地等。这些问题对刚出狱的罪犯来说，无疑是极大的困扰。如何让罪犯在出狱后顺利回归正常的生活、如何让罪犯重新适应这个环境的变化，加强社会适应能力的培养就变得异常重要。

第一节　社会适应能力的重要性

社会适应能力，是指罪犯回归社会后能否适应社会正常生活的能力。罪犯在临近释放前往往会出现焦虑、恐慌、矛盾、适应不良等多种问题，罪犯的就业和回归后的生活有着许多不确定性，也容易产生担忧、退缩等心态，为促使其更好地回归社会，在出狱前需要帮助其做好职业规划、社会适应等工作，以确保罪犯以较好的状态迎接狱外生活。罪犯参加出监教育，进行社会适应能力的培养，有十分重要的意义，主要体现在以下几个方面。

一、培养良好的社会适应能力有利于更好地适应日新月异的社会

把罪犯改造成为守法公民是我国监狱工作的目标。我国《监狱法》第三条规定，"监狱对罪犯实行惩罚和改造相结合、教育和劳动相结合的原则，将罪犯改造成为守法公民"。罪犯出狱后能否成为守法公民，取决于罪犯出狱后适应社会生活的状况。因此，出监教育所做的一系列改造工作都应当围绕解决罪犯出狱后适应社会生活的问题，使罪犯在出狱后能够更好地适应新生活，迈向新的未来。社会生活不断快速地发展，监狱罪犯适应社会生活所面临的问题也在不断变化，因此，监狱需要通过评估工作帮助罪犯认识这些问题。监狱为根据评估所发现的问题，寻找出合适的方式方法，解决罪犯的心理障碍，帮助罪犯更好地适应社会。

二、 良好的社会适应能力是重新成为社会守法公民的基础

社会生活方方面面，纷繁复杂，培养和提高社会适应能力，对罪犯来讲是十分重要的。由于监狱的环境比较封闭，罪犯服刑时间久了，对社会发展和进步的了解就会相对迟滞。必须通过学习社会知识，了解社会常识，培养良好的社会适应能力，积累和丰富社会阅历，为参加社会经济和文化生活做好自身准备。只有这样，才能为自己打下适应社会的良好基础，使自己成为适应社会的守法公民。

三、 积极参加出监教育、社区矫正、安置帮教是提高社会适应能力的途径

依靠政府职能部门，最大限度地解决各种困难。通过向户口所在地政府职能部门提出申请，有利于政府职能部门依法依规帮助罪犯解决实际困难和面临的实际问题，提高自己的社会适应能力，使自己在重新走向社会之后能够重新好好生活，抬起腰板做人。对被假释、被决定监外执行以及主刑执行完毕但被附加剥夺政治权利的罪犯，将被转入社区矫正继续执行刑罚。刑满释放人员正常回归社区后，区县司法行政机关将继续组织开展安置帮教工作，以促使其顺利回归社会。对由监狱转向社会的社区罪犯实施有针对性的矫正，对刑满释放人员开展有效的安置帮教，就必须要了解社区罪犯及刑满释放人员存在的适应社会生活所面临的问题。监狱评估出监人员的社会适应能力，并将评估结论反馈给社区矫正与安置帮教机构，一旦罪犯出狱回到社区，社区矫正与安置帮教工作相关组织及其人员就能迅速开展针对性的矫正与安置帮教工作，以帮助他们在出狱后更好地适应社会，适应生活。

● 延伸阅读

社会援助

社会援助，是指社会各部门、单位以及个人对特定对象进行帮助教育、感化挽救的非处罚性质的社会教育管理活动，是社会治安综合治理的组成部分。中国在1979年以后首先针对解决青少年违法犯罪问题而提出社会援助，其社会援助的对象一般包括：（1）有违法或轻微犯罪行为，尚不构成刑事处分，有继续违法犯罪危险的人员，其中主要是13周岁至25周岁的青少年；（2）刑满释放、解除强戒或少年管教，以及经工读教育后仍表现不好，有可能继续违法犯罪的人员。社会援助坚持援助者与被援助者平等，帮助解决实际困难与思想教育相结合，坚持教育、感化、挽救等原则。

第二节 科学提高社会适应能力

在出监教育期间，罪犯会接受社会专家的教育和评估，参加出监教育活动，培养和提高社会适应能力。届临出监的罪犯提高社会适应能力的内容主要包括以下几个方面。

一、培养常人心态

罪犯在出监前往往会出现焦虑、恐惧、矛盾、适应不良等多种心理问题，要想排除罪犯的心理障碍，使其顺利回归正常的社会生活，就必须做好心理辅导工作。此外，罪犯不确定其未来是否能够拥有胜任各类职业的能力和适应社会的能力，也容易产生担忧、退缩等心态，为促使其更好地回归社会，在其出狱前需要做好职业规划以及社会适应等心理上的辅导工作，以确保罪犯以较好的状态迎接狱外生活。罪犯是心理障碍高发的人群之一，罪犯比社会上的正常人群更容易产生心理障碍。帮助罪犯了解自己心理上的一些缺陷，并予以克服，能促使罪犯更好地去适应社会生活。

二、努力消除"监狱人格"

"监狱人格"是指罪犯在监狱服刑生活中长期监禁状态下形成的心理特点，是罪犯因适应监狱生活内容和生活方式逐渐形成的较为稳定的心理与外在行为表现。包含两方面的含义：静态方面，是指罪犯个人全部内在品质的总和；外显方面，则是指罪犯对监禁环境的反应方式。

监狱行刑的特点是在隔离于社会的封闭环境中执行剥夺罪犯人身自由的刑罚，采取准军事化的管理方式对罪犯实施管理，并对罪犯的活动内容、时间和行为方式实施全方面控制式的管理。由此看来，罪犯的监狱生活与监狱外的社会生活存在很大差异。罪犯失去了家庭生活、工作、社会活动与休闲等正常社会生活的内容，也失去了社会生活中独立自主决定自己行为的自由。监狱生活与社会生活的这种差别，使罪犯整个服刑过程要完成两次转变：一是进入监狱后适应监狱生活的"监狱化"，由"社会人"转变成为"监狱人"；二是释放后适应社会生活的"社会化"，由"监狱人"转变成为"社会人"。"监狱人格"是监狱生活与社会生活不同方面的体现，罪犯的"监狱人格"越严重，其社会适应性越差。因此，监狱通过评估罪犯的"监狱人格"状况，并采取一定措施在行刑活动中尽力减少"监狱人格"因素，对提高罪犯的社会适应能力具有重要意义。

三、培养罪犯回归社会后的具体适应能力

社会适应能力有着复杂的内涵，社会生活的内容不同，社会适应能力的要求也不同。监狱里的罪犯释放之后该面临怎样的社会生活呢？或者说监狱服刑经历对监狱释放人员的社会生活又产生了什么影响呢？监狱服刑

经历对罪犯回归社会后的社会地位具有严重影响。社会地位主要可包括职业类别选择、社会关系资源状况、受别人尊重程度等。监狱服刑经历对上述各方面都有严重不良影响。职业是社会人主要的生活物质来源，监狱服刑经历缩小了罪犯出狱后职业选择的范围。国家机关工作人员、国有公司企业事业单位领导职位、教师、律师、医师、安保、军人等职位的招录严格排斥有过监狱服刑经历的人员，甚至一些非国有公司企业单位工作人员招录也对有监狱服刑经历的人设置了限制。一份正常的职业对监狱罪犯未来回归正常社会生活具有非常重要的意义。

四、 引导罪犯树立正确权利观，依法行使权利、履行义务

罪犯公民身份的相关权利虽然没有被剥夺，但因其在监狱被剥夺自由，失去了行使行为保护自身合法利益的有利条件。这里的权利，并非指的是监狱罪犯因服刑身份而产生的特有权利，如通信权、会见权、受减刑假释权等，这里的权利主要是指监狱罪犯公民身份的权利。罪犯公民权利的保护对其释放后恢复正常社会生活具有重要意义。权利的保护能为释放后的生活提供必要的支持，如拆迁补偿安置、社会保险、土地承包、债权行使等，这些方面的权利行使所获得的利益对监狱罪犯未来回归正常社会生活具有非常重要的意义。罪犯公民身份的相关权利虽未被剥夺，但因其在监狱被剥夺自由，失去了实施行为保护自身合法利益的便利，且因为监狱与社会的隔离，其获悉权利被侵害的信息也有诸多不便。保护罪犯的合法权益，帮助罪犯树立正确的权利观，依法行使权利，履行义务。

五、 引导罪犯正确面对释放后社会生活面临的相关问题

罪犯释放后在社会生活中面临的问题是多种多样的，可能是急需要解决的问题，如无亲戚可投奔、释放后无住房、无生活来源的"三无"问题，可能是可以慢慢解决的问题；可能是物质方面的问题，也可能是心理方面的问题；可能是社会待遇问题，也可能是家庭关系问题、情感问题

等。了解罪犯在出狱之后遇到的一系列问题，反馈给社区矫正和安置帮教组织，以便社区矫正和安置帮教组织及时行动帮助罪犯解决问题。监狱自身对释放罪犯在释放后于社会生活中可能遇到的问题，也可以采取措施，如对"三无"问题、就业困难问题等，监狱可以提早采取一定的措施帮助罪犯解决。

第三节　积极参加社会适应性改造活动

一、参加心理测评，认识自我心理和行为特征

认真参加监狱组织的职业测评、心理状态测评等各类心理测试，对于罪犯认识自我的心理状况，对发现的心理问题及时进行自我调适，申请心理咨询和心理辅导也会有很大的帮助。同时，对存在严重心理障碍和心理疾病的，要积极配合社会专家进行心理干预，尽最大的努力保证自己在回归正常社会前后有良好的心理状态，减少焦虑不安等不良情绪，消除迷惘，为自己更好地适应社会打下基础。

二、积极参加心理辅导，提升社会适应性心理辅导的学习效果

出监罪犯要积极参加监狱组织的教育活动，学会对自我的心理特点进行积极调适，提升参加心理辅导的效果。并要参加心理讲座、阅读心理图书和观赏心理影视等活动，增加对心理健康知识的总体把握，及时发觉自己的心理问题，进行合理的心理自我调节。同时要积极配合社会专家进行团体训练，通过角色扮演、行为训练、情景剧等方式，认识到心理健康的重要性，切身体会心理调节的基本方法，学习基本的沟通能力和社交技能等。另外，也可以申请社会专家的心理咨询，由社会专家帮助自己了解个体问题，使自己在出狱之后能够更好地适应社会生活，更好地走向新生活。

三、制订一套系统方案，以更好地回归适应社会

回归社会的初期，很多人往往会出现角色冲突，社会与家庭的不信任、社区的管理监督会使罪犯出现摇摆心理。此外，社会的巨大变化、新型人际关系建立的困难、职业能力的落差也会影响到适应能力。届临出监罪犯要结合自己实际情况，为自己制订一套关于目标定位、角色再造、行为转化、素质提升的完整方案，在心理健康知识学习、心理咨询、职业能力提升、沟通技巧掌握等主题上设定阶段性目标，并且按计划具体实施，不断反馈调整，才能使自己认识到自己也是社会的一分子，通过自己的努力也能创造出美好的生活，从而最终获得社会认同、回归社会生活。

● 延伸阅读

韦某因盗窃罪被法院判处有期徒刑六年。刚入狱时，韦某的心情跌到了谷底，监狱民警得知这一情况之后，一次次地鼓励韦某重新振作起来，不要放弃希望。慢慢地，韦某燃起了好好改造的信心，并在之后的监狱服刑期间两次获得减刑机会。在2005年的一天，韦某获得了假释。在一次偶然的机遇下，韦某学习到了水磨装潢技术。他认为这项技术很有发展潜力，于是回到县城中，开始了自己的创业生涯。在当地司法局的帮助之下，韦某凭借精湛的技术花费了两年时间，很快就占领了当地市场。随后，他运用从监狱里学到的5S管理模式，开展规模化经营，生意也越来越红火。可见，通过积极运用自己在监狱服刑改造中学到的知识，就可以在社会生活中找到更好的角色定位，增强自己的社会适应能力。

教育改造分册

第十六章
狱内帮教

犯罪问题是一种社会问题，罪犯被释放后终究还是要回到社会之中，罪犯的教育服刑工作离不开社会人士的帮助，因此还需要争取更广泛的社会支持和社会关注。事实反复证明，只有监狱内外共同努力，帮助罪犯改过自新，才能促进改造效果，最大限度地预防和减少犯罪。

第一节　狱内帮教简介

近些年，北京监狱机关不仅对罪犯进行全面而系统的思想、文化、技能教育，还着力借助社会各界力量，积极引导他们参与监狱教育改造工作，发挥社会帮教助力罪犯改造、帮助罪犯更快地回归社会的作用。

一、什么是狱内帮教

我国《监狱法》第六十一条规定："教育改造罪犯要实行狱内教育与社会教育相结合的办法。"第六十八条规定："国家机关、社会团体、部队、企业事业单位和社会各界人士以及罪犯的亲属，应当协助监狱做好对罪犯的教育改造工作。"罪犯通过接受监狱实施的五大改造手段，逐步被矫正为守法公民，这是我国监狱工作的总体目标。狱内帮教是对罪犯进行教育改造的一项重要组成部分，也是监狱工作社会化的重要组成部分，是中国改造罪犯的特色之一。狱内帮教的含义来源于普遍意义上的社会帮教。最初，社会帮教是指社会各部门、单位以及个人对特定对象进行帮助教育、感化挽救的非处罚性质的社会教育管理活动，是社会治安综合治理的组成部分。当时社会帮教的对象主要有以下几种：一是有违法行为或者轻微犯罪行为，尚且不够或者不予以刑事处罚等处理，但可能继续实施违法犯罪活动的青少年；二是刑满释放或者经工读教育后仍表现得不好，有可能继续进行违法犯罪的人员。

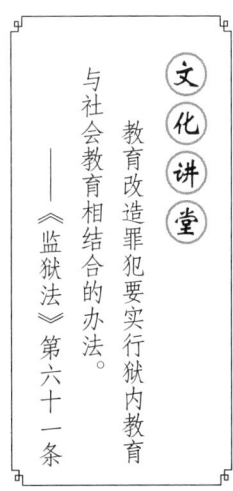

文化讲堂

教育改造罪犯要实行狱内教育与社会教育相结合的办法。
——《监狱法》第六十一条

随着社会的发展，社会帮教的含义也得到了进一步丰富，实施对象也由狱外非监禁人员扩展到了狱内的在押罪犯。对于监狱矫治场所而言，狱内帮教工作是社会力量参与教育改造罪犯的主要载体，是监管改造机关普遍采用的一种行之有效的基本教育手段，是监狱人民警察，积极争取社会各个方面的力量，整合和优化监管场所内外优质社会教育力量，对罪犯开展促使其顺利改造的各种帮助教育活动。

狱内帮教工作由最开始主要提供亲情这样温暖的、看望型的帮教，而后逐步向更加注重贴近罪犯改造实际、贴近罪犯改造需求的帮教方向发展。每年，罪犯都能够得到北京市各级司法行政部门及社会各界人士开展的、与监狱和罪犯改造需求相适应的更加务实的帮教。例如，某司法局对于其辖区内的各种社会帮教资源进行有机整合，让帮教罪犯在得到思想上关心、物质上帮助的同时，还充分获得具有地域优势的先进的科技知识和生产信息的培养以及高尚的人文精神的熏陶。实践表明，罪犯更欢迎这种凸显实效性的送文化、送知识、送技能的社会帮教活

狱内帮教由"看望型"向着送文化、送技能的"务实型"转变

动。狱内帮教工作逐步由"看望型"向着送文化、送技能的"务实型"转变，党的十八大以来，社会帮教活动越来越焕发出生机与活力。

二、狱内帮教的功能

（一）狱内帮教是监狱改造的有力补充

社会力量的介入可以帮助监狱做好罪犯改造工作，是监狱改造工作的有力补充。狱内帮教可以为罪犯改造形成一个缓冲区域，用一种更加温和、更加易于接受的方式实施改造。传统的罪犯教育有相对封闭性色彩，被社会帮教的对象多数存在有家庭困难或个人困难，有的罪犯存在自羞心理、自卑心理甚至是自闭心理，这就使得改造活动的自我内驱力不足。引

入社会资源开展帮教，来自社会及亲属的关爱可以帮助罪犯重拾改造信心，树立正确的改造目标，确定合理的改造步骤，常怀感恩之心，常思感激之情，激发改造热情，从而投入到正常的改造生活中去。

(二) 狱内帮教有利于促进罪犯的教育改造

罪犯通过社会帮扶渠道，能够得到社会志愿者的帮扶，继而利用社会帮教力量的知识、经验、方法以及专门技能，助力自己教育改造。有效的社会帮教可让罪犯在希望中改造，让罪犯感受到国家、社会以及家庭的温暖，增强改造信心和意志。同时，罪犯也能够及时体察到时代社会发展的信息，增长见识、开阔眼界，调节监狱内单一的生活节奏，丰富罪犯的精神世界，更好地适应社会。罪犯因触犯刑律由"社会人"转变为"监狱人"，作为个体，罪犯与社会发生着这样那样的联系，而且每个人都有其不同的情况和需求。因此，罪犯通过社会帮教，借助社会有效资源，可以加强与社会的联系，满足其相关需求。

(三) 狱内帮教有利于罪犯刑释后更好地融入社会生活

通过社会力量帮扶罪犯改造，罪犯可以得到社会方面的教育改造，而非监狱、监禁方的教育改造。积极开展狱内社会帮教，可以让罪犯与社会隔绝的时间、状态都被压缩到最低限度，可以无障碍地、顺利地重新融入社会，获得社会化改造，实现顺利回归，能够更好地适应社会生活。在罪犯的再社会化中，社会帮教可以发挥更大的作用，让他们通过帮教了解当前的社会状态和形式，了解有关政策走向，分析自己的优劣，找准定位，树立对未来生活的信心和勇气，制定相对科学合理的未来目标与规划。

三、参与狱内帮教的人员

狱内帮教是监狱借助社会力量、亲情力量参与罪犯教育改造的活动，主要分为社会帮教和亲情帮教。

（一）参与社会帮教的人员

根据我国相关的法律规定，以下四类人员可以参与到监狱组织的社会帮教活动中：

第一种，罪犯户籍地、居住地所在区司法局、司法所、街道办、村委会、社保部门、公安部门、民政部门等党政机关及企事业单位。

第二种，罪犯原单位（包含学校、部队）的有关领导、纪检部门、人事部门、学校领导教师等。

第三种，在民政部门登记在册具有法人资格的社会团体。

第四种，党政机关的领导、人大代表、政协委员、工会、青年团、妇联、青年志愿者协会、各行业的英雄模范、社会知名人士、退休老干部、教师、刑释人员杰出代表等对罪犯改造确有帮助的其他情形。

（二）参与亲情帮教的人员

罪犯所有近亲属，经监狱机关批准，均可以参与亲情帮教。具体而言，主要包括罪犯直系血亲，如祖父母、父母；旁系血亲，如同胞兄弟姐妹、堂兄弟姐妹、姑表亲属；姻亲，如舅舅、姨妈等亲属。此外，罪犯的老师、同学和朋友等人也可以。

第二节　狱内帮教的主要内容

"帮助要帮在真情处，教育要教在心坎上。"监狱通过多形式、多角度开展监狱帮教，来满足罪犯的改造需求。狱内帮教主要有思想帮教、物质帮教、情感帮教、心理帮教、就业帮教以及社会帮扶助教等内容。

一、思想帮教

一是道德帮教，就是使罪犯增强思想觉悟、道德水准、文明素养，让罪犯"学会做人""正确做人"，成为符合社会主义新风尚，掌握社会主义核心价值观、社会主义荣辱观以及中华民族传统美德的公民。

二是法制帮教，就是使罪犯知法、懂法，将其逐步改造成守法公民。罪犯通过参加法律知识讲座，面对面法律援助，刑释人员杰出代表示范教育等活动，认识到自己曾经犯下的错误，积极认罪悔罪，努力参加改造，逐步增强自己的法律意识，自觉遵守宪法和法律的规定。

通过思想帮教，罪犯会意识到犯罪葬送了自己的青春年华，使人生的宝贵时光增添了暗淡的阴影，为了弥补给自己造成的青春损失，必须加强改造，洗心革面，用崭新的自我重新找回逝去的年华，用回报社会、服务社会的实际行动塑造自己的后半生。

二、物质帮教

物质帮教是指对少数贫困罪犯，为他们解决生活之需。包括监所每年对少数特困罪犯发放的物质生活补助，以及各级政府机构、社会团体或个人等社会帮教主体给予的物质生活用品等。

三、情感帮教

情感帮教是为了满足罪犯对亲情、关爱的渴求，发挥帮教对情感的支撑作用，其作用主要通过亲情帮教实现。亲情是人类最刻骨铭心的情感，也是最能唤起良知的情感，国人的亲情文化千古传承，亲情观念厚重。因此，借助亲情来感化、教育改造罪犯，让罪犯在温暖、浓浓的亲情中受到感动，激发罪犯的责任心和改造热情，是最为有效的途径之一。给罪犯以情感表达的机会，畅通罪犯对亲属和社会的情感补偿通道，让罪犯通过帮教活动表达认罪悔罪、感恩亲情、回馈社会等情感，让亲属和其他社会人员感受到罪犯的转变，重新认识和接纳罪犯。监狱主要通过结合传统重大节日以及母亲节、父亲节等举办以感恩为主题的各类帮教活动，成人仪式等，发挥情感帮教的作用。

四、心理帮教

心理帮教着眼于人格心理完善需求，通过帮教活动帮助罪犯更清醒地认识到自身在认知、情感、意志等方面存在的缺陷，告知完善的方法和途径，为罪犯正确处理人际关系，树立正确的世界观、人生观和价值观提供指引，帮助罪犯不断完善人格。如北京市未成年犯管教所实施的《届临出监罪犯心理社会适应能力改造项目》，采取部分政府购买的方式，引入社会优秀资源，对罪犯进行心理疏导、心理解压从而满足罪犯回归社会的需要。

五、就业帮教

引导社会帮教力量的参与，就业帮教可有效提升罪犯的素养，增加罪犯的知识、技能储备，弱化乃至消除监禁生活给罪犯打下的印记，架起罪犯回归社会的桥梁。罪犯通过监狱与其家乡有关部门的合作，了解家乡、家庭的发展情况，缓解罪犯回归社会后的就业压力；通过对政策的解读，让罪犯了解就业中需要掌握的法律、法规，以快速融入改造生活；通过技能培训讲座、课程、兴趣小组等活动，掌握劳动改造技能或掌握自己感兴趣的技能，为刑满释放后再就业奠定基础；通过参加就业指导和狱内招聘会进行学习了解相关就业政策和信息，例如，罪犯刑满释放后如何找工作、求职和招聘的信息咨询、创新创业的知识、社会保障相关政策等，为刑满再就业做好准备。出监罪犯通过参加社会保障部门进行的就业帮教活动，可以在释放前获取有关当地的就业形势信息和社会保障政策解读，以便在释放后能尽快就业、顺利回归社会。

六、 社会帮扶助教

罪犯可以通过以下几种途径获得社会帮扶助教：

一是获得特困家庭罪犯子女相关政策支持。如北京市已将特困家庭罪犯子女的入学问题纳入地方助学工程，成立特殊教育学校，符合条件的罪犯可以得到相应的帮助。

二是获得罪犯法律援助。正在服刑的罪犯，在面临财产纠纷、婚姻危机、合同争议、房产动迁、申诉行政复议等诸多法律问题时可以申请法律援助。

三是获得技术教育培训。如北京市监狱机关服刑的罪犯通过市局统一经费保障的培训经费，刑释前基本上都能得到一次财政支持的技术教育培训机会，以满足刑释后的就业需要。

四是参加模拟社会实训中心实训。即对罪犯进行针对性的模拟社会实训，模拟社会生活的各种情形，可以满足罪犯顺利适应社会的需求。

五是通过刑释人员过渡性安置帮教基地获得帮助。例如，北京市各区县陆续成立的阳光中途之家，就是由政府投资兴建，司法局具体管理，为刑满释放人员和社区矫正人员提供公共服务的专门机构。

◉ 延伸阅读

参加狱内帮教活动注意事项

罪犯参加狱内帮教活动进行教育改造活动，必须遵守有关的规定。如北京市监狱管理局规定：

一、申请参加法律援助、物质帮教、心理帮教、社会帮扶助教等社会帮教活动的，由罪犯本人向监区提出书面申请，由监区民警向上级上报协调办理有关事项。

二、参加现场狱内帮教活动要遵守相关规定。根据北京市监狱管理局《罪犯改造行为规范》第二十条学习教育之第二项的规定，罪犯参加社会帮教活动时，应在民警的带领下有序进入帮教场所，帮教活动期间，应如实反映改造情况和诉求，不得无理取闹，经监狱批准，接受帮教部门赠送物品时应表示感谢；未经民警允许，不得通过帮教工作人员传递物品或信息，不得私自与帮教部门工作人员接触，帮教活动结束后，按民警指令有序返回。

三、社会帮教部门所赠物品一律由各监所教育改造部门负责接收、管理和发放；监所教育改造部门应指定专人负责所赠钱、物的管理，对社会帮教部门所赠钱、物品的接受和使用情况逐批逐次如实登记。社会帮教部门所赠钱、物应用于教育改造工作，不得挪作他用，需使用时由监所按本单位钱物管理制度执行。

教育改造分册

第十七章

社区矫正

社区矫正制度是我国一项重要的刑罚执行制度,体现了宽严相济的刑事政策,顺应了"行刑社会化"的发展趋势,社区矫正包括三类罪犯,第一类是罪行比较轻微的罪犯,包括被判处管制、缓刑的罪犯;第二类是罪行虽然比较严重,但是经过改造确有悔改表现,不致再危害社会的假释罪犯;第三类是有特殊情况,暂予监外执行的罪犯。对于前两类罪犯实行社区矫正,就体现了对犯罪分子的区别对待,对于第三类罪犯实行社区矫正,体现了刑罚执行中的人道主义精神。

第一节 社区矫正简介

一、什么是社区矫正

社区矫正是指将符合条件的罪犯置于社区内,由国家专门机关,在相关社会团体和民间组织以及社会志愿者的协助下,在规定期限内,对社区矫正人员进行思想教育、法制教育、道德品质教育等,以矫正其错误思想和行为恶习,促使其顺利适应社会的一种非监禁的刑罚执行制度。简单地说,就是让符合法定条件的罪犯在社区中服刑改造。国外较常见的社区矫正包括缓刑、假释、社区服务、暂时释放、中途之家、工作释放、学习释放等。

社区矫正,最早是西方国家推行的一种刑罚执行模式,有着非常丰富的理论基础,我国于 2003 年正式开始试点。社区矫正制度的建立,弥补了监禁刑罚的缺陷和不足,减少或避免了"标签理论"带来的负面影响,更有利于罪犯矫正其错误思想,顺利回归社会,同时减轻了监狱的压力,降低了刑罚成本,使原本单一的刑罚执行体系变得更加科学。

二、社区矫正的目的和功能

（一）社区矫正的目的

我国的社区矫正就是通过一系列方法，有效的控制矫正对象，规范他们的行为，维护社区矫正工作的正常秩序，有效的执行刑罚。我国社区矫正的目的可分为直接目的、间接目的，两者相辅相成，缺一不可。

（1）直接目的。就是在社区范围内对罪犯进行改造，使罪犯得以顺利回归社会并适应社会。对于经过教育改造后不致再伤害社会或已经丧失了危害社会能力，罪行较轻的，主观恶性不大，对社会危害相对较小的犯罪分子，适用非监禁刑罚，在社会中进行改造，充分利用社会资源和社会力量，消除可能影响罪犯回归社会的一切障碍，使罪犯顺利的实现再社会化。

（2）间接目的。社区矫正的间接目的是增强社区公民的法律意识和社会责任感。将矫正对象置于社区中进行矫正，使社区其他公民积极参与到罪犯的教育改造和监督中，一方面能够培养民众的包容心态，增加民众的认同感，使他们摒弃"重刑主义"思想，消除民众对矫正人员重重顾虑和对矫正工作的抵触心理，增强民众的责任感，提高群众参与度；另一方面，对犯罪分子适用社区矫正能够对社会危险人员起到警示和威慑作用，对普通公民起到教育作用，实现一般预防的目的。

（二）社区矫正具有六大功能

社区矫正的六大功能即惩罚功能、教育功能、塑造功能、感化功能、治疗功能、控制功能。

惩罚功能

教育功能

塑造功能

感化功能

治疗功能

控制功能

（1）惩罚功能。就是剥夺罪犯的一定权利，给罪犯增加特定的刑罚义务，使其必须遵守各项矫正制度并参加相应的公益活动，使其认识到国家法律的威严，认识到因违反法律而带来的

后果是多么的惨痛，从而矫正其不良的思想和行为习惯。

（2）教育功能。矫正机关通过对矫正对象进行法制教育、劳动教育、文化教育、职业技能教育和心理健康知识教育等方面的教育，有计划、有目的、系统地提高矫正对象的法律意识和思想品质，使其从根本上认识到自己的错误观念，树立正确的人生观价值观。

（3）塑造功能。社区矫正将罪犯置于社会化的环境之中，维持罪犯基本正常的社会交际活动，不与社会脱节，且罪犯不脱离自己的家庭，使其能够继续承担家庭和社会责任，并在此基础上规范其行为和引导其心理发展，促进矫正对象的再社会化，形成正确的人生观，最终将其塑造成遵纪守法的社会成员，顺利回归社会，演好属于罪犯的各种角色，避免监禁服刑可能出现的消极服从、失去自信心和妻离子散的消极后果。

（4）感化功能。指实施社区矫正的过程中，矫正对象基于矫正组织所给予的人道待遇和人性关怀产生的积极的心理效应。社区矫正组织对矫正对象进行文化教育和职业技术教育，传授文化知识与生产技能，使其掌握一技之长，掌握谋生手段，以后不再以犯罪为生，对缺乏经济来源，生活确有困难的罪犯给予最低生活保障待遇，通过阳光中途之家帮助其顺利过渡，给予人性化的帮助和关怀，充分调动其改造的积极性和自觉性。

（5）治疗功能。主要体现在对矫正对象进行普遍的心理教育，对有心理问题的矫正对象，也可以积极进行心理危机干预，实施有效的心理矫治，帮助其逐步消减或消除犯罪心理，从根本上矫正其不良思想。

（6）控制功能。将矫正对象置于社区矫正组织和社区公民的视野之内，其行为受到监督管理，矫正机构及时掌握其行踪，矫正对象要经常向矫正机构汇报其思想，以此实现对矫正对象的控制，有效的防止矫正对象的再犯罪。

◉ 延伸阅读

45岁的姚某因过失犯罪被人民法院判处有期徒刑一年零六个月，缓刑二年，并处罚金5000元。社区矫正机构从姚某犯罪的性质、矫正的期限难度、收效等方面综合考虑，为他选派了社区矫正志愿者。志愿者采取访谈、疏导、激励等方式对姚某开展了"几帮一"的帮教。同时邀请其亲属给他物质上的帮助、精神上的鼓励,通过对其进行心理疏导,亲情感化,并针对姚某制定一系列矫正措施,如制订全年的集中教育学习计划,每月组织姚某等矫正对象集中教育学习,每月组织姚某进行社会服务,要求姚某每月按时交思想汇报,组织参加社会公益劳动等,增加他的社会参与度和社会责任感,促进其更好地融入社会。通过一段时间的社区矫正工作,矫正效果比较明显,姚某能够自愿接受社区矫正,自觉遵守矫正中的规章制度,主动服从日常行为的管理,精神已振作起来,自卑的心理已基本消除,心态的调整取得了明显的效果。同时姚某自觉参加社区矫正日常管理活动的积极性较高,集中学习时认真听讲,互动中联系思想实际及时消化,按时交自己的思想汇报,自觉参加公益劳动,在劳动中积极主动。姚某的性格也有所改变,以前遇事暴躁、语粗声高、态度恶劣的状况基本得到改善。也能较好地控制住、把握住自己的感情,稳得住自己的心态,大有脱胎换骨、重新做人的意味。

第二节　社区矫正政策

一、社区矫正工作的主要内容

社区矫正工作的主要内容包括:对矫正对象的管理、教育、参加公益劳动等。司法所作为社区矫正工作的主体,组织矫正对象参加各项矫正活动。

二、参加社区矫正的人员

(一) 被判处管制的人员

管制是指对犯罪分子不实行关押,依法实行社区矫正,限制其一定自由的刑罚方法。判处管制的罪犯仍然留在原工作单位或居住地工作或劳动，在劳动中应当同工同酬。管制的期限为 3 个月以上 2 年以下，数罪并罚时不得超过 3 年。

（二）被宣告缓刑的人员

缓刑，全称刑法的暂缓执行，是指对触犯法律，经法定程序确认已构成犯罪、应受刑罚处罚的行为人，先行宣告定罪，暂不执行所判处的刑罚。在缓刑期间由特定的考察机构在一定的考验期限内对罪犯进行考察，并根据罪犯在考验期间内的表现，依法决定是否适用具体刑罚的一种制度。

（三）被暂予监外执行的人员

暂予监外执行是指对被处无期徒刑、有期徒刑或者拘役的罪犯，由于符合法定情形，决定暂不收监或者收监以后又决定改为暂时监外服刑，由社区矫正机构负责执行的刑罚执行制度。具体包括：

（1）有严重疾病需要保外就医的；
（2）怀孕或者正在哺乳自己婴儿的妇女；
（3）生活不能自理，适用暂予监外执行不致危害社会的；
（4）被裁定假释的。

在符合上述条件的情况下，对于罪行轻微、主观恶性不大的未成年犯、老病残犯，以及罪行较轻的初犯、过失犯等，应作为重点对象，适用上述非监禁措施，实施社区矫正。

三、社区矫正时间的计算

（1）管制。管制的矫正期限与管制期限相等，矫正期从判决执行之日起计算，至管制期满为止；判处管制附加剥夺政治权利的，剥夺政治权利的期限与管制的期限相等，同时执行。

（2）缓刑。缓刑的矫正期限与缓刑考验期限相等，矫正期从判决确定之日起计算，至缓刑考验期满为止。

（3）假释。假释的矫正期限与假释考验期限相等，矫正期从假释之日

起计算，至假释考验期满为止。

（4）暂予监外执行。暂予监外执行的矫正期限与暂予监外执行期限相等。人民法院决定的，矫正期从暂予监外执行决定生效之日起计算；公安机关、监狱管理机关批准的，矫正期从出监所之日起计算，矫正期至暂予监外执行期满为止。

四、社区矫正的主要教育内容

社区矫正工作的主要教育内容包括：政治思想教育、文化和职业技术教育、心理健康教育和劳动教育等。其中政治思想教育是教育工作的主要内容。它又包括认罪教育、世界观人生观教育、法制教育、道德和行为规范教育、形势政策教育等。在政治思想教育中，认罪教育是前提，世界观人生观教育是核心，法制教育、道德和行为规范教育是关键。

社区矫正工作的主要教育形式包括集体教育、个别谈话教育、心理咨询和心理矫正、社会志愿者帮教、培训实践活动等。

社区矫正工作的教育目的是：通过教育，使矫正对象提高对所犯罪行的认识，认罪服法，接受矫正组织的教育矫正，矫正不良心理和行为，逐步养成良好的行为习惯，使矫正对象在思想上、素质上、行为习惯和道德习惯上都能适应社会的需要，实现人格的重新社会化，以保证其顺利地回归社会。

◉ 延伸阅读

社区矫正工作公益劳动

劳动是我国宪法赋予我国公民的基本权利和义务，劳动是改造人的基本手段。因此，在社区接受社区矫正的人员必须定时定量地参加劳动。

罪犯通过积极参加社区矫正公益劳动，有助于养成正确的价值观念并规范其行为，从而使罪犯可以在劳动改造后更好地融入社会，降低罪犯再犯罪率。虽然从本质上来讲，社区矫正可以说是一种刑罚执行措施，在一定程度上剥夺了罪犯的权利，限制了罪犯的自由，是具有监管性质的矫正项目，但是其集惩罚与教育于一体，属于寓教于罚、以罚促教的刑罚执行活动。公益劳动作为一种改造手段，可以在一定程度上对罪犯进行改造，同时也可以对罪犯思想进行教育改造，既能够增强社区罪犯的服刑意识，使其能够正确看待自己所受的刑罚，从而能够时刻保持自我反省、自我改造的状态，促使其自主改造，又能增强他们的劳动观念、组织纪律性，形成良好的作息与习惯，可以帮助他们在改造中习得一技之长，使其可以更好地融入社会，不至于再犯罪，有效地达到监狱改造罪犯的根本目的，有利于实现社会的长治久安。

第三节　社区矫正的注意事项

社区矫正是国家法律规定的一项刑罚执行制度，具有法定性和强制性，相关人员必须积极履行社区矫正义务。

一、严格遵守相关管理规定

适用社区矫正的罪犯，应当遵守相关法律及监管规定：遵守报到、报告规定，电子监管规定，外出请假规定，居住地变更规定，会客、接受媒体采访规定，教育学习、社区服务等规定。

违反法律法规和监管规定的罪犯，会受到相应的处理。依据《北京市社区矫正实施细则》的相关规定，社区罪犯有下列情形之一的，经司法所提出，区县司法局应当给予警告，并出具书面决定：

（1）未按规定时间报到的；
（2）违反关于报告、会客、外出、居住地变更规定的；
（3）不按规定参加教育学习、社区服务等活动，经教育仍不改正的；
（4）保外就医的社区矫正人员无正当理由不按时提交病情复查情况，或者未经批准进行就医以外的社会活动且经教育仍不改正的；
（5）违反人民法院禁止令，情节轻微的；

（6）其他违反监督管理规定的。

二、缓刑、假释的罪犯在社区矫正期间应特别注意的事项

对宣告缓刑的犯罪分子，在缓刑考验期限内，依法实行社区矫正，如果没有《刑法》第七十七条[1]规定的情形，缓刑考验期满，原判的刑罚就不再执行，并公开予以宣告。如果被宣告缓刑的犯罪分子，在缓刑考验期限内，违反法律、行政法规或者国务院有关部门关于缓刑的监督管理规定，或者违反人民法院判决中的禁止令，情节严重的，应当撤销缓刑，执行原判刑罚。

假释，是对被判处有期徒刑、无期徒刑的犯罪分子，在执行一定刑期之后，因其遵守监规，接受教育和改造，确有悔改表现，不致再危害社会，而附条件地将其予以提前释放的制度。被假释的犯罪分子，在假释考验期间再犯新罪的，不构成累犯。

◉ 延伸阅读

社区矫正期间违法违规行为的处置

根据最高人民法院、最高人民检察院、公安部和司法部联合下发的《社会矫正实施办法》规定，社区矫正人员有下列情形之一的，应当撤销缓刑、假释：

（一）被收容教育、收容教养的；

（二）被行政拘留、司法拘留、强制隔离戒毒的；

（三）因违反监督管理规定受到治安管理处罚，仍不改正的；

---

[1]《刑法》第77条规定：被宣告缓刑的犯罪分子，在缓刑考验期限内犯新罪或者发现判决宣告以前还有其他罪没有判决的，应当撤销缓刑，对新犯的罪或者新发现的罪作出判决，把前罪和后罪所判处的刑罚，依照本法第六十九条的规定，决定执行的刑罚。被宣告缓刑的犯罪分子，在缓刑考验期限内，违反法律、行政法规或者国务院公安部门有关缓刑的监督管理规定，情节严重的，应当撤销缓刑，执行原判刑罚。

（四）违反人民法院禁止令三次以上的，或者因违反禁止令被治安管理处罚后再次违反禁止令的，或者违反禁止令发生较为严重危害后果的；

（五）未按规定时间报到或者接受社区矫正期间脱离监管，超过一个月的；

（六）受到司法行政机关三次警告仍不改正的；

（七）其他违反有关法律、行政法规和监督管理规定，情节严重的。

三、暂予监外执行的罪犯在社区矫正期间应特别注意的事项

对于暂予监外执行的罪犯，由居住地司法局执行，基层组织或者罪犯的原所在单位协助进行监督，执行机关应当对暂予监外执行的罪犯严格管理监督。对于服刑中决定暂予监外执行的罪犯，原执行机关应当将罪犯服刑改造的情况通报负责监外执行的司法局，以便有针对性地对罪犯进行管理监督。负责执行的司法局应当告知罪犯，在暂予监外执行期间必须接受监督改造并遵守有关的规定。

对于暂予监外执行过程中发现不符合暂予监外执行条件的、严重违反有关暂予监外执行监督管理规定等情况的，应当及时收监执行。

教育改造分册

第十八章

回归驿站

阳光中途之家是为罪犯被释放后到正式回归社会前设立的一种过渡性适应机构,它的名字在别的国家和地区有"更新会""重返社会训练所""中途驿站""社区矫正中心"等不同的叫法,它们的共同特点是为在社区服刑人员、刑满释放人员及其他需要这种帮助的人员,顺利重新融入社会,帮助其提高适应社会和环境能力的一种过渡性的社区矫正机构。最早的阳光中途之家是19世纪初起源于英格兰和爱尔兰的"中途住所",由慈善组织运作。发达国家在这一领域起步较早,经验也比较丰富。随着社区罪犯数量的增长,我国也渐渐开始重视这一机构的作用。一些省市较早尝试过渡性安置基地,如北京市朝阳区于2008年建立"阳光中途之家",随后北京市各区县均建立了该机构。其定位是作为社区矫正的管理、教育、服务中心,履行包括接收宣告、教育矫正、技能培训、就业指导、心理咨询等职能,还解决社区"无家可归、无业可就、无亲可投(无经济来源)"人员的短期安置问题。

第一节　阳光中途之家的定位

一、阳光中途之家是谁家

总的来说,阳光中途之家就是帮助社区罪犯和刑满释放人员(以下简称"两类"人员)顺利回归社会的社区矫正和安置帮教机构,为"两类"人员提供教育、培训、救助和过渡性安置,提高其适应社会的能力。所以阳光中途之家就是这"两类"人员的"家",社区矫正人员主要包括缓刑犯、假释犯、管制犯和暂予监外执行的罪犯,刑满释放人员是监狱和看守所等监管机构释放人员的统称。

自北京市朝阳区阳光中途之家建立以来,全国阳光中途之家建设发展迅速,时至今日已遍布全国。受益于制度的优越性,我国所有阳光中途之家均不收取任何费用,因而越来越多的刑满释放人员和社区矫正人员,以此为家踏上了重返社会的第一步。

二、阳光中途之家的设立目的

通过在狱内服刑期间的学习和改造，罪犯刑满释放后回到社会，需要重新适应成为社会守法公民，党和政府始终高度重视社区罪犯和刑满释放人员的再社会化问题。

现今社会发展迅猛，新鲜事物层出不穷，每时每刻都会产生新鲜事物，社会生活相较于狱内服刑生活来说更丰富也更为复杂。部分罪犯刑期较长，重新步入社会时可能距自己入狱已经有十几年甚至几十年，社会发生了日新月异的变化，家庭成员可能也已物是人非。在家庭支持度较低的情况下重新融入社会存在一定难度，毕竟同社会其他人员相比，刑释人员在文化程度、学习能力、专业技能、劳动能力等方面并不具备优势，所以很多罪犯乍一回归社会，开启新的生活，一下子可能很难找到理想的切入点，难免会感到不适应。

我国从2003年开始在以北京为代表的6个经济相对发达也具有一定代表性的省市逐步开展社区矫正工作的试点，总结试点经验后自2009年起在全国全面开展该项工作。社区矫正工作的开展为日后阳光中途之家的发展打下了坚实的基础。2008年7月北京市考虑到社区矫正工作的切实需要以及部分刑满释放人员的现实需求，在朝阳区大鲁店建立了全国第一个阳光中途之家——北京市朝阳区阳光中途之家。到了2009年，在前期工作取得良好成果的基础上，北京市决定在全市范围推广"阳光中途之家"模式，到今天为止形成了全北京市每一个县区都有一家阳光中途之家的格局，并于2011年年底全部投入到使用。自此阳光中途之家的设立为大量无依无靠的"两类"人员重新融入社会提供了极大的帮助。

北京各区县阳光中途之家贴近本地区"两类"人员的实际需求，或结合地域特色，或组织各相关部门和社会力量参与进来，借助他们的职能和资源优势，提供有针对性的教育与服务。海淀区发挥科技优势，建立"现代化综合数据处理中心"，该中心可实现多角度对心理咨询对象的观察与记录，为准确分析"两类"人员心理特点，有针对性地开展心理辅导奠定基础。平谷区打造以蔬菜种植园、果树种植园、生态养殖园和技能培训室

为一体的"三园一室",突出农村优势,满足农村"两类"人员的技能培训需求。大兴区建立法制宣传栏、设置法制阅览室并购置上千册图书,将"阳光中途之家"作为对农村"两类"人员进行法制宣传教育的重要阵地。朝阳区在集中进行初始教育的基础上,注重分类教育,根据特点和需求,先后多次组织了未成年、女性和缓刑人员等培训班。同时开展拓展训练、体育运动、文化活动等,形成了矫正民警、工作人员与学员统一上课、统一参加公益劳动、统一晨练、统一吃住、统一娱乐的"五统一"教育培训模式。昌平区从中国政法大学、中国石油大学聘请专职心理咨询师,为有心理辅导需求的"两类"人员提供心理健康咨询和辅导。还与解放军261医院、京北回龙观精神病医院两家专业心理治疗机构达成合作协议,对新接收人员进行心理测评、心理健康教育、心理危机干预。密云县与公、检、法、民政、社保等成员单位签订教学培训合作协议,进行相关法规政策培训。东城区依托区职业技术学校等企事业单位建立技能培训基地,与北京青年政治学院、中华女子学院合作建立科研实训基地等基地群,探索了"以服务促进就业,以创业带动就业"的城区就业服务模式。

● 延伸阅读

上海市阳光中途之家

上海市建有非政府出资的"中途驿站"或称"新航驿站",主要用于安置有生活困难的刑释和假释人员。"驿站"一般依托民营企业,如2008年建立的"新航驿站"设在上海仕操洗涤有限公司内,后期建立的"新航驿站"则设在上海陈凯金属制品有限公司和上海荣伸洗涤厂内,其主要功能是为社区罪犯和刑满释放人员提供就业和帮困基地,对象范围涉及11个区县。2009年,上海市新航驿站等5家单位成为上海市首家过渡性安置就业的示范基地。

2010年上海市松江区建立了"海之星帮扶驿站",其主要功能是打造食宿全免的过渡性就业基地,区政府对驿站要求是"收得下、管得住、控得牢"。2010年后,"新航驿站"不断得到发展和规范化运作。如上海黄

浦区形成了以新航驿站为核心，以各个街道的帮教基地为补充平台，区司法局负责组织协调，区人社局提供经费保障和就业服务，社会力量广泛参与的安置帮教新模式。

三、阳光中途之家的性质和作用

根据人员的不同，阳光中途之家的性质和用途大体可以分为以下四类。

首先，对于社区罪犯来说，可以作为对风险较大的社区罪犯的执行场所。根据缓刑人员和假释人员的危险程度，建立了不同阶次的中途住所。在第一、第二阶次的中途住所中，会对进入住所的社区罪犯进行24小时的监督，同时，向他们提供矫治和其他更新服务的项目。允许社区罪犯因为工作、教育和承担其他的责任方式而有限制性要求地离开住所，但晚上需回来居住。中途住所比一般社区的缓刑和假释项目有更多的要求，但严格程度低于监狱和看守所。

其次，可以作为对刑期将满的罪犯重新回归社会的过渡场所。其对象是刑期届满的释放罪犯的可能。主要解决这部分人员即将释放后可能面临的困难，旨在减少其重新犯罪的可能。主要工作包括提供支持服务、帮助工作安置、毒品酒精的矫治和监控等。

再次也是其最突出的作用，是作为对生活无着的违法人员的暂住场所。这是指对发生暂时居住困难、面临家庭纠纷、不能找到工作的社区罪犯，为其提供一定的便利条件，因为社会资源毕竟有限，所以这也只能优先满足最需要的人，所以一般会设定帮助对象的资格与条件。

最后，在国外也会有针对特定人员的中途住所。1973年，美国新奥尔良市建立了专门针对精神障碍未成年人的中途住所，其对象是曾有精神问题但现在程度已减轻不需要医学治疗的未成年罪犯。随后美国其他州也相继建立了一批类似的中途住所，目的是用专业化的服务帮助罪犯适应社会生活。加拿大建有与吸毒人员相关的中途住所，通过中西医结合的方法矫治毒瘾者。一些住所还提供包括酒精、毒品相关的更新设施，一些机构还可提供类似住院性质的治疗。我国也会在相关领域加大资金和政策支持，相信阳光中途之家这一机制必将更加完善。

四、来到阳光中途之家能做什么

阳光中途之家主要是为有需求的"两类"人员提供社会适应指导与临时的安置救济。一方面帮助这部分人员了解外面社会的现状，了解各行各业的发展情况和变化，掌握人际交往的技巧，学会运用法律手段维护权益，增强适应社会的能力。另一方面对于个别年老体弱、身患疾病、家庭变故以及其他情况导致的家庭支持程度较低的"两类"人员，阳光中途之家可以为其提供临时的住宿和每日的餐食，并且结合自身条件为这部分人员推荐适合的工作，帮助这部分人员渡过最艰难的日子。

阳光中途之家与其说是政府对于"两类"人员犯的过渡安置场所，不如说是"两类"人员的一所"特殊的寄宿学校"。来到阳光中途之家的社区服刑罪犯主要是在此进行集中学习，一方面要学习重新融入社会所必备的科学文化知识，重新熟悉社会的基本常识。另一方面要巩固狱内服刑期间所学习的职业技能，试着通过相关职业技能找到一份称心的工作。中途之家适时对社区服刑罪犯讲解当前的就业形势以及相关的政策，使学员们放弃一些不切实际的职业期待，以更加平和的心态去面对择业及可能遇到的挫折。中途之家也为"两类"人员提供职业推荐介绍，最主要的是利用机构场所开展职业技能培训，专门建立了电教室、美容美发培训室、烹饪培训室等培训场所，并与15所职业学校签订协议，由这些学校派遣老师在中途之家开展技能培训。培训内容也不是由机构擅自确定，而是首先征求矫正对象的看法，选择那些学员们需求最多、机构力所能及的项目，一般都是短平快的职业技术，使学员能在短期内迅速掌握可以谋生的基本技能。同时，鼓励学员参加一些职业资格考试。比如2009年刑满释放的张某，成为北京市大兴区阳光中途之家参加教育的第一批学员。他自己也坦言，"刚来这里的时候，我还是有点抵触情绪的，因为感觉刚从监狱出来，到这里不又重新给圈起来了吗，心里很不舒服。"但是逐渐地，他发现阳光中途之家就像一个温暖的大家庭一样，工作人员都是穿着便服的，对每一位在此学习的人员的态度都很好，从来不会戴着有色眼镜另眼看人，工作人员会和他亲切地聊天，过生日的时候还给下长寿面、送生日礼物，这些都让他深受感动，在这里切实体会到了社会的温暖。而且阳光中途之家为每一位来这里的学员制订了详细的工作计划，包括社区矫正初始教育、就业培训、公益劳动等。

当然对于那些没能在狱内服刑期间掌握一门技术，又无家可归、无亲可投、无生活来源的"两类"人员，或者因为身体等其他原因无法继续从事相关工作的"两类"人员，阳光中途之家的意义就更大了，因为只有通过这里才能暂时落脚休息，并最快速、最便捷、无成本地学得一门技术以此谋生。

● 延伸阅读

北京朝阳区阳光中途之家

2008年7月北京市朝阳区阳光中途之家在黑庄户乡率先成立。朝阳区阳光中途之家作为专业社区矫正机构，自投入使用起，便成为针对社区罪犯和"三无"（无家可归、无业可就、无亲可投）刑满释放人员的过渡性安置基地。一来到这里，首先映入眼帘的是"中途之家"四个大字。"不管是惩罚人，还是关爱人，必定把人当人看"，大厅墙壁醒目位置上的这句歌德名言，是对一进门便能体验到的温馨氛围和"人性化"管理的高度诠释与概括。自2011年开始，阳光中途之家在全北京开始推广，并实现了所有区县的整体推广覆盖。

进入正门后两边则是宽敞松软的沙发，一层走廊右手边的几个房间有巨大的沙盘，有近千件精巧逼真的小沙具，摆满了一人多高的柜子。上到二层宿舍区，阳光透过玻璃，为整个房间涂抹上一片明亮。每间屋内都窗明几净，物品摆放整齐有序，四张床铺沿两侧墙壁摆放，浅蓝色的床单铺得平平整整，床边收纳柜内物品一应俱全。其他硬件设施也完全能够满足日常需求。

朝阳区阳光中途之家在总结相关经验的基础上，形成了以法制教育培训、心理辅导等五大功能为一体的模式，目前阳光中途之家每月举办4~5期培训，所有街乡的社区矫正人员都要在民警陪同下，进行为期2~3天的集中理论学习。

在具体的学习过程中针对不同人群采取"分类学习"的模式，例如，针对占比10%左右的女性矫正人员，阳光中途之家联合女子监狱、妇联等机构，从心理上对其进行调试。甚至会请特警队员来讲授女子防身术，且当期培训班所有民警都是女性。对于28周岁以下的青年和未成年人群，阳光中途之家联合团委、教委进行帮扶，比如讲授国学、传统文化，禁毒防艾的讲座，到少年法庭旁听庭审等。学习期间，民警与矫正人员同吃同住，进行平等的交流和沟通，并通过一层设置的几个功能房间让双方缓解压力，敞开心扉。与监狱完全不同的交流模式，能够令矫正人员感受到离开高墙后的温暖。

除了基本的教育培训，切实帮扶"特殊人群"是阳光中途之家更重要的功能，相当一部分人员回归之初，都是无业可就、无家可归、无亲可投的"三无"状态，阳光中途之家作为过渡性安置机构，就是要防止"刚出宫、再进宫"的情况。阳光中途之家为矫正人员提供3~6个月的食宿服务。在此期间，与辖区司法所共同努力，帮"三无"人员协调低保、廉租房，并尽力帮助其找工作，解决基本生存问题。

曾有一位50多岁的"三无"人员刚来时不愿与别人交流，同屋的人也反映他特别封闭。通过心理咨询环节得知，他其实是个很有想法的人，只不过面对回归社会困难、家人的不理解这些问题，存在自卑心理。后来阳光中途之家了解到他有驾照，就协助他办理机关手续激活，最终协助他找到了一个代驾的工作。代驾工作过程中，他的精神状态渐渐好了起来，发现停车、车位方面存在很多问题，并产生了研究兴趣。当时工作人员也有过怀疑，但看他真的很有韧性，就为他创造一些便利条件，如开放机房、安排单人宿舍等。很快，他发明了立体汽车泊位和自动折篷两项实用技术，获得了专利证书。后来家人也重新接纳了他，在阳光中途之家住了

大约半年之后，女儿把他接走了。

对于希望掌握一技之长以自食其力的人员，阳光中途之家根据前期需求调查，与朝阳区18所职业教育学校合作开办了美容美发室、平面设计教室、组装维修教室等相应的技能培训。2011年以后，阳光中途之家收集人员的意向信息，帮他们跟学校沟通并缴纳费用，人员可直接去职业学校插班学习。技能培训外包出去后，不但降低了成本，能学的技能也更广泛了，插花、电工、蛋糕西点这些技能，实用性与社会贴和程度高，也都是特别受欢迎的。走廊上，挂满了学员们举着各自作品笑容满面的照片。成立至今，阳光中途之家已经帮扶了3800余人。这些曾经走入歧途的人们，在阳光中途之家这处"缓冲带"完成了自我认知的转变，并为重新融入社会做好了准备。

第二节　阳光中途之家的活动内容

一、集中教育

因为阳光中途之家相较于司法所在软硬件设施上更适合进行教育和学习，所以阳光中途之家主要对本区新接收的"两类"人员集中开展社区教育，对确有必要的"两类"人员开展常规教育和解矫教育、对在矫正期间不熟悉相关法律规定且经常违纪的重点人员进行法制教育。所有新出监的罪犯集中在这里统一进行再社会化学习。阳光中途之家会同其他司法行政机关，结合"两类"人员具体情况以及年度整体工作规划为学员制订学习计划，也会适当根据社区罪犯参加矫正的情况和取得的成绩适时进行调整。

能够在阳光中途之家进行集中学习培训，对于每位"两类"人员来说都是难能可贵的机会，希望符合条件的"两类"人员能够在思想上切实重视起来，本着对自己负责的态度积极参加培训活动。司法所也会提前对参加集中教育的社区罪犯认真进行审核把关，对个别抗拒矫正、有闹事危险的不再安排培训，因年龄、身体等原因不宜参加集中教育的，可以不安排其参加集中教育，视情况另作安排。为防止培训期间出现突发状况，本着对每一位罪犯负责的态度，在培训过程中区县司法局负责组织协调和教育期间的安全管理工作。罪犯集中教育的具体实施由阳光中途之家负责。组织集中教育时，区县司法局、民警、授课讲师均全程陪同直至学习结束。区县司法局也会对阳光中途之家集中教育的社区罪犯进行考核，对应到而未到或不遵守有关集中教育规定的人员，按照《关于对社区罪犯考核奖罚工作的暂行规定》进行扣分或采取其他措施，对学习成绩优异表现良好的人员也会有相应的物质和精神奖励。

二、社会适应指导

根据区县整体工作计划和"两类"人员的现实需求适时进行社会适应性指导。阳光中途之家通过集中办班或个别指导的方式为有需求的"两类"人员提供社会适应指导，所谓社会适应性指导一方面是指帮助社区罪犯克服因长时间在监狱服刑、眼界、学习、交往等方面与社会脱节的情况，开展社会适应性帮扶，帮助罪犯顺利回归社会，帮助罪犯了解社会现状和发展变化，掌握人际交往的技巧，学会运用法律手段维护权益，增强适应社会的能力等。另一方面则是介绍参加学习人员所在地的市情、区（县）情，讲解当下最新形势政策、人际交往知识和法律常识等。

三、就业帮助

大多数人来到阳光中途之家最想解决的莫过于就业问题，毕竟想要二次立足于社会没有一份稳定的工作是极其困难的，所以为"两类"人员提供就业帮助也成了阳光中途之家乃至社区矫正机关最为困难同样也是最终重要的事情，为了提高"两类"人员的就业能力，确保顺利就业进行正常的社会生活，阳光中途之家采取了一系列措施。首先针对每一个人的就业帮助计划会根据区县整体工作规划和"两类"人员个人情况和需求进行制定。在此基础上会提供一系列就业帮助，其中包括择业观教育、职业技能和创业培训，以及提供就业指导、就业资讯等。在学习取得一定成效，参

是阳光中途之家帮助我们实现再就业！

加学习的人员在思想、行动等方面取得较大改善时，阳光中途之家会在全面掌握"两类"人员就业需求的基础上，直接组织和利用本地区培训资源，对"两类"人员进行各类技能培训。社区罪犯李某就和阳光中途之家签订了一份《过渡性安置协议书》，获得了一份从事农产品种植和管理的工作，之后其所从事的个体经营也与农产品种植有关，"由于之前接受过专门的培训，干这个有经验，所以生意也还不错。"孙某得意地对回访的阳光中途之家工作人员说道。对于直接组织的技能培训，一律不再收取任何费用。阳光中途之家指导"两类"人员做好技能培训课程的选择；掌握"两类"人员的学习情况、收集反馈意见；监督授课进度和质量，提出改进建议。培训结束后对于就业依然切实有困难的，阳光中途之家适当协调以促进早日就业。

● 延伸阅读

何某某，户籍地、居住地均为北京市朝阳区。2015年10月，何某某因犯交通肇事罪被北京市某法院判处有期徒刑四年。2018年10月，何某某被依法假释，到朝阳区司法局报到，由居住地司法所负责对其社区矫正期间日常管理，当地阳光中途之家协助其进行基础理论学习以及再就业培训。何某某只有初中学历，文化水平较低，没有一技之长，一直靠打零工维持生活，因酒后无证驾驶，发生车祸，造成死伤。其入矫后，司法所所长和民警与其开展首次谈话，了解其心理负担沉重，被判刑后意志消沉、负罪感较强，没有收入来源，生活拮据。2018年12月，何某某报名参加了阳光中途之家举办的创业培训班，针对他的情况，阳光中途之家帮助何某某分析市场行情，使何某某了解到当地的早餐行业具有很大的潜力空间，在街道和阳光中途之家的帮助下，何某某积极地运用自己在创业培训班上学到的知识，做好创业前的各项准备工作，取得了小额无息贷款的支持，最终成功实现再就业。何某某多次对阳光中途之家等部门表达感激之情：他认为除了自己的努力外，与司法所以及阳光中途之家等相关部门的支持、教育与帮助密不可分。他表示自己的假释考验期满后，也将继续用实际行动回报社会。

四、心理咨询和心理辅导

曾经的犯罪经历、多年的牢狱生活、再社会化面临的巨大压力等种种因素都有可能使"两类"人员出现不同程度的心理问题，故而阳光中途之家为有需求的"两类"人员提供免费、专业的心理咨询和心理辅导，通过缓解假释罪犯的心理压力，消除其不良心理和情绪，重新找回融入社会的信心。其实一切也没有那么糟，事情也没有那么坏。只要"两类"人员有改头换面的信心，有做守法公民的信念，社会整体还是愿意包容接纳每一个人的，所以树立乐观、自信、自立的人生态度，时时刻刻做敬畏法律遵守法律的守法公民，融入社会是没有难度的。

区县阳光中途之家根据整体工作计划和假释罪犯的需求采取团体辅导和个别辅导相结合的方式进行免费的心理咨询和心理健康教育。确保所有人员100%接受心理测查，有咨询需求的"两类"人员100%接受心理咨询，有心理危机的"两类"人员100%接受心理危机干预。

五、公益劳动

公益性劳动主要是指社区矫正机关以及阳光中途之家组织的，以回馈社会感恩社会为主题的志愿活动。公益性活动不在于时间的长短，也不在于工作的强度，目的在于让刑满释放人员能够为社会贡献自己的一份力量，也算是自己对于社会的一个补偿，要知道每一个在狱内服刑的人都或多或少地、直接或间接地伤害过其他人，被伤害的这些人组成一个又一个家庭和集体，这一个又一个家庭和集体最终组成了我们整个社会，所以说有意或者无意地伤害一个人最终受伤的是社会这个整体，所以说我们想要弥补之前的遗憾，那么最好的办法就是尽力帮助自己身边的人，不经意间的一个善举看似恩惠了某一个人，其实这对于社会来说就是多了一份正能量。所以"一站式"模式的阳光中途之家可为缺乏公益劳动项目的街道、乡镇等身边的单位和个人组织相关人员开展公益劳动。公益劳动具体实施计划和时间根据区县整体工作计划和司法所的申请进行。为了保护参加劳动人员的安全以及活动的有序开展，由司法所负责本街道、乡镇"两类"人员公益劳动的组织、协调、管理、接送和安全工作，并保证在每次公益劳动过程中至少有一名掌握所管人员情况的司法助理员或矫正民警全程陪同。司法助理员或矫正民警对本所社区罪犯以及工作人员进行全程监督，要求其遵守安全保障和公益劳动有关制度。

为了保证活动秩序以及方便活动的开展，阳光中途之家根据自身规模和工作人员的情况，每次容纳适当数量的社区罪犯开展公益劳动。每次参加公益劳动的人数原则上不超过二十人。由司法所对参加公益劳动的社区罪犯进行考勤，对应到而未到或不遵守有关公益劳动规定的人员，按照《关于对社区罪犯考核奖励工作的暂行规定》进行扣分。阳光中途之家工作人员也会在公益劳动前对参加人员进行安全教育、布置劳动任务，并告知注意事项。

◉ 延伸阅读

丰台区阳光中途之家组织假释人员开展分类集中教育活动

2019年1月10日，丰台区阳光中途之家组织19名假释罪犯开展分类集中教育活动。一是矫正认知和法治教育。在集中教育会上，矫正民警就社区罪犯的报到、请假、教育学习及警告、撤销缓刑等规定作了重点解读，重申了社区矫正监管纪律。通过讲解现实案例，方便社区矫正人员进行学习，帮助社区矫正人员进一步认清身份以及违反监管规定可能带来的后果，提升假释类社区罪犯法律认知，强化遵纪守法意识；二是社会适应性指导。通过海淀睿搏社工事务所的专业社工讲解，破除假释类社区罪犯因在监狱服刑，眼界、学习、交往等方面与社会脱节的情况，开展社会适应性帮扶，帮助其顺利回归社会；三是团体心理辅导和拓展活动。由海淀睿搏社工事务所的专业社工团队组织学员们进行了团体心理辅导和拓展训练，通过"需求椅子""成长故事会"等一系列访谈式的互动，帮助社区罪犯从"心"开始，树立正确的世界观、人生观、价值观，消除他们在社区矫正期间的心理障碍，促进其了解自身心理健康状况，帮助其从内心上认罪伏法，自觉服从监督管理规定，提升人际沟通能力，为顺利回归社会打下坚实基础。

第三节 阳光中途之家的注意事项

一、被临时安置在阳光中途之家的人员应具备的条件

阳光中途之家基本可以满足社区服刑罪犯集中学习、就业咨询、心理辅导等一系列需求，首先优先被安置的是新接收社区服刑罪犯。

这里需要特殊说明的是，近亲属不接纳人员原则上由地方司法行政机关或社区进行调解，阳光中途之家虽然是社区服刑罪犯的第二个"家"，但毕竟不是自己的原生家庭，所以政府还是鼓励罪犯刑满释放以后能够得到家庭的有力支持，毕竟家庭的支持相对来说还是比较有力度的，也是最方便最快捷的。其次阳光中途之家的定位一定程度上来说是一所"学校"而不是"医院"，这里具备学习的基本条件但是却不具备专门的医疗资质，所以说患有传染性疾病或者其他严重疾病的人员，一旦发病无法在第一时间得到有效的治疗。如果再发生大规模传染性疾病阳光中途之家可能一时间难以控制。最后本着对社区服刑罪犯负责的态度，对于生活不能自理或难以自理的，不遵守矫正帮教有关规定的，吸食毒品或药物成瘾的，怀孕或正在哺乳期的妇女，以及其他具有危险性不适合临时安置情形的原则上不再安置到阳光中途之家居住。

二、阳光中途之家的两项延伸功能

(一) 与监所开展结对协作工作

阳光中途之家作为社会适应性指导机构，对届临出监以及新出监罪犯有着极其重要的作用。所以为推动阳光中途之家教育帮扶工作进一步向前延伸，北京的阳光中途之家与北京市未成年犯管教所等6个监所开展结对协作工作，积极开展狱内帮教、业务交流、矫正人员现身说法、假释人员跟踪走访等工作，实现监所教育矫正工作与社会帮教工作的有效对接，促进刑满释放人员顺利回归社会和融入社会。

(二) 开展集中狱内帮教活动

为切实提高狱内帮教活动的科学性和实效性，北京地方司法局依托阳光中途之家，集中整合基层资源，统一组织各镇、街道到各监所帮教服刑在教人员，从而达到降低狱内帮教活动成本，资源共享，覆盖面广的目的。同时，为配合集中狱内帮教活动的顺利开展，区司法局协调各镇、街道，通过采访狱内罪犯家属、选取"两类"人员自主创业典型等，拍摄制作了反映新区发展、蕴含亲人嘱托、展现刑释人员自主创业的亲情专题片。到目前为止，共组织19个镇、街道对北京市女子监狱、良乡监狱1311名罪犯进行狱内帮教，采取播放亲情专题片、讲解就业医疗政策、与罪犯面对面谈话、发放上百套普法书籍等方式，取得了较好的帮教效果。

◉ 延伸阅读

阳光中途之家：浪子回头的驿站

"在这里通过接受社会认知、心理矫正和法制教育，现在感觉自己真的能重新走上社会。"透过宿舍明净的玻璃窗，小陈迎着阳光微笑着说。

小陈是北京市朝阳区阳光中途之家的一名正在接受社区矫正的罪犯，经过5年监禁，狱内表现良好的他现在正处于假释期，由于家中无住处，他在阳光中途之家临时住宿并接受教育。

根据司法部社区矫正工作办公室统计，作为我国司法体制改革的一项重大举措，2003年，我国开始进行社区矫正试点，截至2018年6月底，我国31个省（区、市）和新疆生产建设兵团的226个地（市）、1 572个县（市、区）、1.95万个乡镇（街道）开展了社区矫正，全国累计接收社区罪犯49.4万人。北京市截至2017年年底共组织集中教育9 200余人次，社会适应指导5 800余人次，心理咨询和辅导1 600余人次，组织公益劳动5 400余人次，就业帮助2 400余人次，提供食宿救助1 800余人次。在心理咨询辅导方面，对新接收的社区罪犯100%进行心理测查，有咨询需求的"两类"人员100%进行心理咨询，有心理危机的"两类"人员100%进行心理危机干预。通过开展就业指导帮助和技能培训，促进了"两类"人员就业，在就业年龄段内、有就业意愿、能接受有关部门和单位推荐的人员的就业率达到100%。

"阳光中途之家是罪犯重新走向社会的缓冲带。"北京市朝阳区司法局局长荣容介绍说，朝阳区每年约有40名无业可就、无家可归、无生活来源的"三无"人员难以安置；约有80名社区罪犯和刑满释放人员无法就业；约有10人因房屋拆迁、离婚等原因，出狱后无处落户，导致无法办理身份证，申请低保、求职也很困难。在这种背景下，2008年7月投入使用的阳光中途之家注重解决"三无"人员的短期安置问题，是对部分社区罪犯和刑满释放人员进行最长3个月的临时安置、教育矫正、技能培训、就业指导、心理咨询的过渡性住宿式常设机构。

"周围人的公平对待给了我们很大安慰。"这是在阳光中途之家的广大学习人员的心声。在阳光中途之家这个驿站里，最重要的是要完成自我认知的转变，为重新走向社会做好准备。

就业技能培训是社区矫正对象在社区服刑后的3个月内进行的，阳光中途之家设有美容美发培训室、烹饪培训室、心理咨询室、电教室、图书馆，进行劳动技能培训和文化课教育；阳光中途之家还有篮球场、桌球室，供社区矫正对象在培训之余进行体育锻炼。

"在这儿能感受到政府关怀,有家庭般的温暖,通过接受系统的培训,将来出去后有能够施展才能的就业机会,有困难还可以找社区矫正的工作人员和政府帮忙协调解决——因为有失去自由的经历,大家都很珍视在阳光中途之家的这段时间。"赵琳是朝阳区司法局招录的首批社区矫正专职社工,在她眼中,阳光中途之家里的矫正对象大都改造态度积极,对回归社会后的就业和生活充满了憧憬。

社区罪犯小陈说:"社会上对于我这种背景的人,歧视和偏见是有的,虽然进入阳光中途之家才两天,但是法律常识的教育,社会政策、就业形势的学习,相关的心理辅导和咨询都让我受益很多。现在,我想出去以后好好干,靠自己的力量给家里减轻负担。"

专家指出,从监禁状态进入社区进而走向社会的变化往往有一个困难的适应期和过渡期,从而更迫切地需要他人的关爱和社会的支持,不仅仅是解决食宿问题,更重要的是就业方面的救助与帮扶。

阳光中途之家进行的就业救助主要有三方面内容:一是进行就业形势与政策教育;二是进行职业推荐,联系劳动和社会保障部门为社区罪犯提供最新就业信息,由社保中心安排参加招聘,向用人单位推荐等;三是开展职业技能培训。另外,对于一些困难人员,还给予一定的救助金补助。截至目前,朝阳区阳光中途之家已为380人提供救助金51.5万元,协调区红十字会对714名特困人员发放救助金35.7万元。

46岁的社区罪犯沈芳(化名)过去是一名公务员,在大学里学习英语专业的她,在监狱里又自学了日语和法语,想出去之后找份与外语相关的工作。但是,14年的监狱生活让她感觉根本无法融入当下的社会生活。"刚出来的时候,我不太适应,心烦的时候我就找社区矫正社工和帮教干部聊天,寻求帮助,司法所特别关心我的重新就业问题,几次带着我去社保部门说明情况,做登记。虽然最后没找到工作,但是我在心里非常感谢司法所,我知道现在就业压力大,每当我泄气的时候,司法所工作人员和社工都积极鼓励我,帮我树立信心。"

但这并不能解决根本问题。阳光中途之家里像沈芳这种有较高文化素养的人并不多,但即使她没找到工作,阳光中途之家也积极参与救助和临时安置。社区罪犯最大的困难就是工作不好找,为了能帮社区罪犯找到工作，机构也积极主动地和很多部门协调，可能有时候也无法涵盖全部求助人员。对于社区罪犯来说，工作更加重要，只有有了工作，有了一份固定的收入，才能真正安定下来。

结束语

　　1960年10月22日，伟大领袖毛主席在接见美国记者斯诺时说："我们的监狱不是过去的监狱。我们的监狱其实是学校，也是工厂，或者是农场。"1965年8月8日，毛主席在接见几内亚教育代表团、几内亚总检察长时还说："改造罪犯，转变其思想，要用说服的方法而不能用压服的办法。"基于"我们的监狱其实是学校"的思想基础和逻辑起点，新中国出台了一系列法律法规和规章制度，明确规定监狱对罪犯要系统地、全面地组织其进行思想、文化和技术教育。如《罪犯教育改造纲要》（司发通〔2007〕46号文件）中明确规定，教育改造罪犯的主要内容为"对新入监罪犯的教育；对罪犯的法律常识和认罪悔罪教育；对罪犯的公民道德和时事政治教育；对罪犯的文化教育；对罪犯的劳动和职业技术教育；对罪犯的心理健康教育；对即将出监罪犯的教育"。据此，本册读本针对罪犯在入监、出监和服刑中期这三个阶段的教育改造需求，以通俗易懂的语言和图文并茂的形式，汇集了罪犯不同服刑阶段必须掌握、理解和践行的服刑常识、法治意识、道德认知、心理健康、社会援助和回归适训等各方面的知识精粹。

　　教育读本是承载知识的载体，是监狱这所特殊学校教育改造理念的文本体现，需要我们每名罪犯去认真研读、感悟和领会。苏联著名教育学家巴甫洛夫说："（人的高级神经活动）具有高度可塑性及其巨大的可能性。任何东西不是不可以变化的、不可影响的，只要有相应的条件，一切总可以达到的，并向好的方面变化。"希望每个罪犯在认真阅读本读本之后，都能端正改造态度、遵守监规纪律、保持健康心态，踏踏实实改造，早日获得新生，顺利回归社会，从此让自己的一切都"向好的方面变化"！

参考文献

[1] 付良蓉:"历史建筑再生策略研究",《南京艺术学院硕士论文》,2013年5月6日。

[2] 蔡长春:"统筹推进以政治改造为统领的五大改造新格局",载《法制日报》2018年6月29日。

[3] "褚时健逝世:那个不服输的人走了",载《新京报》2019年3月6日。

[4] 吴灿新:"略论《诗经》中的政治伦理思想及启示",载《桂海论丛》2019年3月20日。

[5] 王寿林:"改革开放以来中国政治发展的基本经验",载《新视野》2019年1月10日。

[6] 廖志诚:"道德的力量是无穷的",载《中国教育报》2018年4月12日。

[7] 李应敏:"善修德行 严以律己",载《河南日报》2015年10月28日。

[8] 刘强:"我国社区矫正应尽快建立风险控制的中途住所",载《中国司法》2019年4月5日。

[9] 王斌、李艳妮:"北京阳光中途之家覆盖全市",载《法制日报》2011年6月22日。

声 明　1. 版权所有，侵权必究。
　　　　2. 如有缺页、倒装问题，由出版社负责退换。

图书在版编目（ＣＩＰ）数据

"五大改造"教育读本丛书. 教育改造分册/北京市监狱管理局编著
北京：中国政法大学出版社，2019.11
　ISBN 978-7-5620-9280-3

　Ⅰ.①五… Ⅱ.①北… Ⅲ.①犯罪分子－监督改造－中国－学习参考资料
Ⅳ.①D926.7

　中国版本图书馆CIP数据核字(2019)第251140号

		"五大改造"教育读本丛书
书　名		**教育改造分册**
		WUDAGAIZAO JIAOYU DUBEN CONGSHU JIAOYUGAIZAO FENCE
出版者		中国政法大学出版社
地　址		北京市海淀区西土城路 25 号
邮　箱		fadapress@163.com
网　址		http://www.cuplpress.com（网络实名：中国政法大学出版社）
电　话		010-58908466(第七编辑部) 58908334(邮购部)
承　印		北京中科印刷有限公司
开　本		720mm×960mm　1/16
印　张		21
字　数		325 千字
版　次		2019 年 11 月第 1 版
印　次		2019 年 11 月第 1 次印刷
定　价		85.00 元